陕西高校辅导员工作室建设项目

1. 高校思想政治工作创新发展中心（上海交通大学）2024年新媒体专项课题“大学生数字素养培育及提升路径研究”，课题批准号 XMT-YB-2404

2. 高校铸牢中华民族共同体意识研究（批准编号 300102164602），长安大学中央高校基本科研业务费专项资金项目（人文社科类）

新时代大学生安全教育透视与解析

郑文捷　姬国斌　著

东北大学出版社

·沈　阳·

图书在版编目（CIP）数据

新时代大学生安全教育透视与解析 /郑文捷，姬国斌著. -- 沈阳：东北大学出版社，2025. 6. -- ISBN 978-7-5517-3881-1

Ⅰ. G645. 5

中国国家版本馆 CIP 数据核字第 2025B2B418 号

出 版 者：东北大学出版社
地址：沈阳市和平区文化路三号巷 11 号
邮编：110819
电话：024-83683655（总编室）
024-83687331（营销部）
网址：http://press.neu.edu.cn
印 刷 者：辽宁一诺广告印务有限公司
发 行 者：东北大学出版社
幅面尺寸：170 mm×240 mm
印　　张：16. 5
字　　数：321 千字
出版时间：2025 年 6 月第 1 版
印刷时间：2025 年 6 月第 1 次印刷
责任编辑：潘佳宁
责任校对：杨　坤
封面设计：潘正一
责任出版：魏　巍

ISBN 978-7-5517-3881-1　　　　定　价：59. 00 元

前　言

在中华民族伟大复兴的历史进程中，作为青年群体中坚力量的大学生，其安全素养的培育不仅关乎个体成长维度，更与国家发展全局、社会稳定大局紧密关联。新时代背景下的大学生安全教育，已突破传统“防意外、避风险”的单一范畴，呈现出“大安全观”指引下的综合培育特征。这一教育过程既是以信任构建防线、以理性抵御风险、以智慧化解危机、以温暖守护成长的实践路径，也是融合生命教育、法治教育与责任教育的系统工程。其核心要义在于让学生认知到：安全是个体存在与发展的基本前提，渗透于日常学习生活的各个场景，体现于每一次价值判断与行为选择之中，蕴含于个体对自我与他人的双重守护意识之内。

本书的形成，基于时代发展对大学生安全教育提出的新要求，以及教育工作者的责任担当。当前，大学生面临的安全风险呈现多元化、复杂化态势，网络诈骗、心理危机、校园暴力、国家安全等各类风险相互交织，传统安全教育模式已难以适配新的现实需求。长安大学高度重视大学生安全教育，在大学生安全教育方面进行了深入的理论研究与实践探索，特别是成立了大学生安全教育辅导员工作室，致力于构建兼具理论深度与实践价值的教育体系，帮助学生树立正确安全观，守护学生生命财产安全，保障校园正常秩序，使其在校园及未来社会生活中能主动规避风险，成为自身安全的第一责任人，助力构建平安和谐的育人环境。

在创作过程中，教育实践中的诸多场景为我们提供了深刻启示。针对“安全素养究竟是技能还是意识”这一概念的探讨，在校园安全演练现场得到了具象化答案——当学生既能熟练运用安全技能，又具备主动防范的安全意识时，即为安全素养的完整体现；在案例选取过程中，我们始终坚持保护学生隐私的原则，因深知安全教育的本质在于守护。学生在安全教育活动中的专注思考、实践演练中的互助行为、调研访谈中的真诚表达，均成为我们完善著作内容的动力，也深化了我们对“安全”内涵的敬畏与理解。

本书由郑文捷和姬国斌合作完成。其中，姬国斌负责统筹全书框架，并撰写第一、二、十、十一、十二等章节，共计 15.4 万字，为书稿奠定了学理基础；郑文捷凭借多年的辅导员工作经验，深耕大学生安全教育实践内容，撰写了第三、四、五、六、七、八、九等章节，共计 16.7 万字，实现了实践经验与理论思考的有机融合。作者在书稿撰写中，得到了长安大学领导和学生工作部、保卫处、汽车学院和大学生安全教育辅导员工作室的支持帮助，在此，我们向所有给予支持的领导和同事表示诚挚感谢。同时，要感谢大学生安全教育辅导员工作室指导专家在书稿策划阶段提供的方向性指导，确保著作紧扣“大安全观”的时代内涵；感谢各高校同人分享的案例与数据，体现了教育者群体的协作精神；感谢家人的理解与支持，为我们的工作提供了坚实后盾。

本书前瞻性地分析了人工智能、大数据等新技术对大学生安全教育带来的影响，提出构建“技术+人文”教育生态的理念，强调在防范技术风险的同时强化人文关怀。我们期望，通过本书的出版，能够引发更多教育工作者对安全教育的深层思考，引导大学生在复杂环境中提升风险辨识与抵御能力，成长为有理想、敢担当、能吃苦、肯奋斗的新时代青年。安全教育是一项持续性工作，需要不断探索与创新。我们愿以本书为契机，与各界同人共同推进新时代大学生安全教育的发展，为培养担当民族复兴大任的时代新人贡献力量。

作　者

2025 年春

目 录

第一章

导论：新时代大学生安全教育的理论基础

在新时代中国特色社会主义建设的宏伟进程中，大学生作为国家未来发展的中坚力量，其安全意识的培养与安全教育的实施显得尤为重要。新时代背景下，大学生面临的安全环境日益复杂，涉及网络安全、心理安全、校园安全、社会安全等多个维度。这不仅要求我们深入理解安全教育的本质，更需要从理论基础出发，构建科学、系统和时代化的安全教育体系。通过融合马克思主义安全观、中国特色社会主义教育理论以及现代安全管理理念，可以为大学生提供全面、立体、前瞻性的安全教育，使其在复杂多变的社会环境中具备应对风险的能力，成长为德智体美劳全面发展的社会主义建设者和接班人。新时代大学生安全教育不仅是保障学生个体生命财产安全的重要手段，更是维护社会稳定、推动国家长治久安的基石。

一、新时代背景下大学生安全教育的意义

大学生作为国家未来发展的主力军，其思想、行为和综合素质关系到国家长远发展和社会的和谐稳定。在新时代背景下，加强大学生安全教育具有以下重要意义。

（一）新时代的时代背景分析

1. 社会变革与多元化

新时代是中国特色社会主义发展的关键时期，社会经济高速发展带来了文化、价值观和生活方式的多样性。然而，多元化的社会环境也带来了更多的安全风险，例如网络诈骗、心理健康问题和极端思潮的影响。大学生作为价值观尚未完全成熟的群体，容易受到这些因素的影响。

2. 科技迅猛发展与信息安全问题

大数据、人工智能等新技术的快速应用使社会运行效率提高，但随之而来的网络安全问题也更加突出，例如个人隐私泄露、网络成瘾和虚假信息传播等。大学生在网络使用中的高频率使他们成为潜在的高危群体，加强网络安全教育已成为新时代安全教育的重要内容。

3. 全球化与跨文化交融带来的挑战

新时代的全球化趋势促进了中外文化和社会的深入交流，但同时也带来了

新的安全问题，例如跨文化适应中的心理压力、宗教极端势力渗透以及海外留学人员的安全保障等。

4. 国家发展战略对人才培养的更高要求

新时代要求培养具有家国情怀、国际视野和过硬综合素质的人才。大学生的安全意识和能力直接关系到他们未来服务社会、国家安全的能力，加强安全教育既是实现“立德树人”目标的重要抓手，也是国家安全战略的重要组成部分。

（二）大学生安全教育的多维意义

1. 维护学生生命安全与心理健康

安全教育的首要意义是帮助大学生提高生命意识和安全素养，预防和应对可能出现的生命安全威胁。例如，交通安全意识、突发事件处理能力、防范校园暴力等。同时，心理健康问题（如抑郁、焦虑、自杀倾向）已成为新时代大学生的突出问题之一，加强心理安全教育可以帮助学生学会管理情绪、缓解压力，促进身心健康发展。

2. 增强学生的法治意识与安全责任

新时代背景下，安全教育不仅仅是教会学生如何保护自己，更重要的是培养他们的法治意识和社会责任感。例如，通过法治教育让大学生明白网络安全和网络文明的重要性，增强辨别网络诈骗和虚假信息的能力；通过爱国主义教育，增强他们维护国家安全的责任意识。

3. 培养全面发展的高素质人才

大学生的全面发展离不开安全保障。通过安全教育，可以培养学生解决实际问题的能力，例如应急反应能力、自我保护能力和危机处理能力。同时，安全教育有助于塑造学生的自信心和社会适应能力，为其职业发展打下良好的基础。

4. 构建和谐校园，促进社会稳定

校园是学生生活和学习的重要场所，其安全状况对学生的成长至关重要。通过系统的安全教育，可以减少校园安全事故发生率，如火灾、食物中毒、宿舍安全隐患等。这不仅有助于校园和谐稳定，也有助于社会大环境的安全与和谐。

5. 服务国家安全战略，落实“大安全”理念

在新时代的“大安全”理念下，国家安全已涵盖政治、经济、文化、生态、网络等多个领域。大学生是国家未来的建设者，加强大学生的安全意识和技能教育，能够从根本上服务于国家的安全战略。例如，通过国防教育增强学生对国防和军事安全的理解，通过网络安全教育减少对国家信息安全的潜在威胁。

（三）新时代大学生安全教育的主要方向

1. 心理健康与生命教育

针对大学生常见的心理健康问题，安全教育需要从心理疏导、情绪管理和危机干预等方面入手，增强学生的心理韧性和抗压能力。

2. 网络安全与科技素养提升

网络安全已经成为大学生安全教育的重要组成部分，内容包括防范网络诈骗、保护个人隐私、抵制网络暴力和谣言等。与此同时，还要提升学生的科技素养，避免因对新技术了解不足而受到侵害。

3. 法律与社会安全教育

加强法律教育，让学生了解相关法律法规，提高法治意识，增强学生对非法活动和极端思潮的抵抗能力。

4. 应急管理与危机处理能力培养

教授大学生应对突发事件的基本技能，例如火灾逃生、地震避险和溺水急救等，提高他们在危急情况下的生存能力。

5. 多元文化与国际化背景下的安全教育

针对全球化背景，帮助学生理解跨文化交往中的安全注意事项，例如海外留学安全和国际环境中的风险应对。

新时代背景下，大学生安全教育不仅是保障学生健康成长的基本要求，更是培养符合国家发展需求的高素质人才的重要途径。高校应根据时代特征，不断创新安全教育的内容和方式，构建全方位、立体化的安全教育体系。

只有通过科学系统的安全教育，才能真正让大学生具备足够的安全意识与实践能力，进而承担起新时代赋予的责任与使命。

二、跨学科视角下的安全教育研究方法

新时代大学生安全教育研究的复杂性和综合性决定了其无法依赖单一学科范式，而必须引入跨学科的研究方法。安全教育涉及心理学、法学、教育学、社会学、信息技术、公共管理等多个领域，其研究需整合多学科理论与方法，才能形成对大学生安全问题的科学认知，为新时代的安全教育实践提供理论依据和实践指引。

（一）跨学科视角的必要性

1. 新时代安全问题的复杂性与系统性

新时代背景下的大学生安全问题呈现出复杂性、动态性和系统性。例如，心理健康问题与网络安全问题交织，国际交流中的文化适应与法律问题相伴随，突发事件的应对涉及技术、管理、心理干预等多个领域。这种问题的多维特性决定了安全教育研究需要突破单一学科的边界，从多个学科的交叉点入手进行综合分析。

2. 安全教育目标的多维综合性

安全教育的核心目标不仅在于传授安全知识和技能，更需要实现学生心理素质、行为能力和社会责任感的全面提升。教育学、心理学、法学和社会学等学科各自提供了对这一目标的不同解释，但任何单一学科的解释和方法都无法完整实现新时代的安全教育使命。例如，心理学的行为干预、法学的法规教育、信息技术的技术赋能，三者需协同作用，才能真正形成具有综合效能的安全教育机制。

3. 学科协同效应的必然性

跨学科研究的优势在于其协同效应，不同学科的理论和方法在研究安全问题时可以形成彼此补充的作用。例如，心理学研究大学生在突发事件中的应激反应，信息技术通过虚拟现实技术模拟突发场景，法学则为突发事件处理中的法律边界提供依据，这种多学科协同才能确保安全教育实践的科学性与有效性。正如教育部《大中小学国家安全教育指导纲要》中强调的，新时代高校安全教育必须基于多学科协同创新，以应对安全问题的多样化与复杂性。

（二）跨学科研究方法的主要路径

1. 教育学与心理学的结合：学生安全心理机制研究

（1）研究目标：通过心理学与教育学的结合，探究大学生心理健康与安全行为之间的关系，揭示影响安全行为的心理机制，并设计心理教育与安全干预结合的教育路径。

（2）具体方法：心理学领域采用心理测量与实验研究方法，分析大学生心理应激反应、行为决策模式以及安全行为倾向；教育学通过教学设计与行为干预研究，将心理研究成果转化为符合学生认知规律的教育模式。

（3）案例应用：如针对大学生网络成瘾问题，心理学通过调查研究确定其心理成因，教育学则设计基于认知行为疗法的课程，帮助学生实现行为矫正。

2. 法学与社会学的结合：安全教育的法律与社会维度

（1）研究目标：聚焦大学生在安全问题中所面临的法律责任与社会环境的双重作用，探索法律教育与社会干预的有效结合。

（2）具体方法：法学通过案例分析与法律文本研究，明确与安全教育相关的法律依据，如《网络安全法》《高等教育法》等法律；社会学则通过田野调查与社会网络分析方法，研究社会环境、家庭背景对大学生安全意识的影响。

（3）案例应用：如“校园贷”问题，法学明确不法放贷行为的法律责任，社会学则分析学生家庭经济背景与风险认知之间的关系，从而制定社会与法律双重干预的综合对策。

3. 信息技术与教育学的结合：网络安全教育的技术支持

（1）研究目标：借助信息技术提升安全教育的科学性与可操作性，构建以技术赋能为核心的网络安全教育体系。

（2）具体方法：利用人工智能与大数据技术，分析学生网络使用行为并预测可能的安全风险；教育学通过在线教学平台和虚拟现实技术，开发网络安全教育的互动式课程。

（3）案例应用：如开发基于大数据分析的网络安全素养测试系统，帮助学生实时评估自身网络行为的安全性，并根据测试结果提供有针对性的学习资源。

4. 公共管理与应急管理的结合：高校安全管理机制的优化

（1）研究目标：通过公共管理理论与应急管理实践相结合，优化高校的安全管理机制，构建系统化的安全预警与应急响应体系。

（2）具体方法：公共管理研究高校安全管理制度的责任划分，分析学校、学生、政府与社会的协同机制；应急管理运用风险评估与演练模拟技术，设计校园突发事件的预警与应急处理预案。

（3）案例应用：如构建高校应急管理信息平台，实时收集校园安全数据，并实现对安全风险的动态监测与早期预警。

5. 文化学与国际关系的结合：全球化背景下的安全教育

（1）研究目标：针对跨文化交流中的安全问题，分析文化多样性对安全教育的影响，并设计适应全球化需求的安全教育内容。

（2）具体方法：文化学分析不同文化背景对学生行为和安全观念的塑造，研究宗教文化、民族文化对安全教育的影响；国际关系学通过跨文化研究与政策分析，探讨国际学生在文化适应与安全保障中的特殊需求。

（3）案例应用：如为国际学生设计“跨文化适应与安全教育”课程，内容包括语言文化适应、法律常识以及人身安全保障技能。跨文化交流中的安全教育需结合文化学与国际关系学的理论，才能有效应对文化冲突与适应问题。

（三）跨学科研究方法的实践意义

跨学科研究方法的运用为安全教育的理论研究提供了新的视角与实践创新的可能性。例如，心理学的研究方法与信息技术手段的结合，可以更准确地识别大学生的心理安全问题，为安全教育干预提供科学依据。

（1）推动高校安全教育的实践变革。跨学科方法不仅在理论层面为安全教育提供了综合分析框架，还通过技术与制度的结合推动了高校安全教育的实践创新。例如，构建数据驱动的安全教育平台，形成从风险评估到教育干预的完整流程。

（2）服务于国家安全战略的大安全目标。跨学科安全教育研究直接服务于新时代“大安全”理念，通过培养大学生的综合安全素养，助力国家安全战略的实施。正如教育部文件中强调的，安全教育是实现“立德树人”根本任务的重要组成部分。

三、研究逻辑与框架结构

（一）研究逻辑

研究逻辑是学术论著的核心思想与内容体系的内在总纲，是全书内容展开的脉络所在。本书的研究逻辑紧密围绕“理论建构—问题分析—实践路径—展望优化”的四重主线，结合新时代大学生安全教育的时代需求和学科特性展开系统化的研究路径。通过层层递进的分析方法和多学科协同的理论建构，力图揭示新时代大学生安全教育的理论根基、现实问题与实践对策，最终为我国高校构建科学、系统的安全教育体系提供理论依据和实践指导。

以下研究逻辑从三个方面展开，依次为从宏观背景到核心议题的逻辑推进、从理论分析到实践探索的逻辑递进以及从单一问题到系统结构的逻辑整合，它们构成了本书研究的理论框架与方法路径。

1. 从宏观背景到核心议题的逻辑推进

新时代中国特色社会主义背景决定了大学生安全教育的重要性和多元化需求。本书的研究逻辑首先从国家发展、社会变迁及高等教育使命等宏观层面入手，全面分析大学生群体在新时代背景下面临的新型安全问题及其生成机制，具体包括社会转型、技术革命、文化多样性以及生态与全球化背景下的复杂安全形势。

大学生安全问题具有独特的多样性与复杂性，不仅反映个人层面的成长与发展需求，也与社会整体的安全稳定密切相关。本书从心理安全、网络安全、法律与伦理安全、自然灾害应急安全及食品与健康安全等多个关键议题切入，剖析新时代大学生面临的心理压力、信息风险、法律缺失、灾害应急能力不足等问题及其社会、文化、技术层面的深层原因。

在此基础上，本书从多学科融合的视角，明确安全教育在国家安全战略、高校育人体系、社会责任构建等方面的核心价值。大学生安全教育不仅是高校立德树人工作的重要组成部分，更是全面落实“大安全”理念、实现国家人才战略与社会和谐稳定的重要抓手。

通过对宏观背景与具体议题的结合分析，本书进一步梳理大学生安全教育的理论方法及其学术体系，为后续内容的深度探讨奠定了坚实的理论基础。

2. 从理论分析到实践探索的逻辑递进

安全教育的研究逻辑离不开理论支撑，理论构建为实践提供指导，而实践探索则反哺理论深化。本书遵循从理论到实践、从实践再到理论的双向互动逻辑，在安全教育的理论构建与实践探索之间建立起紧密的联系。

在理论层面，本书从学术史的视角系统梳理安全教育的核心概念、理论发展脉络及其在新时代背景下的适应性扩展。结合心理学、教育学、法学、社会学与信息技术等多个学科的研究成果，本书建构了一套多学科协同的安全教育理论体系，涵盖了安全教育的价值定位、核心内涵与理论模型。本书还特别探讨了安全教育在伦理规范、法治精神、个体心理发展与技术素养提升等方面的理论突破，形成了一个多层次的学术框架。

在实践层面，本书以心理健康、网络安全、法律教育、校园安全、自然灾害应急教育等关键议题为载体，通过典型案例与实证研究的方法，深入剖析高校安全教育在实施过程中的成功经验与现实困境。实践探索不仅局限于高校内部的安全教育机制，还涉及政府部门、社会机构、高校师生之间的多方协作机制，研究如何通过政策优化与社会参与提升安全教育的实践成效。

本书进一步提出安全教育实施中的课程设计、管理制度优化与校内外协作模式，将理论成果转化为具体的实施路径，为安全教育的实践操作提供了可行性指导。通过理论与实践的双向递进逻辑，本书不仅在理论层面建构了科学体系，也在实践层面提供了有效的解决方案。

3. 从单一问题到系统结构的逻辑整合

大学生安全教育是一个多维度、多主体的复杂系统议题，涉及心理健康、法律规范、信息技术、文化伦理、生态环境等多个领域。因此，本书在研究逻辑上强调从单一问题的细致分析到整体系统的结构化整合，以系统思维为指导，构建新时代大学生安全教育的立体化研究框架。

具体而言，本书将大学生安全问题置于“国家—社会—校园—个体”四层次结构之中展开多维探讨。个体层面关注心理健康与行为模式，探讨大学生面对安全风险时的心理机制、应对能力与行为改善路径；校园层面注重安全管理体系的优化与突发事件的干预策略；社会层面强调政策协同与社会组织的作用，通过跨部门合作完善社会支持体系；国家层面则从人才战略、社会安全稳定与国家安全全局的高度，审视大学生安全教育的整体定位与发展目标。

本书的研究逻辑在系统思维的指导下，不仅注重各层次安全问题的独立性与特殊性，也关注其内在联系与协同机制。通过将个体心理、校园治理、社会政策与国家战略相结合，构建出一个完整的立体化安全教育研究框架。此种逻辑整合不仅有助于多主体合作的机制设计，也为多领域问题的综合治理提供了新思路。

本书的研究逻辑以问题为导向、以理论为支撑、以实践为路径，层层递进、环环相扣，构成了完整的研究脉络。从宏观背景到具体议题，从理论分析到实践探索，从单一问题到系统整合，本书逐步揭示了新时代大学生安全教育的内在规律与现实需求，为高校安全教育体系的构建与优化提供了重要的学术支持和实践借鉴。这一研究逻辑不仅体现了学术研究的系统性与严谨性，也突出了安全教育研究的实际应用价值，为安全教育理论的深化与实践的发展开辟了新路径。本书逻辑思维导图如图 1-1 所示。

（二）本书的框架结构

本书共十二章，围绕大学生安全教育的理论、实践与趋势展开论述，形成从理论基础到多领域实践，再到未来展望的层层递进的系统结构。

第一部分：理论基础（第一章和第二章）。

第一章 导论：新时代大学生安全教育的理论基础。通过分析大学生安全教育的背景、意义与多学科方法，奠定全书的研究基调。

第二章 大学生安全教育的理论构建：多维视角的系统分析。梳理安全教育的概念演进与理论发展，提出核心理论模型，并结合心理学、教育学与法学等多学科视角，探讨安全教育的伦理价值与法律基础。

第二部分：关键议题剖析（第三章—第十章）。

这一部分围绕大学生安全教育的关键领域展开细致剖析，涵盖心理安全、网络安全、校园安全、社会安全、自然灾害应急、国家安全、健康与食品安全、法律与伦理安全教育等主题。

第三部分：未来展望与机制优化（第十一章和第十二章）。

第十一章 安全教育的实践创新与机制优化：理论转化的应用路径。聚焦课程设计、典型案例、长效机制与国际经验，提出安全教育的创新模式与优化建议。

第十二章 新时代大学生安全教育的挑战、趋势与未来展望。结合全球化与技术变革趋势，展望安全教育未来发展路径，为高校相关政策制定提供参考。

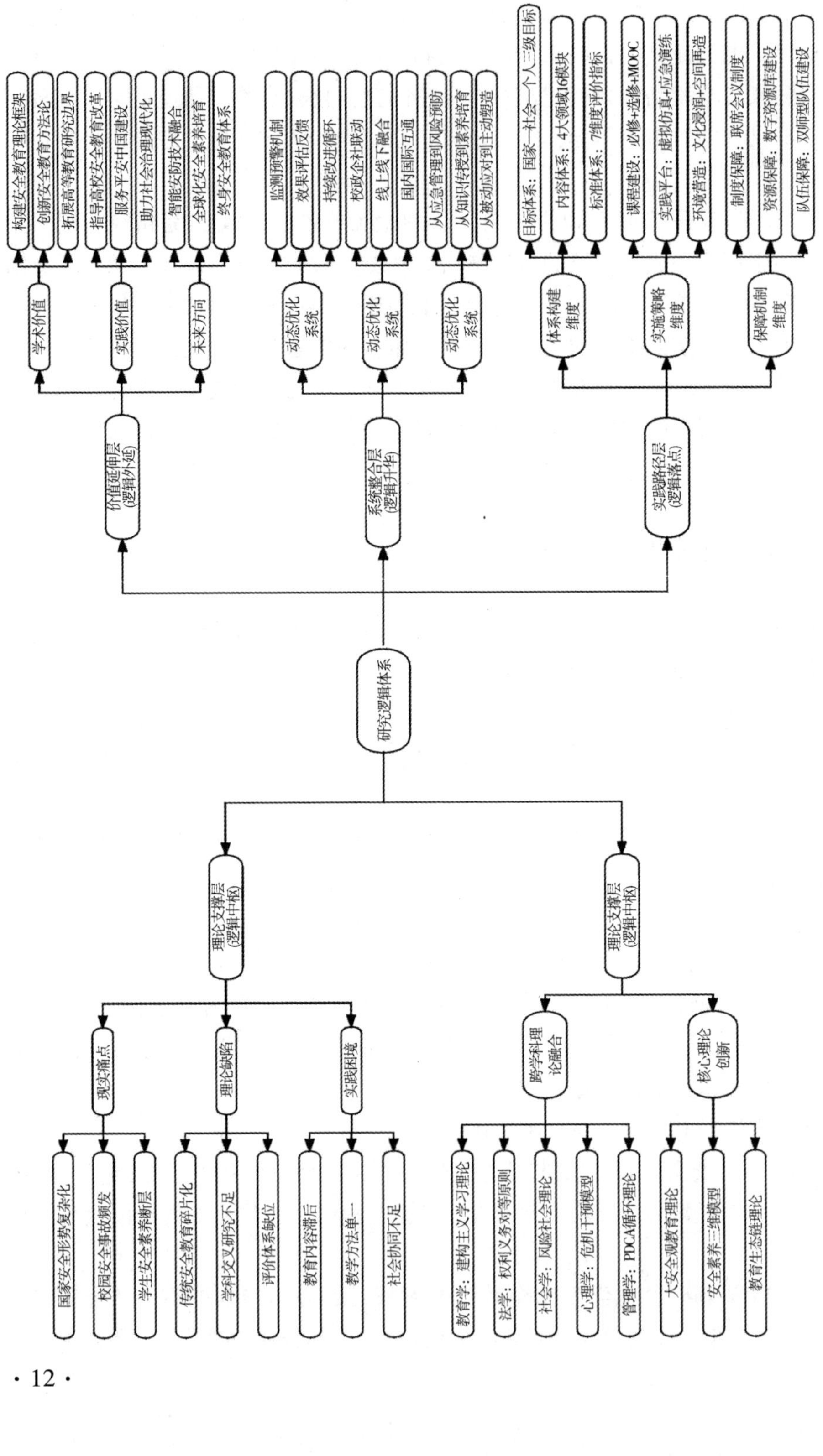

图1-1　本书逻辑思维导图

（三）本书框架的创新性与学术价值

1. 创新性：多学科交叉与全景化研究

（1）跨学科视角的深度整合。本书基于心理学、教育学、法学、信息技术与社会学的理论资源，从多维视角重新定义大学生安全教育的内涵与外延，突破了传统研究的单一学科局限性，构建了系统性、多层次的安全教育研究框架。

（2）理论与实践的全景化结合。全书聚焦心理、网络、社会实践、食品健康、自然灾害等具体领域，通过对这些议题的分章解析，提供了一种“理论—实践—再理论”的双向整合逻辑。无论是理论建模，还是实践干预，都注重构建全景化的研究思维，确保研究结果的科学性与应用性。

（3）国际化与前瞻性分析。本书在研究中国大学生安全教育问题的同时，结合全球化趋势对国际经验进行横向比较，从而提出具有国际化视野的安全教育优化路径。这种全球视角的引入赋予了本书更高的学术前瞻性。

2. 学术价值：理论贡献与实践指导的双向意义

（1）理论贡献。本书提出了新时代背景下大学生安全教育的核心理论模型，涵盖心理、网络、法律、健康等领域，构建了多学科融合的综合理论框架。

通过对安全教育价值观、法律基础、伦理原则的分析，进一步丰富了安全教育研究的哲学基础与价值体系。

（2）实践指导。本书以具体领域为切入点，结合典型案例与数据分析，为高校、教育管理者和社会组织提供了系统化、可操作的安全教育实践方案。

提出了安全教育的长效机制构建策略，为高校安全教育的制度设计与政策优化提供了重要参考。

（3）全球视野。本书通过对国际经验的比较与借鉴，为中国高校安全教育在国际化进程中面临的挑战提供了解决思路。通过技术变革与全球化趋势的双重考量，展现了安全教育未来发展的创新方向。

本书的研究逻辑与框架结构体现了新时代大学生安全教育研究的科学性、系统性和实践导向。通过全面、深入的学术分析与实践探索，提出了科学的理论模型、有效的实践路径和前瞻性的优化策略，为高校安全教育的理论研究与实践发展提供了重要启示。

第二章

大学生安全教育的理论构建：多维视角的系统分析

一、安全教育的概念演进与理论发展

安全教育作为教育学、心理学、法学、社会学等学科交叉领域中的重要研究课题，其概念经历了从最初的单一风险防范意义到多维综合教育体系的不断演进。其理论发展也逐渐从单一理论支撑向多学科视角下的系统性框架迈进。为了更深入理解安全教育的内涵与发展轨迹，本节将围绕安全教育的概念演进、主要研究成果和理论发展脉络进行学术性阐释，并结合典型理论模型剖析其学术贡献与实践意义。

（一）安全教育的概念演进

1. 安全教育的早期概念：单一风险防范

安全教育最初萌芽于工业化早期的社会背景中，主要以劳动安全、职业健康为目标，强调具体风险的识别与直接防范。在 20 世纪初，随着工业革命的深入，工厂劳工的安全事故频发，安全教育被明确提出为减少工伤事故的重要手段之一。例如：海因里希的《工业事故预防：科学管理原则》（1931 年）中提出了事故因果链理论，认为事故的发生是由多个因果环节串联形成的，通过教育手段减少人为失误是避免事故的关键。此理论首次为安全教育提供了科学分析方法，为工业领域的安全培训奠定了理论基础。

在这一阶段，安全教育内容局限于实践操作与行为规范。例如，英国早期的矿工安全教育课程主要集中在如何正确使用防护设备，以及在矿井内遇到坍塌时的应急自救技巧。这些课程反映了安全教育作为风险防范工具的初步应用。

尽管这一时期的安全教育关注点较为狭窄，但其“预防为主”的理念为安全教育奠定了基本方向。

2. 从风险防范到心理安全的扩展

20 世纪中期，安全教育的内涵逐渐从身体安全拓展到心理安全，心理学的研究成果开始显著影响安全教育的设计与实施。

马斯洛的《动机与人格》（1954 年）提出了需求层次理论，将安全需求置于基本需求的核心层次之中。这一理论首次从心理层面揭示了安全感对人类行为的重要影响。马斯洛指出，安全感不仅是生存的必要条件，也是个体实现自我发展的前提。在教育领域，这一理论推动了心理健康课程的普及，使得安全教育内容扩展到情绪管理、心理防御机制等方面。例如，美国 20 世纪 60 年代的中小学心理教育项目将“压力识别与管理”作为核心内容，强调学生在危险情境下的情绪调节能力。

同时期，戈夫曼在《日常生活中的自我呈现》（1959 年）中提出拟剧论分析范式，将社会互动类比为戏剧表演，揭示个体通过“印象管理”策略适应社会情境的行为逻辑。他指出，校园场域作为典型的“前台”空间，学生的自我呈现不仅受显性规则（如校规）约束，更受隐性社会威胁（如欺凌、社交排斥）的深刻影响——这些未被制度化的互动压力，可能迫使个体陷入“表演焦虑”，甚至损害心理安全。

这一阶段的安全教育已经从单纯的身体防护延伸到心理防护，逐步形成了“身心并重”的教育理念。

3. 综合性安全教育体系的提出

进入 20 世纪 80 年代以后，全球化和技术革命的兴起带来了多层次的新型风险，传统的安全教育理念已无法满足复杂社会环境下的需求。学者们开始提出综合性安全教育体系的构想，将心理、社会、技术等多领域整合到安全教育框架中。

贝克的《风险社会：走向一个新的现代性》（1986 年）中提出了风险社会理论。贝克认为，现代社会的技术进步一方面提升了人类生活质量，另一方面也带来了信息泄露、环境灾害等新型风险。这一理论推动了安全教育从以往的“事后应对”转向“风险评估与主动预防”，例如在网络安全领域的普及教育中，通过提前预警技术风险和信息防护技能，降低学生在数字化环境中的潜在风险。

联合国教科文组织（UNESCO）在其文件《学习：内在的财富》（1996 年）中明确提出终身学习与综合安全教育理念，倡导安全教育贯穿全生命周期，不仅针对学生的身体健康与心理发展，还应涵盖食品安全、法律意识与社会责任教育。以此为指导，许多国家开始实施综合性的学校安全教育课程。例如，中国在 2008 年汶川地震后全面推广的防震减灾安全教育课程就将自然灾害应急、自我保护技能和社会协作意识融为一体。

（二）安全教育的理论发展

安全教育的理论发展经历了从单一学科的理论支撑到多学科协同研究的扩展，其理论体系的完善深刻反映了学术领域的知识积累与创新。

1. 行为主义与安全教育的早期实践

行为主义理论是安全教育早期发展的重要理论基础之一。斯金纳的“操作性条件反射理论”（1953 年）为行为塑造提供了科学依据。行为主义认为，通过外部环境的控制和奖励机制，可以有效规范个体的安全行为。这一理论广泛应用于学校安全教育中，通过规则的制定和行为的正负强化，促使学生养成遵守安全规范的行为习惯。

例如，交通安全教育中的行为强化模式，通过对学生良好行为（如遵守交通规则）的奖励和违规行为的惩罚，完成安全教育目标。这种方法虽然具有一定的效果，但局限于外部行为的控制，无法深入探讨安全行为背后的心理与社会动因。

2. 认知心理学对安全教育的深化

20 世纪下半叶，认知心理学的兴起为安全教育注入了更多关于心理过程的研究内容。皮亚杰的“认知发展理论”（1970 年）和班杜拉的“社会认知理论”（1986 年）强调个体在学习过程中的主动性与环境互动的重要性。班杜拉进一步提出“自我效能感”概念，认为个体对自身能力的信念会显著影响其安全行为的选择和执行。

这一理论为大学生安全教育提供了新的视角：通过提高学生的自我效能感（如面对网络欺诈时的辨识能力），可以显著增强其对风险情境的判断与应对能力。认知心理学的引入使得安全教育从行为控制拓展到心理认知层面，为教育内容的设计提供了科学依据。

3. 生态系统理论的系统性拓展

20 世纪末，布朗芬布伦纳的“生态系统理论”（1979 年）为安全教育提供了系统性视角，强调个体发展与环境系统的相互作用。安全教育被视为一个多层次的生态系统，包括个体、学校、家庭、社会、国家等多个层级的共同作用。这一理论推动了安全教育从单一主体的知识传授转向多主体协同的系统性教育模式。

在大学生安全教育领域，生态系统理论强调，心理健康、网络行为、校园安全和社会实践等问题并非独立存在，而是相互影响、交织作用的。因此，安全教育需要从系统整体出发，整合多方资源，实现全员、全过程、全方位的教育干预。

4. 当代多学科融合的理论发展

近年来，安全教育研究进一步融合了技术发展与全球化的挑战，形成了更加综合性的理论体系。

（1）大数据与信息技术的赋能理论：以大数据为基础的教育干预模式逐渐兴起，安全教育研究引入了数据驱动的个性化教学模式。基于数据的风险分析为大学生网络安全教育提供了科学依据。

（2）法律与伦理的教育融合理论：现代社会对法律责任和伦理规范的重视，使得安全教育从技术与心理层面扩展到法律和价值观教育，形成更具规范性和引导性的教育路径。

安全教育的概念与理论发展经历了从单一维度到多维度、从行为控制到系统性建构的不断演进。早期的安全教育以事故防范为核心，随着心理学、社会学与技术研究的深入，其内涵逐渐拓展到心理安全、社会责任与技术素养等多领域，并最终形成了一套理论与实践相结合的综合性教育体系。

通过对历史研究成果与理论发展的回顾，我们可以明确，安全教育的目标已不再局限于简单的知识传授或行为规范，而是全面提升学生的综合素养和应对复杂风险的能力。在未来的研究中，安全教育需要进一步探索跨学科融合的可能性，同时积极借助现代技术手段，为教育实践的科学性与高效性提供支撑。

二、新时代安全教育的内涵与核心理论模型

新时代安全教育是教育体系适应快速变革的社会背景、科技发展和全球化趋势的必然产物，其内涵在传统安全教育的基础上得到大幅拓展和深化。作为一项跨学科、多维度的教育实践，它不仅关注风险防范与技能培养，还强调心理韧性、伦理意识和社会责任的塑造。在理论层面，新时代安全教育需要通过系统化的核心模型加以构建，以多元化、综合性的理论基础为指导，为实际教育实践提供科学依据和方法路径。

（一）新时代安全教育的内涵

1. 综合性安全素养的培养

新时代安全教育的目标不仅仅是培养大学生的风险防范意识和应急处理能力，还强调综合性安全素养的提升。综合性安全素养主要包括以下几个方面。

（1）风险识别与应对能力：大学生能够对心理、网络、社会和自然灾害等多种风险类型进行科学识别并采取应对措施。

（2）心理韧性与抗压能力：强调在危机或突发事件中保持情绪稳定，避免冲动决策。

（3）信息安全意识：培养大学生数字化时代的隐私保护能力以及对网络诈骗的辨别能力。

（4）法律与伦理责任意识：增强法治观念，树立守法精神，同时培养对社会公共安全的责任感。

2. 从风险预防到系统化教育

新时代的安全教育已从传统单一风险防范模式转向系统化、多层次的教育内容。其内涵从关注个体的身体健康、心理安全，扩展到应对复杂社会环境中的系统性风险。例如，在自然灾害教育中，不再仅仅关注灾害发生时的应急技能，而是结合灾害预警、社区协同、个体行为引导等多层面内容，形成一个全生命周期的教育体系。

3. 跨学科与协同机制的构建

新时代大学生安全教育强调多学科协同与社会协同。安全教育的实施不再局限于学校内部，而是通过整合政府、社会机构、家庭等多主体资源共同完成。例如，高校的“平安校园”建设既需要法学提供政策支持，也需要心理学提供危机干预方法，还需依托技术学科研发网络安全监控与预警工具。

（二）新时代安全教育的核心理论模型

1. 模型设计的核心原则

系统性：整合不同风险类别与教育领域，将心理、网络、社会和自然灾害等多维度统一在一个框架中。

层次性：体现包括个人（大学生个体）、组织（高校）、社会（外部支持）

的多层次协同作用。

动态性：在模型中嵌入动态应对机制，适应快速变化的风险环境。

2. 理论模型的构建

以下模型采用思维导图和公式模型的形式表述，清晰呈现新时代安全教育的理论逻辑与实践路径，如图 2-1 所示。

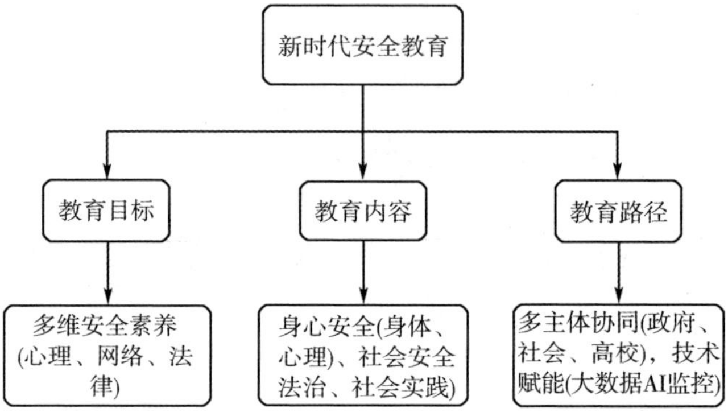

图 2-1　新时代安全教育核心理论模型

教育目标：聚焦综合性安全素养的培养，包括心理健康、网络安全意识、法律与社会责任感的提升。

教育内容：细分为身心安全（心理危机干预与健康管理）、社会安全（法治与社会实践教育）和自然灾害应急。

教育路径：结合多主体协同与技术赋能策略，将教育目标与教育内容有效转化为实践成果。

3. 公式模型：新时代安全教育理论模型

新时代安全教育理论模型可以用公式的形式表述为：

$$Es=f(Ri+Cd+Pc)$$

其中：

Es：安全教育的综合成效（Education Security Effectiveness）。

Ri：风险识别与应对能力（Risk Identification and Response）。

Cd：跨学科协同教育内容（Cross-disciplinary Educational Content）。

Pc：教育过程中的协同机制（Process Collaboration）。

模型说明：综合安全教育效果（Es）取决于学生对风险的科学识别与应对能力（Ri）、跨学科协同提供的多维教育内容（Cd），以及多主体协同机制在教育过程中的执行效率（Pc）。

4. 图形化动态模型

图 2-2 所示是一个可视化动态模型，展示新时代安全教育的核心要素和多维互动逻辑。

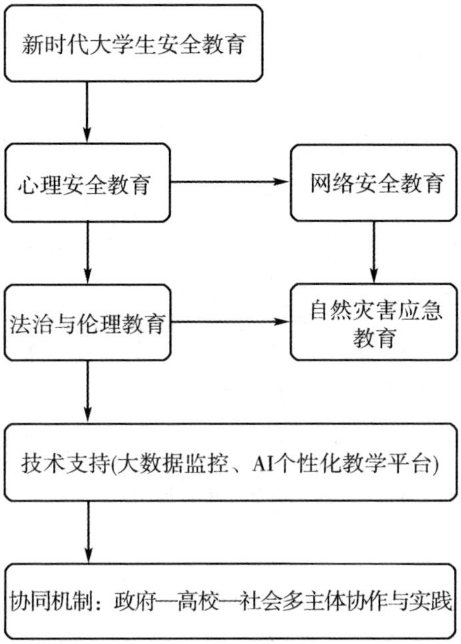

图 2-2　新时代安全教育核心要素和多维互动逻辑

此模型体现了多维安全教育内容的交叉与技术赋能的支撑作用，同时突出了政府、高校和社会协同机制在实际教育中的重要地位。

（三）结合大学生群体的具体应用

1. 心理安全教育中的应用

北京大学自 2020 年起构建“预防-干预-发展”三位一体的心理健康支持体系，通过心理测评工具、大数据分析平台和线上线下融合服务，系统提升学生心理韧性。例如，2024 年启动的‘学生心理健康促进工程’整合神经科学研究成果，开发个性化干预方案，覆盖全校 95%以上学生。

2. 网络安全教育的落地实践

清华大学自 2016 年起每年举办“网络安全宣传周”，通过“长城杯”网络安全大赛、“防范网络诈骗”精品课程、社区普法等形式，结合大数据分析与AI技术，系统提升师生网络安全意识。例如，2023年宣传周覆盖3万人次，学生团队在国家级赛事中屡获佳绩，反诈课程学习量同比增长40%。尽管目前未明确使用VR模拟诈骗场景，但学校在虚拟现实技术研发领域的积累为未来安全教育创新奠定了基础。

3. 法治与社会安全教育

复旦大学开设“法治与生活”“公共安全与法律规制”等通识课程，聚焦校园金融安全与社会信用风险等现实议题。课程以“大学生校园贷纠纷”“个人信息泄露维权”等真实案例为载体，深度解析《民法典》《征信业管理条例》等法律法规——例如，援引上海金融法院2023年典型判例，详解“套路贷”的法律认定标准与信用修复机制。同时，学校与上海市公安局杨浦分局建立常态化合作，通过“法治安全宣传月”开展《从“校园贷陷阱”到征信保护》专题讲座，由经侦民警结合辖区警情剖析诈骗手法，并组织学生参与“模拟法庭”“法律诊所”等实践项目，将《中华人民共和国治安管理处罚法》等理论知识转化为纠纷调解、风险防范的实操能力。

4. 自然灾害应急教育

中国地震局下属单位（如四川省地震局）与四川大学、西南科技大学等川内高校建立防震减灾协同育人机制，依托“地震科普示范基地”开展沉浸式教育——通过振动台模拟地震晃动、VR技术还原倒塌场景，组织学生参与应急避难路线规划实训；同时联合街道社区开展“校社联合演练”，例如在成都郫都区红光街道，学生志愿者与居民共同完成从震时避险到灾后安置的全流程实操，相关经验被纳入《四川省校园防震减灾教育指南（2023版）》。

新时代大学生安全教育的内涵涵盖心理、网络、社会、自然灾害等多维领域，其核心理论模型强调系统性、层次性与协同性。结合思维导图、公式模型与实际案例可以发现，新时代的安全教育不仅是单纯的知识传授，更是综合素养的塑造和全方位能力的培养。未来，安全教育需进一步结合智能技术与国际经验，探索个性化、数字化的教育路径，以更好地应对新时代的复杂风险环境。

三、大学生安全教育的多学科交叉视角

大学生安全教育作为高校教育体系的重要组成部分，涵盖心理、行为、社会、技术、法律等多领域的内容，因其内在复杂性和综合性，单一学科的研究难以解决其多层次的教育需求。新时代大学生安全教育的目标不仅是提高学生的风险防范意识和应对能力，更是通过科学的理论指导、系统的课程设计与实践路径，引导学生实现安全素养、法治精神与社会责任的全面发展。心理学、教育学与法学作为安全教育的三大核心学科，为安全教育的理论建构和实践探索提供了坚实的基础，三者的交叉融通构建起一个多维度的研究视角与教育体系。

（一）多学科交叉研究的必要性

1. 大学生安全教育的复杂性与多样性

大学生安全教育的复杂性源于其涉及的广泛内容和多元背景。在新时代背景下，大学生不仅面临着传统的安全问题，如身体健康、心理危机、突发事件等，还受到技术发展、社会转型和全球化等多重因素的影响。

（1）技术层面：网络诈骗、信息泄露、数字隐私侵害等问题层出不穷，大学生作为网络用户的主体，容易受到新型安全威胁。

（2）社会层面：大学生的社会实践活动（如兼职、志愿服务）中存在隐性风险，如劳动权益保障不足、社会欺诈行为等。

（3）心理层面：大学生心理危机日益多样化，抑郁、焦虑等问题高发，需要更有效的心理干预与支持。

这种多样性与复杂性决定了安全教育不可能仅通过单一学科解决问题，而需要多学科交叉研究，通过理论上的融通与实践中的结合，构建系统性解决方案。

2. 多学科交叉研究的价值与目标

（1）全方位理解安全教育的核心问题。心理学关注个体心理发展，教育学关注知识的内化与传播，法学关注行为的规范与责任界定。多学科交叉研究能够从微观到宏观全面把握大学生安全教育的核心问题，避免单一学科研究的

片面性。

（2）综合性解决方案的提出。多学科交叉为安全教育提供了从理论到实践的多维度框架。例如，心理学为心理健康教育提供科学依据，教育学通过课程设计实现内容传播，而法学则从法律规范与制度保障层面强化教育效果。

（3）推动理论与实践的互动。多学科交叉不仅丰富了安全教育的理论基础，还为实际操作提供了路径。例如，在网络安全教育中，心理学可以帮助学生识别和管理网络使用中的认知偏差，教育学设计相关课程传授风险识别技能，而法学通过普及网络法治意识帮助学生规避法律风险。

（二）心理学在安全教育中的作用

1. 心理学视角：从个体心理到行为塑造

心理学作为研究个体心理活动和行为规律的学科，对大学生安全教育有着深远影响。大学生的心理状态不仅直接影响其对风险的感知与应对能力，还决定其行为的选择与后果。通过心理学的理论与技术，安全教育可以更加有效地解决心理问题，帮助学生提升心理韧性与风险应对能力。

（1）心理健康与安全感的关联。心理学研究表明，个体的心理健康水平与其安全感直接相关。马斯洛的需求层次理论指出，安全感是人的基本需求之一，缺乏安全感会导致个体行为的偏差和心理的失衡。在大学生群体中，学习压力、就业焦虑和人际关系冲突可能削弱其心理安全感，甚至引发心理危机。这就需要通过心理健康教育提升学生的安全感，建立对外部风险的合理认知。

（2）压力管理与应激理论的应用。塞利的应激理论（1956 年）指出，压力对个体的影响分为积极应激（如促进行动的动机）和消极应激（如引发心理失衡）。大学生在面对学业压力、社会融入等挑战时，可能会表现出焦虑、失眠等问题。安全教育应当结合这一理论，通过心理课程和危机干预帮助学生缓解压力，避免其对安全行为的负面影响。

2. 心理学融入安全教育的实践

心理学在大学生安全教育中的具体应用主要体现在以下几方面。

（1）心理健康课程：通过开设压力管理、情绪调控等专题课程，帮助学生建立心理韧性和应对能力。

（2）心理辅导机制：高校设立心理咨询中心，通过心理测评与一对一辅导提供个性化支持。

（3）模拟危机干预：结合心理学理论设计危机模拟演练，帮助学生在实际情境中练习情绪管理与风险应对技能。

（三）教育学在安全教育中的作用

1. 教育学视角：从知识传播到行为改变

教育学是实现安全教育目标的核心学科，通过科学的课程设计和教学方法，将安全知识与技能转化为学生的行为规范与内化能力。

（1）知识建构与行为引导。皮亚杰的建构主义理论（20 世纪 50 年代）强调学习是个体主动建构知识的过程，而不是被动接受。安全教育应设计以学生为中心的互动式教学方法，例如通过案例分析、情境模拟等方式，帮助学生主动理解和应用安全知识，从而形成长期的行为改变。

（2）显性与隐性教育的结合。教育学研究指出，安全教育应包括显性课程（如心理健康课程、网络安全课程）和隐性教育（如校园文化建设）。例如，通过校园安全制度的建立、活动文化的引导等隐性教育手段，大学生可以潜移默化地增强其风险意识与安全行为。

2. 教育学融入安全教育的实践

（1）课程体系的构建：构建涵盖心理、网络、法治与社会实践的综合性安全课程体系，使学生系统学习安全知识。

（2）体验式教学的应用：通过设计模拟演练、游戏化学习等方式增强学生的学习兴趣与实践能力。

（3）反馈与改进机制：通过对学生学习过程的动态监测和成果评估，优化教学设计，提升教育质量。

（四）法学在安全教育中的功能

1. 法学视角：从规则意识到法治精神

法学研究为安全教育提供了行为规范的理论支撑。通过普及法律知识、强化法律责任意识，法学教育能够帮助学生树立法治观念和社会责任感，从而规范其行为选择。

（1）法律规范与责任教育。法学的基本目标是通过明确的法律规范引导社会行为。在大学生安全教育中，普及相关法律法规（如《中华人民共和国网络安全法》《中华人民共和国突发事件应对法》）能够帮助学生认识行为的法律边界，避免违法风险。

（2）法治精神与公民责任。法学还强调大学生作为公民对社会安全的责任与义务。通过案例教学，学生可以理解法治精神在安全事件中的核心作用，从而自觉承担社会责任。

2. 法学融入安全教育的实践

（1）法律课程教育：将法律基础知识纳入安全教育课程，培养学生的法治思维。

（2）法律援助机制：在校园中设置法律咨询服务，为学生在校内外的法律事务提供支持。

（3）案例解析教学：通过解析真实法律案例，帮助学生在实践情境中学习法治规范与责任意识。

（五）多学科交叉的融通与系统化设计

1. 心理学、教育学与法学的协同作用

多学科交叉的核心在于理论的融通与实践的结合。例如：心理学提供对个体行为和风险认知的解释；教育学通过课程设计与教学实施使安全教育内容落地；法学为学生行为提供规范与制度保障。

2. 系统化的教育设计

通过多学科交叉的理论融通，构建大学生安全教育的系统化框架。

心理维度：注重个体心理发展与行为调控；教育维度：通过课程教学和隐性教育完成知识传播与行为内化；法律维度：通过法治教育形成行为约束与责任意识。

心理学、教育学与法学在大学生安全教育中各自发挥独特作用，并通过多学科交叉形成系统化的教育体系。这种多学科的融通不仅丰富了安全教育的理论基础，也为实践提供了科学路径。在未来的安全教育研究中，应进一步推动多学科协同发展，以更好地应对新时代大学生面临的复杂安全挑战，为高校教育目标的实现提供有力支持。

四、安全教育的价值伦理与法律基础

安全教育不仅是一项提升学生风险意识和应对能力的实践活动，更是承载社会价值观念、伦理原则和法治精神的重要教育使命。其实施不仅需要关注学生的具体安全需求，还需要明确其背后的价值伦理基础和法律制度支持。大学生作为社会重要的未来建设者，其安全教育需要在价值伦理的引导和法律规范的约束下，形成个体自我保护与社会责任相统一的安全素养体系。本节将从价值伦理、法律基础及两者的结合视角探讨安全教育的核心意义和实施框架。

（一）安全教育的价值伦理基础

1. 安全教育的伦理内涵

安全教育承载着基本的人道主义精神和社会责任伦理，其本质在于维护人的基本权利和尊严，促进社会和谐与个体发展。从伦理学的视角来看，安全教育具有以下几方面的价值内涵。

（1）人本主义原则。人的生命安全是社会的核心价值，安全教育的根本目标是保障大学生的生命安全和身心健康。人本主义强调“以人为本”，通过教育增强个体的安全感和生存能力，使其能够更好地适应社会环境。在这一理念的指导下，安全教育不仅要关注风险防范技能的传授，还需关注学生的心理发展、情感需求和价值引导。

（2）社会责任伦理。大学生作为未来社会的核心成员，不仅需要关注个体安全，还需要承担维护公共安全的社会责任。安全教育在这一层面体现了个人与社会的双向互动关系。通过教育，学生能够认识到其行为可能对他人和社会产生的影响，从而在行为选择中遵循社会责任伦理，形成对公共安全的共同维护意识。

（3）伦理多样性与价值观教育。新时代的安全教育必须尊重学生多样化的文化背景和伦理观念，通过教育引导学生理解和尊重不同的安全文化与规范。这种伦理多样性教育有助于大学生形成开放、包容的安全价值观。

2. 伦理视角下安全教育的作用

（1）塑造大学生的道德责任感：通过安全教育，将社会责任、公共安全意识和个体行为规范深度融入学生的道德观念中。

（2）强化尊重与关怀意识：安全教育引导大学生认识到尊重他人生命权、健康权的重要性，形成以“关爱”为核心的伦理共识。

（3）促进个体与社会的协调发展：通过价值伦理教育，实现个体安全与社会安全的和谐统一。

（二）安全教育的法律基础

1. 法律在安全教育中的功能

法律作为现代社会行为的规范性准则，是安全教育的根本保障。通过法律规范，安全教育能够明确大学生的权利与义务，增强教育的权威性和执行力。在大学生安全教育中，法律的功能主要体现在以下几个方面。

（1）保障个体安全权利。法律赋予个体基本的生命权、安全权，安全教育以此为基础帮助大学生理解和维护自身的合法权益。例如，《中华人民共和国宪法》第三十七条明确规定，中华人民共和国公民的人身自由不受侵犯，这是安全教育的基本法律依据。

（2）规范大学生的行为边界。通过普及相关法律法规，安全教育能够明确大学生在行为选择中的法律责任，避免因不当行为（如网络侵权、校园欺凌）引发法律纠纷。例如，《中华人民共和国网络安全法》明确了网络使用中的权利与义务，安全教育以此为依托，教育大学生遵守网络行为规范。

（3）维护公共秩序与安全。法律通过规范社会行为保障公共秩序的稳定性，而安全教育通过法律普及帮助大学生树立法治观念，减少对社会安全的潜在威胁。例如，通过普及《中华人民共和国突发事件应对法》，教育大学生在公共突发事件中的法律责任与应对方法。

2. 大学生安全教育的法律依据

（1）宪法与基本权利。宪法作为国家根本大法，明确了公民享有的基本权利和义务，是大学生安全教育的重要法律基础。宪法中的生命权、安全权以及教育权为安全教育的实施提供了法律依据。

（2）专门性法律法规。安全教育涉及多领域的法律法规，如《中华人民共和国网络安全法》《中华人民共和国教育法》《中华人民共和国治安管理处罚法》等。这些法律为大学生在校园、网络和社会环境中的安全行为提供了明确的规范。

（3）规章制度。安全教育的直接实施主体，通过校规校纪等制度设计，细化和落实法律法规的要求。例如，高校通过制定防网络诈骗管理办法和校园安全巡查制度，将法律精神内化为学生日常生活的行为准则。

3. 法律视角下安全教育的实施路径

（1）普及法律知识：通过开设法律基础课程、专题讲座等形式，使大学生掌握基本的法律知识。

（2）案例教学与实训：结合校园欺凌、网络犯罪等典型案例，帮助学生理解法律规范的实际应用。

（3）行为责任教育：引导学生认识自身行为的法律后果，增强法治意识与责任感。

（三）安全教育的价值伦理与法律的结合

1. 从价值观引导到法律约束的互动

价值伦理和法律基础在安全教育中并非孤立存在，而是相互补充、相互作用的统一体。从伦理的角度出发，安全教育注重对学生道德观念的引导；从法律的角度出发，安全教育则通过制度化、规范化的途径强化行为约束。这种互动主要体现在以下几个方面。

（1）从伦理到法律的递进性。伦理教育注重价值观内化，而法律教育则通过具体的规则和制度将伦理观念转化为可操作的行为规范。例如，尊重他人隐私是一项伦理原则，但通过《中华人民共和国网络安全法》的学习，学生能够进一步理解隐私保护的法律边界和责任。

（2）从法律到伦理的引导性。法律教育通过具体的案例教学让学生认识到行为后果，促使其在伦理观念层面产生共鸣。例如，通过学习网络侵权案例，学生不仅能够明确行为的法律后果，还能理解尊重他人权益的重要性。

2. 价值伦理与法律教育的整合路径

（1）课程设置的融合。在安全教育课程中，将伦理学和法学内容有机结合。例如，通过设置“法治与伦理”专题课程，探讨校园欺凌、网络诈骗等问题的伦理争议与法律处置方式。

（2）实践活动的交叉设计。通过模拟法庭、案例分析等方式，使学生在具体情境中体验法律规范的实施与伦理原则的运用。

（3）校规校纪与文化建设的结合。在高校制度设计中，将法律条文转化为学生易于理解的行为规范，同时通过校园文化活动（如主题宣传周）传播安全伦理观念。

安全教育的价值伦理与法律基础相辅相成，共同构成了大学生安全教育的理论依据与实践保障。价值伦理从人本主义、社会责任和多样性价值的角度提供教育的内在支撑，而法律基础则从权利保障、行为规范和责任约束的层面确保教育的有效实施。两者的结合为大学生安全教育构建了全方位的理论框架，不仅有助于学生风险意识和应对能力的提升，更在塑造安全文化、传播法治精神方面发挥了重要作用。在未来的教育实践中，应进一步推动价值伦理与法律教育的深度融合，为新时代大学生安全教育的优化提供更为科学的指导。

第三章

心理安全教育：理论支撑与实践路径

一、大学生心理健康与安全教育的理论范式

（一）理论背景与范式演化

心理健康教育的理论范式是一种动态发展过程，尤其在新时代背景下，大学生心理健康与安全教育不仅是高校思想政治教育的有机组成部分，更是全面落实“立德树人”根本任务的重要路径。近年来，随着社会风险增多、大学生心理问题复杂化以及外部环境的不确定性增加，心理健康教育的内涵与外延均发生了深刻的变化。

1. 新时代心理健康教育的使命

心理健康与安全教育的新时代使命体现为对个体心理发展与社会需求的双向回应。在这一背景下，心理安全教育逐步成为高校心理育人工作的重点，从“关注心理问题”向“构建心理安全”转型。这一转型不仅是理论层面的创新，更是实践层面的必然要求。

2. 理论范式的动态演进

心理健康教育经历了从“问题导向”到“发展导向”的理论演变过程。在新时代，心理安全教育不再仅仅着眼于“矫治”或“预防”，而是以整体性、系统性视角将个体的心理状态与社会环境、文化适应和身份认同有机融合，实现从心理健康到心理安全的跃迁。

（1）传统范式：强调心理健康教育以“心理问题识别与解决”为核心，注重个体化的心理辅导。

（2）现代范式：将心理健康教育与心理安全教育结合，突出“环境—个体”系统的作用，关注群体心理稳定与安全感的构建。

（3）新时代范式：通过科技赋能、多维联动、文化嵌入，聚焦“心理安全生态”的构建，将心理健康教育提升为心理安全教育体系，推动教育理念从个体干预向群体协同、从静态支持向动态保障延伸。

（二）心理健康与安全教育的核心概念

新时代的心理健康教育不仅强调心理疾病的防治与心理状态的维护，更强调通过教育机制为学生提供持续的心理安全感。心理健康教育与心理安全教育之间具有内在联系，但在关注重点和实践路径上存在显著差异。

1. 心理健康教育

心理健康教育以预防与改善个体心理问题为核心，注重心理状态的维护与个体化辅导，其核心目标是帮助学生解决心理困惑并维持健康的心理功能。主要涵盖情绪调节、人际沟通、认知发展和行为矫正等领域。

2. 心理安全教育

心理安全教育则更进一步，以营造稳定的心理环境为重点，注重构建系统化、生态化的心理支持网络，旨在提升学生的心理韧性、抗压能力和情绪稳定性。心理安全教育聚焦于以下几个方面。

（1）环境支持：通过教育资源整合与社会支持，营造有利于心理稳定的生态系统；

（2）动态管理：通过技术手段实现对心理动态的实时监测与干预；

（3）多维协同：通过学校、家庭和社会的联动，构建综合性的心理安全屏障。

（三）心理健康与安全教育的理论支撑

新时代心理安全教育的理论构建植根于心理学、社会学与教育学的多学科交叉视角，其主要理论支撑包括以下几个方面。

1. 马斯洛需求层次理论

马斯洛认为，安全需求是人类生存的基础性需求。在大学生心理教育中，心理安全感是学生进一步追求成就感与自我实现的前提。教育工作者需要通过构建稳定的支持系统，保障学生的情感安全与心理稳定。

2. 积极心理学理论

积极心理学理论主张从正向心理特质出发，关注个体优势的开发和幸福感的培养。在心理安全教育中，这一理论为如何提升学生心理韧性和抗压能力提供了方向性指导，有助于增强学生面对复杂环境的适应力。

3. 危机干预理论

危机干预理论强调对突发心理危机事件的快速响应与精准干预。在新时代，心理安全教育将危机干预理论扩展到全周期管理模式，构建了“预防—应对—修复”的危机应对机制，从源头减少心理危机的发生。

4. 生态系统理论

生态系统理论认为，个体心理发展受到微观（如家庭、学校）、中观（如社区、社会组织）和宏观环境（如文化、政策）的多层次影响。在新时代背景下，心理安全教育必须从生态系统的视角出发，将个体心理问题置于多维环境中加以研究和解决。

（四）新时代心理健康与安全教育的核心范式

1. 预防为主、发展为辅的教育模式

心理安全教育在新时代不再单纯以“治疗心理问题”为导向，而是更加强调预防性心理教育的重要性。同时，通过培养学生的心理韧性与应对能力，实现心理发展与心理安全的双重保障。

2. 个体需求与群体稳定相结合

新时代心理安全教育需要从个体干预向群体保障转变。通过心理测评与动态监测系统，学校不仅要关注个体心理问题，更需确保整个学生群体的心理环境安全。

3. 科技赋能的精准化与智能化

以大数据、人工智能等技术为依托，心理安全教育实现了从传统静态管理向动态监测与精准干预的转型。例如，运用智能心理测评工具对学生心理状态进行实时监控，构建“早发现、早干预”的心理安全保障体系。

4. 文化嵌入与价值塑造并重

心理安全教育不仅是技术与机制的创新，更需要通过校园文化的建设嵌入价值塑造。如在心理教育中融入社会主义核心价值观，帮助学生形成稳定的世界观、人生观和价值观，从根本上提升心理安全水平。

（五）心理安全教育的目标与功能

心理安全教育在新时代被赋予了更多的可能，在考虑心理安全教育的目标与功能的过程中，我们可以将传统与新时代高科技进行结合，以期更好地实现其目标，比如更加强调传统与数字的互补性，每个目标或功能均包含基础性传统措施与技术增强方案，既保障体系完整性，又体现时代创新性，也突出从理论概念到落地实践的转化路径。预警功能体现“人工经验+数据驱动”的双轨研判，支持功能展现“实体服务+数字平台”的立体网络，形成闭环管理体系。

1. 教育目标

（1）心理韧性提升。

①传统路径：通过团体心理辅导、挫折教育课程和压力管理训练，系统化培养学生应对挑战的基础能力。团体辅导侧重人际支持中的韧性培养，课程体系覆盖从认知重构到行为调节的全流程，形成可迁移的心理适应模式。

②数字赋能：采用 VR 技术模拟学业失败、社交冲突等高压场景，让学生在安全环境中进行暴露训练；通过智能手环等生物传感器实时监测心率变异性（HRV），建立动态心理弹性评估模型，为个性化干预提供数据支撑。

（2）心理生态优化。

①基础建设：实体心理咨询室提供私密交流空间，朋辈支持小组构建同龄人互助网络，校园文化节等活动营造情感共鸣场域，形成多层次支持体系。

②智能升级：部署物联网情绪感知设备（如智能座椅分析坐姿压力分布），通过环境数据捕捉群体心理波动；运用数字孪生技术构建虚拟校园，预演突发事件对心理生态的影响，提前优化资源配置。

（3）心理问题预防。

①常规体系：每年开展心理健康普查筛查高危群体，制定分级危机干预预案，建立家校定期沟通机制，形成“监测—预警—处置”标准化流程。

②创新模式：整合消费数据、作息规律、社交频率等多维度信息，构建机器学习预警模型；针对 5-HTTLPR 基因敏感型学生设计环境适应性方案，实现生物学与社会学的双重防护。

2. 核心功能

（1）预警功能。

①传统机制：采用 SCL-90 等标准化量表进行周期性测评，辅导员通过日常观察记录行为异常，形成人工研判网络。

②智能延伸：部署自然语言处理系统分析论坛/树洞文本情感倾向，通过

可穿戴设备捕捉心率变异等生理信号，结合图书馆滞留时长等行为轨迹数据，构建多模态风险评估矩阵。

（2）支持功能。

①主体框架：学校心理咨询中心提供专业服务，家庭通过亲子工作坊提升支持能力，医疗机构建立绿色转介通道，形成三级响应网络。

②数字协同：开发云端心理援助平台实现 7×24 小时服务覆盖，运用 VR 技术开展远程沉浸式咨询，借助区块链技术加密存储干预记录，确保服务可追溯且隐私安全。

（3）成长功能。

①基础培养：通过自我认知课程建立健康自我意象，人际交往训练提升社交弹性，价值观引导课程强化内在精神支柱，构建人格发展的基础框架。

②融合创新：在元宇宙环境中模拟职场竞争、舆情危机等复杂场景，训练社会适应能力；基于 AI 算法分析个体发展数据，生成个性化成长建议；开发数字徽章系统认证心理素质提升成果。

新时代大学生心理健康与安全教育的理论范式体现了从个体化向系统化、从静态向动态、从被动干预向主动塑造的全面升级。未来，高校需进一步深化理论与实践的融合，构建全面、高效、可持续的心理安全教育体系，为大学生的全面发展提供更加坚实的心理保障。

二、心理问题的识别、干预与危机应对机制

（一）大学生心理问题的类型及表现特征

随着新时代社会转型与多元文化的交织发展，大学生心理问题呈现复杂化、多样化的特征，具体表现为从一般性心理困扰向深层次心理障碍转化趋势加剧。这一变化要求高校建立科学有效的心理问题识别与干预机制，以应对潜在的心理安全风险。

1. 心理问题的主要类型

（1）轻度心理困扰：如学习压力、社交焦虑、情绪低落等，通常表现为短期、情境性问题。

（2）中度心理问题：如长期焦虑、轻度抑郁、情绪调节障碍等，逐渐影响学生的学业与生活。

（3）重度心理障碍：如重度抑郁症、强迫症、双相情感障碍等，这类问题需要系统化治疗与长期心理支持。

（4）危机性心理事件：如自伤行为、自杀意念、突发性心理崩溃，具有较高风险性和紧迫性。

2. 心理问题的主要表现

（1）认知层面：表现为思维迟缓、注意力分散、学习效率低下、决策困难等。

（2）情绪层面：包括持续的焦虑、愤怒、恐惧、孤独感或无助感。

（3）行为层面：如逃避社交、学业懈怠、睡眠障碍、自我孤立甚至自残行为。

（4）生理层面：如长期的疲劳感、食欲下降、频繁的躯体化症状（如头痛、胃痛）。

（5）学术视角：心理学家 Beck 的认知行为理论认为，大学生心理问题通常与负性认知模式相关，尤其是在个体面对重大变化或挫折时，认知失调和情绪反应可能共同导致心理问题的加重。

（二）心理问题的识别机制

新时代背景下，高校心理问题的识别机制需要从传统的被动干预模式转向主动监测与精准识别，具体包括以下几方面：

1. 心理健康普查

（1）工具与技术：通过心理健康量表（如 SCL－90、GAD－7、PHQ－9 等）对学生进行定期测评，全面了解心理健康状况。

（2）普查覆盖面：普查需覆盖全体学生，特别是重点关注学业压力大、家庭经济困难或特殊人群（如孤独症倾向群体等）。

2. 动态心理监测

（1）实时监测系统：借助大数据与人工智能技术构建心理健康预警平台，通过分析学生的行为轨迹（如课堂出勤、考试成绩、宿舍活动）实现心理动态监测。

（2）自然观察法：辅导员、班主任通过与学生的日常接触观察情绪状态、行为模式变化，以发现潜在心理问题。

3. 多方协同识别

（1）师生联动：通过辅导员、心理咨询师与任课教师的协同合作，构建“全员识别”网络。

（2）朋辈支持体系：通过培训学生心理健康志愿者，形成同龄人识别网络，有效发现隐藏心理问题。

（3）学术视角：生态系统理论（Bronfenbrenner 提出）强调，心理问题的产生与环境系统息息相关，识别机制应同时关注微观（个体行为）与宏观（社会环境）维度。

（三）心理问题的干预机制

干预是心理问题识别后的关键环节。新时代背景下，高校心理干预机制需要从个性化辅导、小组化支持和系统性服务等方面进行全面优化。

1. 个体心理干预

（1）心理咨询：通过面对面咨询、在线心理支持等形式，运用认知行为疗法（CBT）、人本主义疗法等方法，为学生提供个性化辅导。

（2）药物辅助治疗：对重度心理问题（如抑郁症、焦虑症）学生，需结合药物治疗（如 SSRIs 抗抑郁药），并与专业心理治疗相结合。

2. 群体心理干预

（1）心理教育课程：开设心理健康通识课，内容涵盖压力管理、情绪调节、人际沟通等。

（2）心理支持小组：为有相似心理困扰的学生提供小组辅导，增强情感支持与群体归属感。

3. 环境干预

（1）校园氛围建设：通过心理健康宣传活动（如心理健康月、心理剧比赛）营造支持性环境。

（2）家庭介入：加强与学生家庭的联动，通过家校合作共同为学生提供心理支持。

（3）学术视角：卡尔·罗杰斯的人本主义理论认为，心理干预需建立在无条件积极关注和情感共鸣的基础上。高校应强调在干预过程中尊重个体差异，注重学生的内在成长动力。

（四）心理危机应对机制

心理危机事件具有突发性、高危性和紧迫性，其应对机制需要依赖科学预警、紧急响应和后期恢复三大阶段。

1. 心理危机预警

（1）多层次预警体系：构建心理危机预警“三级网格化管理”机制，包括辅导员、心理咨询师和校级心理健康中心的分级预警与分级干预。

（2）预警指标：通过动态监测平台收集学生心理健康数据，重点关注情绪波动剧烈、自杀意念评分高的学生。

2. 心理危机干预

（1）应急干预团队：成立心理危机应急小组，成员包括心理学专家、校医、辅导员和法律顾问等。

（2）干预策略：使用心理急救（Psychological First Aid，PFA）方法，快速安抚情绪，避免危机进一步升级。

（3）特殊情况应对：对具有强烈自伤倾向或极端行为倾向的学生，应立即采取保护措施（如医学隔离或医院转诊）。

3. 心理危机后期恢复

（1）心理疏导：对经历心理危机的学生提供长期心理支持，帮助其逐步恢复心理功能。

（2）群体影响应对：对危机事件可能带来的群体心理冲击（如恐慌情绪）进行干预，避免次生心理问题的扩散。

（3）学术视角：危机理论指出，危机干预的目标是帮助个体尽快恢复心理平衡，同时为其提供新的应对机制，从而预防类似危机再次发生。

（五）心理识别、干预与应对的综合机制

在新时代背景下，高校心理问题的识别、干预与危机应对需整合技术与管理手段，构建系统化、常态化的综合机制。

（1）技术驱动：运用人工智能和大数据技术提升心理识别与干预的精准性。

（2）全员参与：依托“全员育人”理念，推动心理健康管理的多层次联

动。

（3）长效机制：通过完善心理健康管理制度，推动心理识别、干预与危机应对机制的常态化运作。

心理问题的识别、干预与危机应对机制是大学生心理安全教育体系中的核心环节。新时代背景下，这一机制应注重精准化、协同化和动态化特征，强调个体关怀与环境优化并重，为大学生心理安全提供科学、高效的保障。

三、大学生心理危机干预中的典型实践与反思

（一）案例简介

小美，女，2019 级学生，担任班长一职，活泼开朗，认真负责。2022 年 11 月 26 日晚上，该生舍友联系辅导员，说小美和一名舍友在宿舍发生言语和肢体冲突。辅导员第一时间赶到其宿舍，了解到两人因以往积累的矛盾和沟通不畅导致当天发生激烈冲突，该生情绪较为激动，崩溃大哭，表示“不想活了”。辅导员当晚带学生离开该宿舍并陪同其住在值班宿舍。通过进一步谈话了解到，该生与产生冲突的舍友原本关系融洽，但因为隶属不同的学院，关系渐渐疏远，价值理念渐渐不同，两人发生矛盾的次数越来越多，当天晚上因商议寒假出行计划和公共区域使用问题发生较大冲突，该生认为舍友不顾及她的感受，没有得到同等的尊重与情绪反馈，感觉舍友背叛了她，遂崩溃之下产生肢体冲突。辅导员联系学生家长告知情况，并一直陪同该生住宿直到考研结束。2022 年 12 月 29 日晚上，该生前男友向辅导员发短信反映，两人已经分手，但小美情绪激动，打电话要求见面，且威胁若不见面会去对方家中。辅导员第一时间电话联系小美，小美情绪激动，崩溃大哭，哭诉自己对情感关系破裂无法接受，认为身边的人都不理解自己，无法接受自己，非常难受且无法排解，想当面和前男友沟通。辅导员安抚好学生后，联系其家长做好关注工作，确保人身安全。通过后续进一步沟通了解到，那段时间，小美因考研不顺，担心考研结果，心理压力增大，曾向父母求助，但家长一直觉得她夸大其词，加之与前男友就未来去向问题产生了较大分歧，导致小美情绪反应严重，产生了极端的想法和做法。

（二）案例定性分析

此案例反映的是在人际关系紧张与恋爱观念偏差导致恋爱失败的双重影响下，因家庭教育方式不当而长期存在隐匿性抑郁倾向学生产生心理问题的事件。

（三）问题关键点

（1）如何发现、识别有隐匿性心理问题的学生。

（2）如何确保学生的人身安全，防止意外事故发生。

（3）如何家校联动，协助医生、学校心理咨询中心开展心理治疗。

（4）如何帮助学生解决当前人际关系紧张和学习所带来的压力，树立正确的恋爱观，改变个体的情绪表达方式，促进该生健康成长。

（四）解决思路和实施办法

1. 解决思路

首先，立即采取措施保证学生在校期间的人身安全；其次，向领导和家长汇报情况，妥善安排；再次，转介到学校心理咨询中心进行系统咨询；最后，帮助学生解决问题，引导小美缓解消极情绪，正确处理宿舍人际关系，了解大学阶段异性交往的基本原则，培养积极健康的交友心态，树立正确的恋爱观念，提高人际沟通能力，促进健康成长。

2. 实施办法

（1）用爱关心，用情沟通。

小美当晚入住辅导员宿舍后，说起自己的情绪状态时，辅导员较为吃惊，这与学生一直以来的表现截然不同。考虑到学生戒备心、自尊心强的原因，辅导员运用关注、倾听、共情的沟通方式，让学生逐渐打消顾虑，通过聊天慢慢了解到小美之所以会有极端的想法和做法，主要有以下三方面原因：第一，小美过早被家长要求独立，安全感缺失，父母强势，与其沟通较少，家庭教育方式的不当导致她长期存在抑郁倾向；第二，小美的舍友中有两人已顺利保研，她却因考研复习状态不佳，未落实具体毕业去向，并且与家长意见不一致，产生冲突；第三，在宿舍学习、复习容易受多方面因素的影响，舍友之间容易因空间使用产生摩擦，学习压力大。假期返家后，小美与前男友因感情问题爆发激烈争吵后，辅导员联系小美，她告诉辅导员，因考研结果不佳，产生了对未来的迷茫和不确定性双重压力，但男友并不理解自己，对于两人以往的吵架情况，她一直心存积怨，认为男友对自己造成严重的心理伤害，从而出现报复、肢体冲突等不正确的行为方式，影响自身学习和生活。为帮助小美缓解压抑的情绪，培养良好的社交能力，在征得小美同意后，辅导员介绍其与学校心理中心专职教师进行线上咨询。

（2）汇报情况，多方关注。

在事件发生后，辅导员将初步情况汇报至学院，学院立即启动“学校学工部—学校心理咨询中心—学院党委副书记—辅导员—心理委员”心理危机干预机制。同时为确保安全并保护小美的自尊心，辅导员在小美第一次与舍友发生较大冲突时，带其离开宿舍，并陪同住宿在辅导员值班宿舍，增加谈话机会，做好关注工作。分手产生较大冲突时，辅导员联系其家长关注学生，后续返校后，调整宿舍并交代新宿舍学生干部关注小美，如有异常及时上报。

（3）情理结合，家校协作。

心理咨询中心老师评估小美存在抑郁症状，存在心理危机，建议尽快就医。根据学院指示，辅导员立即联系小美家长告知其当前的情况与隐患，要求家长配合工作。小美母亲虽然难以接受女儿出现心理问题，但在心理咨询中心老师的配合指导下，辅导员多次与小美母亲沟通，向其解释抑郁症会对学生造成的伤害。最终，小美家长陪同学生在当地某三甲医院心理卫生门诊进行诊断治疗，经过心理医生诊断，小美为中度抑郁和焦虑。经过假期一个多月的治疗和咨询，小美的情况有所好转。

（4）暖心陪伴，全员帮扶。

根据检查结果，学院与小美家长沟通，小美母亲答应陪读并签署“安全承诺书”。同时，学院制定以医院医生治疗为主、学校心理咨询中心心理辅导为辅的治疗方案，做好以家长为首、辅导员和同学为辅的暖心陪伴，建立心理咨询中心—学院领导—辅导员—毕设指导老师—班级同学的全员帮扶机制，全员、全方位对该生进行帮扶。一是家长的支持信赖，建议小美父母学会倾听和尊重孩子的想法与选择，及时表达对小美的爱与关心，让小美感受到家庭给予的爱和温暖，将家人的爱转化为可信赖和依靠的力量。二是学校心理咨询中心的定期辅导，帮助小美定期预约学校心理咨询老师，鼓励她及时进行有效的心理辅导。三是辅导员的精心帮扶，做好全员帮扶的中心联络人，畅通学院领导、学校心理咨询中心、班主任、家长、同学之间的沟通，联动各方力量全面掌握小美真实的心理状况以便及时调整帮扶方案。四是毕设指导老师的尽心帮扶，在征得学校心理咨询中心、院领导同意的前提下，将该生情况告知毕设指导老师，让老师留意该生学习状态，并帮助该生做专业前景分析和职业生涯规划，引导小美正确面对当前学习压力。五是发挥朋辈同学的暖心帮扶，鼓励该生积极参加学院举办的考研保研就业经验交流会，通过朋辈分享帮助小美逐渐明晰未来方向的选择。

（5）长期追踪，持续关注。

在多方的努力帮助下，经过3个月的药物治疗和心理咨询，小美的情况有所好转，服药量逐渐减少，与新的舍友相处融洽。为了防止潜在的心理危机，辅导员经常与小美沟通交流，鼓励她打开心扉，卸掉伪装，流露自己的真实情感。同时辅导员与其家长持续保持联系，及时了解小美的治疗情况，继续安排心理委员、宿舍同学密切留意该生动向及心理状态，一旦发现异常，立即汇报。此外，引导小美转移注意力，例如小美喜欢摄影，将其介绍到摄影社团参加活动，找兴趣相投的朋友谈谈心等。同时，结合小美的家庭情况，建议其在认识和评价自身和他人时尽量客观、全面，避免以自我为中心。根据自身的条件，定位自己的爱情观，对自己的事业目标也应进行评估，以此调整自己的心态，走出失恋的心理阴影。目前该生已考取某985高校的研究生并顺利入学。

（五）经验启示

1. 案例经验

此次心理危机干预事件中，小美同学平时乐观开朗，心理测评未见异常，属于隐匿性较强的“阳光型抑郁症”，在处理过程中总结出以下经验。

（1）组建可靠的信息员队伍。学生心理问题往往具有隐蔽性，学生信息员可以注意发现同学中出现的各种异常行为，帮助辅导员及时掌握学生的思想状态。此事件中，小美的表现阳光开朗，心理普查正常，一直未在重点关注学生信息库内，正是因为宿舍同学及时向辅导员反映小美的异常行为，辅导员及时介入对小美进行心理危机预警与干预，才将危机化解在萌芽状态。

（2）建立和谐融洽的师生关系。只有取得学生信任，学生才愿意与辅导员沟通，这是心理危机事件发生后解决问题的关键。此次事件中，小美能在与辅导员沟通时主动坦白自己有极端想法，并在辅导员提出转介心理中心时积极配合，说明良好的信任感能有效提升学生的配合度，帮助辅导员深挖原因解决问题。

（3）协同联动多方力量。在处理学生危机事件时，辅导员一个人的力量是有限的，需要多方协同联动共同配合，保证学生的生命安全。在发现学生问题后，辅导员第一时间上报给上级领导备案，及时启动“学校心理咨询中心—学院党委副书记—辅导员—心理委员”心理危机干预机制。引导并陪同学生进行心理咨询，通过借助心理中心教师的力量，获得家长信任同意来校协商，并通过绿色通道，及时转介学生到专业机构接受诊断和治疗。

2. 案例启示

（1）深入学生群体，掌握学生状态。阳光型抑郁症通常具有隐蔽性，让身边的人无法察觉，容易造成无法挽回的后果，这也是这类抑郁症的最“危险”之处。这就要求辅导员不仅关注心理普查异常的同学，也需要深入学生之中，这样才能洞察每一名学生每个时期的状态，尽早发现问题，及时做到心理危机预警和干预。辅导员可以通过线上线下相结合的方式，掌握学生方方面面的信息，做到心中有数。辅导员可通过线下走访宿舍、随堂听课、参加活动等方式掌握学生状况；也可通过线上 QQ 动态及微信朋友圈、微博等方式关注学生网上动态，全方位关注学生、关心学生。

（2）加强心理健康教育，提高鉴别能力。学生心理问题往往具有隐蔽性，普及心理健康知识，增强辅导员和学生对异常行为的鉴别能力，是进行心理危机预警与干预的重要保障。根据《高等学校学生心理健康教育指导纲要》的内容指导举办心理健康教育月、“5・25”大学生心理健康节等形式多样的主题教育活动，传授心理健康知识，提升学生对常见精神障碍和心理问题的预防、识别、干预能力和水平，做好学生群体的心理健康教育。同时辅导员需要提升自身能力，定期参加案例督导和个案研讨，不断提高自身心理危机预防干预的专业水平。另一方面，积极组织开展学生心理信息员业务培训，使学生信息员了解沟通和陪伴技巧、危机预防和转介等专业知识，从而更好地发挥大学生朋辈间的互助作用，及时有效地发现学生中存在的心理问题。

（3）加强家校联系，齐心协同解决。大量心理健康教育工作实践表明，大学生心理健康问题往往来源于家庭，过往的生活经历，特别是一些特殊经历会直接导致心理问题的产生。家庭力量在高校心理危机干预工作中具有不可替代的重要作用，家长的积极配合能够有效改善孩子心理健康状况。部分家长可能心理健康知识欠缺，刻意抵制学校及辅导员的工作，因此，辅导员要学会做好统筹联动，有效发挥心理中心教师、医院医生的力量，综合做好工作，取得家长的信任和配合，形成以学校为主、家庭为辅，以学生为主体的心理危机干预机制。

（4）德心共育，提升人际沟通能力。帮助学生提高给予爱的能力和适应爱的能力。引导学生了解爱是一种给予而不仅仅是获得。告诉学生不应把精力全都花在满足个人需求上面，而应为他人的幸福和进步付出一定的时间和精力。同时，也应该明白害怕感情受到伤害和压抑自己对爱情的渴望也是一种不良的心理现象。为学生提供解决困扰的心理支持，帮助其掌握科学的知识，引导学生自然大方地与异性交往，坦然理性地面对恋爱问题，从个人价值、家庭责任、社会担当等角度引导学生正确认识自我、尊重生命、珍爱生命、敬畏生命，培育学生养成自尊自信、理性平和、积极向上的健康心态，促进学生心理健康素质与思想道德素质、科学文化素质协调发展。

四、新时代心理安全教育的创新模式与评价体系

随着社会的快速发展和信息化进程的加速，大学生群体的心理健康问题日益受到关注。新时代背景下，大学生的心理安全教育不仅是高等教育的重要组成部分，更是学生全面发展的基础保障。然而，传统的心理安全教育模式在适应新形势、解决深层次问题方面逐渐显现出不足。因此，构建创新的心理安全教育模式和科学的评价体系，不仅是新时代教育改革的重要任务，也是提升大学生心理素质与综合能力的有效路径。本节将从心理安全教育的创新模式、实践案例以及评价体系的设计与实施三个方面展开，探索适应新时代需求的心理安全教育发展方向。

（一）创新模式的构建

新时代大学生的心理安全教育面临着新的挑战和机遇。在当前复杂的社会环境和高度信息化的背景下，大学生的心理安全教育需要突破传统模式的限

制，构建更加科学、系统和多元化的创新模式。以下是几个关键的创新方向。

1. 数字化平台支持心理教育

借助人工智能、大数据、虚拟现实（VR）等新兴技术，构建心理安全教育的数字化支持平台。通过心理健康测评系统、虚拟心理咨询室和心理健康模拟训练，让学生能够在虚拟环境中自我探索并学习应对心理问题的方法。

2. 体验式心理安全教育

体验式教学模式通过角色扮演、情景模拟和心理剧等方式，增强学生对心理健康问题的认知和感受。学生通过亲身参与与体验，能够更好地理解情绪调节、人际沟通和心理压力管理的重要性。

3. 心理安全教育与课程思政融合

在心理安全教育中融入课程思政的理念，通过价值观引导和心理关怀教育的有机结合，帮助学生树立积极健康的心理状态与人生观。

4. 社群支持与互助型心理教育

构建以学生为中心的社群支持体系，通过心理互助小组、朋辈辅导员和心理志愿者活动，促进学生间的情感交流与支持网络的建立。

（二）创新模式的具体实践

为了保障心理安全教育的效果，以下是创新模式的一些具体实践。

1. “数字心理导师”计划

通过移动端应用程序为学生提供 24 小时心理健康咨询服务，同时借助 AI 技术分析学生心理状态，推送个性化心理健康资源。

2. 心理危机预警与干预系统

学校应建立心理危机早期预警机制，利用心理健康档案和动态监测工具，对学生的心理问题实现早发现、早干预、早疏导。

3. 高校心理教育实验室

建立心理教育实验室，通过心理测验、压力管理工作坊和冥想课程等帮助学生提升心理素质。

4. 整合校园文化的心理教育活动

通过心理主题日、心理健康节和“心灵成长”系列讲座等校园文化活动，将心理安全教育融入校园日常生活中，增强学生的心理安全意识。

（三）评价体系的设计与实施

评价体系是衡量心理安全教育效果的重要依据，科学的评价体系需要涵盖全面性、实效性和个性化。以下是新时代心理安全教育评价体系的核心框架。

1. 评价维度全面化

（1）心理健康水平测评：通过量表、问卷和访谈等工具对学生的心理健康状况进行评估。

（2）心理教育知识掌握情况：考察学生对心理健康相关知识的理解与应用能力。

（3）心理行为改善效果：关注学生在心理素质提升、人际交往能力增强和情绪调节能力上的具体变化。

2. 动态化评价方法

评价体系应具有动态特性，能够针对学生心理状况的变化调整评价内容和方法。例如，引入定期心理测评与访谈机制，记录学生心理发展的长期趋势。

3. 多元化评价主体

（1）学生自评：通过反思和记录，鼓励学生主动认识自身心理状况。

（2）教师与心理咨询师评价：基于专业视角分析学生的心理表现与成长进步。

（3）同伴互评：在互助小组中加入同伴评价环节，收集学生心理状态的多维反馈。

4. 量化与质性相结合的评价工具

（1）量化工具：如心理健康问卷（SCL-90）、压力管理评估表等，为心理状况的评估提供客观数据。

（2）质性工具：如学生成长日记、心理教育案例分析等，揭示学生内在心理变化的细节。

5. 评价结果的反馈与改进

在完成心理安全教育的评价后，需通过个性化反馈报告向学生提供改进建议，并依据评价结果优化心理安全教育的内容与形式。

（四）创新模式与评价体系的融合路径

创新模式与评价体系的结合是提升心理安全教育效果的关键。在实际操作中，可以采取以下策略。

1. 反馈驱动改进

将评价结果融入心理教育创新模式的迭代优化中，确保心理教育更贴合学生需求。

2. 形成闭环教育体系

从心理教育内容设计到实施和评价，形成闭环机制，确保教育的连续性与实效性。

3. 社会资源有效整合

引入社会心理服务资源，与高校心理教育系统联动，为学生提供多层次、多领域的心理支持。

新时代心理安全教育的创新模式与评价体系的构建，是高校适应学生心理发展需求和社会多元化变革的重要途径。通过技术支持、多元实践和科学评价，能够有效提升大学生的心理健康水平，为其未来的发展奠定坚实基础。

第四章

网络安全教育：风险防控理论与案例分析

一、网络行为安全理论模型及风险评估框架

在新时代的信息社会中，互联网已深刻融入大学生的学习、生活与社交活动之中。然而，伴随互联网而来的信息复杂性、虚拟互动的不确定性以及技术快速迭代所引发的多维安全问题，对大学生的网络行为安全提出了新的挑战。特别是在人工智能、5G 技术和大数据广泛应用的背景下，大学生网络行为的风险逐渐呈现隐蔽化、多样化和复杂化的趋势。高校作为培养新时代高素质人才的核心阵地，需要在理论与实践层面深入探讨网络行为安全的本质与规律，构建科学的理论模型与风险评估框架，以保障大学生在虚拟环境中的行为安全，助力其全面发展。本节从网络行为安全的理论模型构建入手，结合实践，提出一套可操作性强的风险评估体系，为新时代大学生网络行为安全教育提供理论依据和实践指导。

（一）网络行为安全理论模型

大学生网络行为安全的研究需要科学的理论支撑，理论模型的建立能够帮助我们更全面地理解网络行为中的风险来源和互动关系。我们提出以主体、客体和互动三要素为核心的“三要素互联模型”，从大学生个体特征、网络环境特性及其行为与安全的动态关系出发，对网络行为安全进行系统分析。

1. 主体要素：大学生网络行为特征

大学生作为网络行为的主体，其行为方式与风险意识直接决定其网络行为安全状况。在信息技术高度普及的新时代，大学生的网络行为具有以下特征。

（1）多样化与复杂性：大学生网络行为涵盖学习（在线课程、学术资源查询）、社交（即时通信、社交媒体）、娱乐（短视频、游戏）和消费（电商平台购物）等多重维度。不同行为之间的交互性使得风险链条更为复杂。

（2）高频率与高依赖性：研究表明，大学生群体的日均网络使用时间显著高于其他群体，且在学业、社交和生活管理中对网络的依赖程度较高，这使得其暴露于安全威胁的概率更高。

（3）风险意识薄弱：许多学生对网络安全知识的掌握程度有限，对潜在风险缺乏清晰认知。例如，使用弱密码、随意点击陌生链接、向第三方泄露个

人信息等行为在大学生群体中较为普遍。

2. 客体要素：网络环境特性

网络环境的开放性与复杂性是大学生网络行为面临风险的重要原因。

（1）信息复杂性与真伪难辨：互联网中海量信息的真实性难以辨别，虚假信息、恶意链接和诈骗内容往往伪装得极具迷惑性，容易使学生误入陷阱。

（2）技术的不确定性：随着网络技术的不断演进，如云计算、人工智能等的广泛应用，新的安全威胁层出不穷。例如，网络钓鱼、勒索软件、身份盗用等问题频发，学生往往成为受害者。

（3）匿名与互动性：网络空间的匿名性放大了负面行为的可能性，言论暴力、网络欺凌和隐私泄露事件频繁发生，给大学生的心理健康和社会关系带来负面影响。

3. 互动要素：行为与安全的动态关系

大学生的网络行为与网络安全之间存在动态的双向作用。

（1）认知对行为的塑造：学生对网络安全的认知水平直接影响其网络行为的规范性。例如，安全意识强的学生会采取高强度密码、谨慎分享个人信息，而认知不足的学生则更容易成为攻击目标。

（2）行为对风险的放大效应：不规范的网络行为，如随意下载来源不明的应用、轻信陌生人信息等，不仅增加了个体的风险暴露，还可能对群体或整个网络环境造成连锁反应。

网络行为安全的理论模型以主体、客体和互动三要素为核心，揭示了大学生网络行为安全的结构性特征，为教育干预提供了明确方向。

（二）网络行为安全风险评估框架

为了有效识别、分析和应对大学生网络行为中的潜在安全风险，需要构建科学、系统的风险评估框架。风险评估不仅是教育干预的重要前提，也为制定防控措施提供了决策依据。

1. 风险评估核心维度

网络行为安全的风险评估需要从技术、认知、行为和心理四个维度展开，全面反映大学生网络行为的风险状态。

（1）技术维度：评估学生使用设备（如手机、电脑）的安全性，包括是否安装防病毒软件、是否定期更新系统补丁等。

（2）认知维度：调查学生对网络安全知识的掌握情况，包括对诈骗手段的辨识能力、密码设置习惯等。

（3）行为维度：分析学生在网络使用中的具体操作习惯，例如是否经常连接公共 Wi-Fi、是否随意授权 APP 访问隐私数据等。

（4）心理维度：考察因网络行为引发的心理问题，如因网络欺凌导致的焦虑和抑郁，或因网络成瘾引发的学习效率下降。

2. 风险评估的步骤

风险评估可以分为以下几个阶段。

（1）数据收集：通过在线问卷、日志分析和访谈等方式，获取学生的网络行为数据。

（2）风险识别：依据已知网络威胁类型（如网络诈骗、隐私泄露）识别学生行为中的潜在风险点。

（3）分类与评级：根据风险的可能性和影响程度对风险进行分级，例如“高风险行为”（如共享弱密码）需优先干预。

（4）建议与干预：依据评估结果，为学生提供个性化的教育和技术支持，例如推荐网络安全课程或为高风险行为提供应急指导。

3. 风险评估工具的设计

为了提高评估效率，可以借助技术手段设计一套完整的网络行为安全风险评估工具。

（1）问卷评估工具：设计一套标准化问卷，用于分析学生的安全意识、知识和行为。

（2）数据监控平台：通过监控学生在校园网络中的行为（如访问记录、文件共享），实时识别潜在威胁。

（3）评估报告生成器：利用大数据分析技术，为每名学生生成个性化的安全风险报告。

4. 风险评估的闭环管理机制

风险评估应形成闭环管理流程，实现风险的动态监测与持续优化。

定期开展风险评估，生成报告以指导教育干预。对于高风险行为制定专项教育计划，如开设专门的网络安全工作坊。将评估结果与网络教育政策结合，逐步提高校园网络环境的整体安全性。

（三）实践案例与应用

实践中，一些高校已经初步尝试将理论模型与风险评估框架相结合，取得了积极成效。

（1）高校网络安全教育课程：某高校通过在课程中加入“大学生网络行为与风险”模块，帮助学生系统掌握网络安全知识。

（2）基于 AI 的网络安全监测系统：利用人工智能技术监测学生在校园网络中的行为数据，识别可能存在的异常行为。

（3）定期举办网络安全活动：如“网络安全月”，通过案例分析、情景模拟等形式增强学生对风险的直观认知。

新时代大学生网络行为安全教育急需理论与实践的双轮驱动。通过构建“三要素互联模型”和全面的风险评估框架，高校能够从多维度精准识别网络安全隐患，并通过系统性干预措施，提升学生的网络安全意识与能力，为其健康、安全地融入信息社会提供重要保障。

二、网络安全教育的多维干预策略与效果评估

进入信息化和数字化高度融合的新时代，网络已经成为大学生学习和社交的重要依托，但网络行为带来的安全问题也在逐步显现。作为网络行为的高频群体，大学生的网络安全意识和行为能力直接关系到个人信息的安全、心理健康的稳定以及社会舆论的正向传播。然而，传统的单一化网络安全教育难以全面应对新型威胁与风险，急需多维度、综合性的干预策略。这些干预策略必须紧扣大学生的行为特性与网络生态，构建科学化、实践性强的教育体系。同时，干预效果的科学评估，是优化和改进教育措施的重要依据，也是推动网络安全教育可持续发展的关键环节。本节内容以“干预”和“评估”为主线，提出如何在新时代背景下构建系统性的网络安全教育策略与评价机制。

（一）多维干预策略

多维干预策略是指从多角度、多主体、多方法入手，构建立体化的网络安

全教育体系。大学生网络安全干预教育不仅仅局限于知识的传递，而是需要技术支持、行为引导、心理关怀和多主体联动的有机结合。

1. 技术支持干预：打造网络安全的第一道防线

技术支持是保障大学生网络安全的重要基础，尤其是在数字化威胁不断升级的背景下，技术支持干预需要贯穿教育全过程，为学生营造一个“安全的网络环境”。

（1）校园网络安全技术平台建设。校园网络作为大学生学习和生活的主要载体，安全性直接关系到教育干预的成效。高校需建设集防护、监测、教育功能为一体的网络安全技术平台，例如：部署统一身份认证系统，通过多因素验证（如指纹识别、动态密码等）保障账户安全；引入防火墙和流量过滤技术，实时拦截恶意攻击、钓鱼网站和垃圾信息；配备安全事件响应中心，在出现数据泄露、网络攻击等安全事件时能够及时响应和处理。

（2）网络安全模拟训练系统的开发。通过仿真技术设计多场景的网络安全训练模块。例如：网络钓鱼邮件防御演练，学生在模拟环境中识别并处理伪造邮件，提高防诈骗能力；虚拟入侵防御，模拟真实的黑客攻击场景，训练学生的风险识别与应对技能；数据加密实验，学生学习如何通过技术手段对数据进行加密存储和传输。

（3）技术与教育的深度融合。将技术应用融入课堂，通过技术案例解析与操作实践，让学生从“理论学习者”转变为“技能应用者”。例如：在计算机课程中开展数据安全管理实训；结合云计算与区块链技术的案例教学，帮助学生理解现代网络安全技术的发展方向。

2. 行为引导干预：培养良好的网络行为规范

行为引导干预以提升学生网络行为的规范性和责任感为目标，通过教育、实践与文化熏陶，帮助学生形成“知行合一”的安全行为习惯。

（1）网络安全行为教育课程的开设。高校应在专业课程和通识课程体系中开设专门的网络安全行为课程。例如：基础课程，普及网络安全法律法规，讲解网络犯罪的后果与惩戒；实践课程，通过案例分析（如知名数据泄露事件）让学生深刻认识不良网络行为的危害；专题讲座，邀请行业专家、法律从业者开展“互联网伦理与安全”讲座，强化学生的社会责任感。

（2）行为习惯的培养与监督。教育干预的关键在于将知识转化为行动。高校可以通过以下方法规范学生的日常网络行为：推广“密码强度自测工具”，让学生定期检测并更改密码；定期举办“网络安全行为月”活动，例如“避免点击陌生链接挑战”“一周不使用弱密码”活动，增强学生的行为意识。

（3）网络舆论的规范引导。网络言论的不当传播不仅影响学生个人形象，还可能引发社会舆论问题。高校应将网络舆论引导纳入安全教育干预的范围，例如：加强学生对信息发布、转发的自我审查能力；教育学生遵循“互联网礼仪”，避免恶意评论、网络暴力等行为。

3. 心理干预策略：关注网络行为背后的心理动机

大学生的网络行为往往受到心理需求的驱动，如社交需求、成就需求和逃避压力的需求。因此，心理干预策略在网络安全教育中起到调节深层次动因的作用。

（1）网络心理健康辅导与教育。针对因网络成瘾、网络暴力或虚假信息而产生心理问题的学生，高校应提供专业的心理辅导支持。例如：建立“网络心理健康小组”，帮助学生分析自己在网络中的行为动机；对因网络欺凌而受创的学生进行危机干预，避免其心理问题进一步恶化。

（2）情绪管理与压力释放培训。在网络冲突或压力场景下，大学生容易出现情绪失控或过度反应。情绪管理的教学可以帮助学生在面对网络问题时保持冷静。例如：开展“理性网络冲突应对”工作坊；推广冥想、放松训练等技术，帮助学生缓解因网络争端带来的焦虑和压力。

（3）社会支持网络的构建。通过心理咨询中心、朋辈支持计划、网络互助小组等方式，构建学生与同龄人、教师之间的支持网络，帮助学生共同应对网络带来的心理压力。

4. 多主体联动干预：实现教育合力

网络安全教育不应局限于校园内部，而需要整合多方资源，形成多主体协作的教育模式。

（1）家校联合的协同干预。家长在大学生网络安全教育中的作用往往被忽视。高校应通过家校合作加强对学生的影响，例如：开展“家长网络安全教育”讲座，帮助家长了解如何引导学生形成良好的网络使用习惯；借助家长微信群或邮件推送网络安全教育内容，形成教育共识。

（2）校企合作的资源整合。引入企业资源，通过讲座、实训和项目合作，帮助学生接触最前沿的网络安全技术。例如：与知名网络安全公司共建“网络安全实验室”，学生通过参与企业项目了解实际威胁应对；定期邀请企业安全专家分享行业最新动态。

（3）政策保障与规章制度约束。高校应完善网络行为规范与处罚机制，例如：发布《学生网络行为管理条例》，对违法违规行为进行约束；建立举报机制，让学生参与到校园网络安全管理中。

（二）效果评估：科学验证教育干预的有效性

多维干预策略的实施效果必须通过科学评估来验证。效果评估不仅是判断教育成效的重要手段，更是优化干预措施的重要依据。

1. 效果评估的核心维度

（1）认知评估：通过测试、问卷，检测学生对网络安全知识的掌握程度和安全意识的变化。

（2）行为评估：通过行为监测和日志分析，观察学生在密码管理、隐私保护和安全操作习惯等方面的改善。

（3）心理评估：使用心理量表（如 SCL-90）分析学生在干预前后心理健康状态的变化，评估是否缓解因网络问题带来的负面情绪。

（4）技术评估：观察校园网络安全技术的防护效果是否有所提升，例如病毒感染率是否下降、不良信息传播是否减少。

2. 评估方法的多样性

（1）问卷与访谈：收集学生对干预措施的反馈与体验，了解其感受与成效；

（2）对照实验：设置实验组和对照组，通过数据对比分析干预策略的实际效果；

（3）行为数据分析：利用技术手段，监测学生的网络行为变化趋势。

多维干预策略和科学的效果评估是新时代网络安全教育的核心任务。通过技术支持、行为引导、心理关怀和多主体联动，大学生能够在网络环境中形成更加规范和安全的行为模式。而通过科学评估不断优化干预策略，则能够确保教育资源的合理使用，推动高校网络安全教育体系的持续发展与完善。

三、大学生网络欺诈典型案例及防控体系建设

（一）网络诈骗典型案例

浮光掠影下的警钟：小军误入网络诈骗

1. 案例简介

小军，男，大二学生。一天下午，学生班主任联系辅导员说小军向他借款10万元，还承诺稍后就能还上。班主任因此产生怀疑并联系辅导员。辅导员联系该生，面对面了解情况。该生说自己正在平台进行投资，辅导员询问是什么样的平台，该生说就是一个网络平台，已经接触了很长一段时间，肯定不是诈骗，并说认识的伙伴都在平台上赚到了收益。经了解，学生此时已经“投资”了3万元，辅导员判断该生可能是遭遇了电信诈骗，要求学生尽快报警处理，学生答应报警，并跟辅导员保证当天晚上不再借钱进行充值。随后辅导员也联系了家长说明相关情况，并交代不要再给学生打钱，学生家长承诺同意。随后学生不愿意与辅导员见面，说自己有朋友在平台，他会通过自己的办法尽量要回投资本金。后来，学生又通过隐瞒的方式偷偷向平台转款4万元。由于学生迟迟不报警，最终辅导员联系家长，共同进行了报警处理。

2. 案例分析

小军的案例揭示了当代大学生面临的网络安全风险和心理挑战。一方面，大学生普遍缺乏足够的网络安全意识和风险辨识能力，容易被网络诈骗的高额回报承诺所吸引；另一方面，大学生在遇到问题时往往缺乏有效的解决办法，尤其是在面对经济损失和心理压力时更是如此。此案例涉及辅导员日常管理工作和网络安全教育等，是一个具有复杂性的综合案例。

3. 思路举措

（1）紧急行动降损失。事件发生的第一时间，辅导员联系到小军指导其尽快向警方报案，并提供详尽的交易记录、通信记录和平台信息，以便于警方迅速采取行动，尽量降低自己有可能面临的损失。但是在这个过程中，小军表面答应辅导员的建议，但实际上还是想当然地认为自己可以通过其他方式来解决问题。最终，小军又产生了4万元的损失。

（2）心理疏导缓情绪。在小军终于相信这是一个骗局的时候，他的情绪开始焦虑、自责、羞愧，这时候，辅导员要通过陪伴给予情感支持，减轻其心理压力。同时安排宿舍同学和班级学生干部对小军进行持续关注，在小军的情绪持续不能缓解的情况下，联系学校心理咨询中心的专业心理咨询师进行面对面的咨询，通过专业的心理疏导帮助他处理因受骗而产生的焦虑、羞愧和自责情绪。

（3）加强教育防为主。事件发生后，辅导员设计并实施了一系列网络安全与防诈骗的教育计划，包括讲座、工作坊和模拟诈骗识别训练，确保学生能从中获得实用的防范知识和技能。通过学校的官方微信、微博等新媒体平台发布网络安全知识、警示教育视频和防诈骗提示，增强学生的风险防范意识。

（4）家校联动育合力。在此事件中，辅导员第一时间联系了学生家长，说明学生情况并叮嘱不要再有转款等相关行为，如有不确定情形，可以随时联系辅导员进行确认。但是，家长并未联系辅导员，而是听从孩子的要求，同样缺乏网络安全意识。最后，学生表哥打电话给辅导员，表示学生家中经济条件不好，学生的这一切行为都是因为当地的经济压力大造成的，太希望能够通过走捷径来获取巨大的利益，因此才会上当受骗。家长表示，已经认识到错误，也希望学生不要再误入歧途。

（5）持续跟进保稳定。辅导员担心学生会因为此次事件造成心理问题，在后续的教育过程中持续关注，通过谈心谈话开导学生，鼓励学生好好学习，继续努力，不要再相信天上掉馅饼的事情。学生表示明白这件事情的性质了，不会再相信类似的谎言，并会积极面对。随后辅导员持续跟进小军的心理状态和学业情况，及时发现并解决可能出现的后续问题。强化关注学生的心理健康状况，增强学生的心理韧性和应对压力的能力。

4. 经验启示

（1）提高警惕，增强防范意识。大学生应增强网络安全意识，对于各种网络投资和所谓“高回报”机会保持警惕，学会甄别信息的真伪，提升自我保护能力。学校和教育机构需构建和完善网络安全教育机制，通过课程教育、案例分享、模拟演练等多种形式，提升学生的网络安全意识和自我保护能力。

（2）完善教育网络，建立健康环境。大学生在遭受网络诈骗后，往往会产生自责、恐慌等负面情绪。应重视受害学生的心理健康状态，通过心理咨询和团体辅导等手段，帮助他们走出阴影，同时积极倡导和营造一个健康、积极的网络环境。通过教育引导、心理支持和法律援助等措施，共同构建一个安全、健康、有益的网络环境，提升每一名大学生的网络安全意识。

（3）家校共育，参与防范工作。家庭是学生教育的重要环节，学校应与家长加强沟通，共同提高对网络诈骗的防范意识，形成家校联动的教育格局。通过家长会、开放日等活动，将网络安全教育的触角延伸至每个家庭。

（4）增强信任，加强教育实效。在辅导员的工作中，最重要的是与学生间建立信任，要通过关心关爱和平时的教育沟通与学生建立良好的沟通桥梁。在有坚实信任的基础上，才能有效开展工作，实现教育目标。尤其是在面对有可能发生的利益冲突和经济损失时，学生和辅导员的关系就显得尤为重要。

（二）案例透视与解析

在高校学生管理中，除了遵循上述相关法律法规之外，还应采取系统性、持续性的管理措施，尤其是针对网络安全、心理健康、学生行为管理等领域。

1. 案例中的新时代校园背景解析

以上案例的校园背景涉及现代高校管理中常见的几个方面，尤其是在网络安全、学生心理健康和财务管理方面。案例呈现的校园背景可以总结为以下几个关键点。

（1）互联网高度普及的校园环境。

背景：现代高校学生普遍依赖互联网，网络已经成为学生学习、生活和社交的重要平台。但这种依赖也使学生容易受到网络诈骗的侵害。小军通过网络平台参与“投资”，反映了高校学生对网络的高度依赖，以及在面对网络信息时缺乏辨别真伪的能力。

管理挑战：学校必须意识到学生在网络世界中的风险，尤其是网络诈骗、虚假信息等问题，这要求学校加强对学生的网络安全教育和管理。

（2）学生财务管理能力较弱。

背景：大学生群体普遍处于经济收入不稳定的状态，且理财知识欠缺，容易受到“快速致富”类诈骗的诱惑。案例中的小军因渴望通过投资获利而误入诈骗平台，反映出学生缺乏正确的财务管理意识。

管理挑战：学校需要通过教育和培训，帮助学生树立正确的财务管理观念，避免走捷径或通过高风险手段获取利益，尤其是对家庭经济困难的学生应给予特别关注。

（3）学生心理健康问题的突显。

背景：随着学业压力、经济压力等多重因素的叠加，大学生的心理健康问题日益凸显。案例中的小军在意识到自己被骗后，产生了焦虑、自责和羞愧的情绪，这种心理问题不仅影响学业，还可能带来长期的精神困扰。

管理挑战：高校必须加强对学生心理健康的关注，通过心理咨询和辅导来帮助学生面对情绪问题和心理压力，避免因受骗而导致更严重的心理危机。

（4）家庭背景与学校的联动管理不足。

背景：小军的家长在发现问题时未能及时与学校沟通，反而轻信学生的话，进一步加剧了经济损失。这显示出在网络安全问题上，家长和学生同样缺乏防范意识，学校和家庭的联动管理没有充分发挥作用。

管理挑战：高校在管理过程中，尤其是在涉及学生财务问题和网络诈骗时，需要加强家校联动机制，及时与家长沟通，确保家长在学生遇到危机时与学校保持一致的行动方向。

（5）学生的网络素养与信息辨别能力不足。

背景：小军在面对网络平台的高额回报诱惑时，缺乏辨别能力，轻信虚假信息。这表明在现代校园中，学生虽然对网络应用熟练，但缺乏足够的网络素养，尤其是信息甄别和风险意识不足。

管理挑战：学校应在日常教育中加强网络素养的培养，帮助学生学会辨别网络信息的真实性，增强他们对虚假信息、诈骗和其他网络风险的防范能力。

（6）学生对正规金融体系的认知不足。

背景：小军在案例中表现出对正规金融服务的认知不足，选择通过不明来源的网络平台进行“投资”，显示出对正规金融服务缺乏信任或了解。

管理挑战：学校需要通过金融知识普及活动，帮助学生了解正规金融体系的操作流程和安全性，尤其是如何识别非法金融平台和高风险投资渠道。

（7）学生干部责任意识与应对能力的缺失。

背景：小军作为学生干部，并未在面对问题时采取正确的应对措施，反而通过隐瞒和自我解决的方式进一步加重了问题。这反映出部分学生干部在面对重大问题时，缺乏应有的责任感和危机处理能力。

管理挑战：高校需要加强对学生干部的培训，特别是在面对危机时的责任意识与处理能力，确保学生干部在出现问题时能够发挥积极作用，而不是加剧问题。

（8）学校在网络安全和诈骗防范教育上的不足。

背景：小军在面对网络诈骗时，缺乏足够的防范意识，这也反映出学校在网络安全和诈骗防范方面的教育有不足之处。虽然网络已经深度融入学生的日常生活，但学校在防范网络风险、教育学生如何识别诈骗等方面的宣传和教育还不够系统和全面。

管理挑战：学校需要构建更全面的网络安全教育体系，通过课程、活动、讲座等形式，帮助学生增强网络安全意识，避免因网络诈骗而造成财产损失和心理伤害。

案例中的校园背景反映出现代高校在面对网络普及和信息复杂化的环境中，学生容易受到网络诈骗的侵害，并且在财务管理、网络素养、心理健康和家庭联动方面存在不足。高校需要进一步加强网络安全教育、心理健康支持和财务管理培训，同时完善家校联动和危机处理机制，确保学生在面对网络诈骗和其他风险时能够做出正确的判断和应对。

2. 系统性、持续性的管理措施建议

（1）加强网络安全教育。

定期开展网络安全讲座和培训：高校应定期举办网络安全专题讲座、工作坊和模拟演练，邀请网络安全专家、警察等进行现场讲解，内容包括如何识别网络诈骗、如何保护个人信息、如何安全使用社交媒体和网络支付等。通过这种方式提升学生对网络安全的意识和应对能力。

案例分享与情境模拟：通过真实的诈骗案例（如小军的案例）进行教育，帮助学生了解诈骗的形式和危害。模拟诈骗情境，让学生体验被骗的过程，增强他们的防范意识和警觉性。

新生入学教育中的网络安全课程：在新生入学教育中专门设置网络安全课程，重点讲解电信诈骗、网络钓鱼和虚假投资等常见诈骗形式，确保新生从一开始就具备网络安全的基本知识和技能。

（2）构建完善的校园网络安全管理体系。

校园网络安全预警系统：建立校园内的网络安全监控和预警机制，及时发现和处理网络诈骗等违法活动。例如，学校可以与电信运营商、金融机构合作，监测异常大额交易，特别是针对学生账户的异常交易进行及时预警。

网络安全应急处理小组：学校应设立专门的网络安全应急处理小组，负责处理与学生相关的网络安全事件。该小组可以包含辅导员、心理辅导师、网络技术人员和法律顾问，确保在出现诈骗案件时能迅速反应，采取必要的法律行动，并及时提供情感支持。

加强对网络平台的管控：学校应加强对学生使用的网络平台和服务的审核与监管，尤其是与学校有合作关系的第三方平台，确保这些平台不存在安全隐患，并提供可靠的服务。

（3）加强学生的心理健康教育与支持。

设立心理咨询服务：网络诈骗事件常常会对受害者造成心理打击，学校应为受害者提供持续的心理支持。建议高校配备专职心理咨询师，为受骗学生提供心理疏导服务，帮助他们减轻焦虑、羞愧和自责的情绪，重建信心。

宿舍与班级内的情感支持机制：通过辅导员、班干部和宿舍舍长等形成情感支持网络，及时关注学生的心理状态。在发现学生有异常行为或情绪波动时，及时干预，帮助学生平复情绪。

心理健康教育课程：将心理健康教育纳入到学生的日常教育体系中，帮助学生学会如何应对压力、情绪管理和面对经济损失等问题。学校可以通过课程、工作坊和心理咨询等方式，增强学生的心理韧性，减少因受骗而引发的心理危机。

（4）加强财务管理与金融素养教育。

开设财务管理和金融安全课程：针对大学生，尤其是经济条件较差的学生，应提供财务管理和投资安全课程，帮助学生树立正确的理财观念，避免走“捷径”或者被“快速致富”的承诺所蒙蔽。课程内容可以包括如何合理规划个人财务、识别金融诈骗、拒绝高利诱惑等。

模拟理财与投资实践活动：高校可以通过模拟理财比赛或虚拟投资活动，帮助学生实际体验金融市场，增强他们在现实生活中的判断能力。通过此类实践活动，学生能够理解投资风险的存在，培养稳健的理财思维，避免轻信诈骗平台。

金融机构合作宣传：学校可以与银行、金融机构合作，通过联合举办讲座和宣传活动，普及正规金融服务的知识，并向学生普及如何识别正规金融服务和诈骗平台的差异。

（5）家校联动，强化家长参与。

家校合作防范网络诈骗：家长是学生的重要支持力量，学校应通过家长会、家校通信、家校合作平台等形式，加强家长对网络诈骗的防范意识。建议家长时刻关注孩子的财务动向和大额交易行为，并与学校保持沟通，形成共同防范网络诈骗的机制。

家庭教育与学校教育相结合：通过与家长定期沟通，帮助家长了解网络诈骗的常见形式和孩子在学校的表现，特别是当学生涉及大额资金的交易或投资时，家长应及时向学校报告，并与辅导员或班主任保持联系，避免出现进一步的财产损失。

家长培训与宣传：学校可以通过家长开放日或线上讲座，帮助家长学习如何在家庭环境中对孩子进行财务管理、网络安全的教育，共同为学生创造一个安全的网络环境。

（6）建立信任与危机应对机制。

建立辅导员与学生的信任关系：辅导员在管理过程中应积极与学生建立信任关系，定期与学生沟通，了解其生活和心理状态。通过定期的谈心谈话，辅导员可以及时发现学生的困惑与问题，防止他们误入歧途。

危机干预机制：在发现学生有被骗风险或已经受骗时，学校应有一套应急预案，包括及时与家长联系、促使学生报警、提供法律援助和心理支持，减少学生的经济损失和心理创伤。通过迅速、有效的干预措施，避免事态恶化。

投诉与援助渠道建设：建立学生与辅导员、学校管理层的畅通沟通渠道，例如投诉热线、网络平台等，确保学生在面对经济纠纷或遭遇网络诈骗时，能够迅速获得帮助和指导。

（7）网络素养与道德教育的结合。

网络素养课程的开设：高校应开设系统的网络素养课程，教导学生如何正确使用网络、遵守网络道德，并具备信息辨别能力。培养学生健康、文明的上网习惯，不轻信虚假广告和网络传闻，养成良好的网络使用行为。

正能量的网络文化建设：高校应通过社团、班级和宿舍活动，倡导积极、健康的网络文化。通过正面的引导，帮助学生树立正确的价值观，避免因不当使用网络导致的违法行为或受骗事件。

反思与教育机制：通过对学生的案例反思，尤其是对于曾经被骗的学生，学校应帮助他们进行反思教育，利用这些案例来教育其他学生，避免同类事件再次发生。

（8）完善学生行为规范与自律制度。

制定和完善校园行为规范：学校应结合现代网络环境，修订学生行为规范，尤其是网络使用和财务管理方面的规定，明确大学生的行为底线，并制定相应的惩戒机制。学生应对自己的言行负责，不得利用网络从事非法活动或参与高风险交易。

学生自律组织的建设：可以通过建立学生自律组织，让学生在自我管理中承担更多责任，主动参与校园网络安全建设和宣传工作。通过学生组织进行自律管理，提高学生的自我防范意识和自律能力。

（9）个性化辅导与针对性教育。

针对特定学生群体进行重点关注：不同学生的背景、需求和经济状况不同，辅导员应特别关注一些容易陷入经济困境或寻求快速致富途径的学生，如家庭经济困难、学业压力大、性格孤僻等群体。这些学生由于经济压力或心理上的脆弱，容易成为网络诈骗的目标。

个性化心理辅导和财务规划：辅导员应定期与这些高风险学生进行谈话，对他们进行心理疏导和情绪管理。特别是经济困难的学生，可以帮助他们规划合理的学费支付、生活费管理以及理财技巧，减少他们因缺乏经济保障而误入投资陷阱的可能性。

（10）网络社交风险教育。

引导学生正确使用网络社交平台：随着网络社交平台的普及，大学生更容易接触到各种投资信息和机会。因此，学校应教育学生如何正确使用社交平台，警惕平台上的诈骗信息，尤其是在投资和兼职机会方面进行严格筛选。

警惕"朋友推荐"的骗局：小军的案例中，他相信所谓"朋友在平台上赚钱"的说法，而网络诈骗常常通过熟人推荐的方式来增强可信度。辅导员应通过案例分析和教育，提醒学生不要轻信"朋友推荐"，即便是熟人推荐的投资或借贷也需要谨慎对待，避免陷入熟人骗局。

（11）法律意识教育。

定期开展法律知识普及教育：通过讲座、模拟法庭、案例讨论等多种形式，向学生普及法律知识，特别是网络诈骗、电信诈骗等犯罪的法律后果，让学生明确此类犯罪的法律风险和刑事责任。

加强法律援助与支持：学校应设立法律援助机构或与地方司法部门合作，向受网络诈骗影响的学生提供法律援助，帮助他们通过法律途径维护合法权益。在处理类似网络诈骗案件时，学校应为学生提供免费的法律咨询服务，确保他们懂得如何合法追讨损失。

（12）学生领导力与责任感培养。

加强学生干部的培训与责任感教育：班干部、社团负责人等学生干部应该具备较强的责任感和危机处理能力。学校应定期对学生干部进行培训，增强他们的危机识别和处理能力，帮助他们在面对类似情况时能够引导同学正确应对。

鼓励学生干部承担更多网络安全宣传责任：学生干部可以成为网络安全教育的传播者，通过社团活动、班会、学生会等渠道，组织开展反诈骗宣传活动，扩大网络安全知识的覆盖面。这样，学生干部不仅能够提升自己的能力，还能影响更多学生避免受骗。

（13）加强与外部机构的合作。

与公安、网络安全机构合作：高校应积极与当地公安机关、网络安全机构合作，建立信息共享和快速反应机制，确保在发现电信网络诈骗时能够及时报警并获得警方的支持。同时，学校可以邀请公安或网络安全专家定期到校开展防诈骗讲座和模拟演练。

与正规金融机构合作：学校可以与正规金融机构合作，通过合作举办理财讲座、投资安全讲座等，向学生传授合法、安全的金融知识，帮助学生辨别正规投资渠道和诈骗平台。同时，金融机构可以为学生提供正规借贷咨询，减少他们因为经济困难误入非法借贷的可能性。

（14）构建校内数字安全文化。

创建网络安全主题的校园文化活动：通过创建网络安全日、反诈骗主题活动等，推动学生参与，提高他们对网络安全的重视。例如，可以组织辩论赛、演讲比赛、校园宣传等活动，探讨网络诈骗的危害以及如何防范，促进网络安全文化在校园内的普及。

激励网络安全创新项目和研究：鼓励有信息技术背景的学生参与网络安全领域的创新研究和实践，利用技术手段提高校园内的网络安全水平。例如，组织学生开发反诈骗警示应用，帮助学生识别潜在的网络威胁，促进技术防范手段的应用。

（15）积极参与社会实践和志愿服务。

组织学生参与网络安全志愿服务：学校可以组织学生作为网络安全宣传员，深入社区、校园等地进行反诈骗宣传活动。这不仅有助于提高学生的社会责任感，还能通过实践加深对网络安全知识的理解。

与地方社区联动开展反诈骗宣传：高校应与社区合作，共同开展网络安全教育项目，让学生与社区居民共同学习网络安全防范技巧，帮助学生在实践中提高自我防范意识，同时也为社会贡献力量。

（16）加强校园网内部的安全防护。

加强学校网络防火墙和过滤系统：学校应确保校园网络的安全，通过部署强大的防火墙和过滤系统，防止网络诈骗网站、恶意软件等威胁进入校园网络。确保学生在校园网环境下不会轻易接触到不良信息。

网络安全事件报告机制：建立校园网络安全事件的报告机制，鼓励学生和教职员工在发现可疑网络活动时能够迅速上报，并由专业人员及时处理。通过这种机制可以及时发现和应对潜在的网络安全威胁。

（17）跨学科的综合教育。

引入跨学科的网络安全与金融教育：网络安全、金融素养和心理健康是应对网络诈骗的重要维度。高校应在课程体系中引入跨学科教育，将网络安全、金融素养与心理健康课程相结合，帮助学生从多角度提升应对能力。

实用性的跨部门合作：学校的多个部门，如学生工作部门、财务部门、心理辅导中心、法律咨询机构等，应通力合作，共同为学生提供更综合的支持与服务。这种跨部门合作能确保学生在面对网络诈骗或财务问题时得到全面的帮助。

（18）针对国际学生的网络安全教育。

专门针对国际学生的网络安全培训：对于来自不同国家的国际学生，可能会有不同的网络使用习惯和金融安全意识。学校应设计专门的网络安全课程，帮助国际学生了解中国的网络环境、金融体系及常见的网络诈骗手段。

多语言支持的网络安全资源：提供多语言版本的网络安全教育资料和法律援助渠道，确保国际学生能够理解并获取相关信息和帮助，防止他们因语言障碍而成为网络诈骗的目标。

（19）定期跟踪与评估教育成效。

跟踪学生的网络安全教育效果：学校可以通过定期调查问卷、焦点小组讨论等方式，了解学生对网络安全知识的掌握情况，评估教育活动的效果，并根据反馈优化网络安全课程和宣传活动。

建立教育效果的评估机制：将网络安全教育纳入学生的日常学习评估体系，确保学生不仅参加网络安全培训，还能实际掌握防诈骗技能。通过评估机制，及时发现教育盲点和不足。

高校学生管理中，不仅需要提升网络安全意识和防范能力，还应通过全方位、多层次的教育与支持机制，帮助学生应对各种挑战。个性化辅导、法律意识教育、家校合作、学生领导力培养等措施能够有效加强学生的自我保护能力。同时，学校应在校园内构建数字安全文化，并通过技术手段增强校园网络的安全性。通过综合性管理策略，学校能够为学生营造一个更加安全、健康的学习和生活环境。

四、网络安全教育的法律责任与伦理规范体系

随着数字化社会的快速发展，网络安全问题日益成为大学生安全教育的重要议题。网络的广泛应用在为大学生提供便捷的同时，也带来了隐私泄露、网络欺凌、数据滥用等诸多安全风险。这些风险的背后，不仅仅是技术层面的威胁，更涉及大学生对网络行为的法律责任与伦理规范认知的缺乏。法律责任强调外部约束，通过法律条款对不当行为进行明确的界定和惩戒；而伦理规范则着眼于内在自律，旨在引导大学生从价值观、道德感出发规范自身行为。因此，新时代的网络安全教育不仅需要强化法律责任意识，还需构建以道德伦理为核心的行为规范体系，通过两者的结合实现大学生网络行为的全面引导。本节将从法律责任和伦理规范的角度出发，系统分析其在网络安全教育中的作用，并探讨教育实践中的应用路径。

（一）网络安全中的法律责任

法律是网络行为规范的底线，也是对网络不当行为最直接、最强有力的约束。大学生群体往往对网络法律法规的了解较为浅显，缺乏对其行为法律后果的全面认识。高校需要通过多样化的教学与实践活动，加强大学生的法律责任意识，帮助其形成知法、懂法、守法的网络行为观念。

1. 法律责任的基本框架

网络安全中的法律责任主要体现在以下几个方面。

（1）网络安全法。《中华人民共和国网络安全法》明确规定了网络空间的行为规范，对网络犯罪的定义和处罚作出了具体说明。大学生需要了解其网络行为所对应的法律边界，例如：不得利用网络发布危害国家安全、公共秩序的信息；在社交媒体中不得传播谣言或发布不实言论。

（2）个人信息保护法。《中华人民共和国个人信息保护法》强调个人信息的收集、存储、处理和共享必须得到信息主体的同意，并明确了非法使用他人信息的处罚措施。大学生应当学习如何保护自己的个人信息（如社交账号、银行账户等），并避免未经授权使用他人信息。

（3）刑法（网络犯罪条款）。近年来，《中华人民共和国刑法》中的网络犯罪条款对网络诈骗、网络黑客攻击、数据窃取等行为设定了严厉的惩罚措施。高校需教育学生，明确非法网络行为（如盗用他人账号、散播恶意软件）的法律后果，提高守法意识。

2. 违法行为的典型案例分析

高校可通过案例教学帮助大学生直观理解违法网络行为的后果。

（1）网络欺凌案例：某高校学生因在社交媒体中发布侮辱性言论，侵犯他人名誉权，最终被诉至法院。这种案例能够警醒学生，认识到网络行为同样具有法律约束力。

（2）网络诈骗案例：通过展示虚假招聘、虚假购物网站的案例，让学生学习如何识别网络诈骗，提高风险防范能力。

3. 法律责任教育的实践路径

为了将法律责任教育落到实处，网络安全教育可以采取以下形式。

（1）模拟法庭：学生以“法官”“律师”“被告”等角色参与网络犯罪案件的模拟审判，在实际演练中学习相关法律知识。

（2）法律知识竞赛：以团队竞赛的形式组织学生学习《中华人民共和国网络安全法》《中华人民共和国刑法》等法规，通过问题答辩加深记忆。

（3）案例讨论课堂：围绕真实的网络安全事件进行小组讨论，分析违法行为的成因、法律适用以及改善建议。

（二）网络安全中的伦理规范体系

与法律责任的强制性不同，伦理规范强调通过内在的道德约束规范行为。在网络空间中，大学生不仅需要遵守法律，还需具备更高层次的自律意识。网络伦理规范体系的建立，可以帮助学生理解网络行为的社会影响，提升其数字公民素养。

1. 网络伦理规范的核心原则

网络伦理规范体系的构建，需要以以下几个核心原则为基础。

（1）尊重与平等原则。网络是一个多元化的交流平台，每个人的言论自由和隐私权都应受到尊重。大学生应避免种族歧视、性别歧视等不当言论，形成平等交流的网络氛围。

（2）隐私保护原则。随意泄露他人信息或窥探他人隐私是网络不道德行为的重要表现。学生应学习如何保护他人隐私，同时避免在社交平台上过度公开自己的个人信息。

（3）责任与诚信原则。网络行为应基于真实和诚信。虚假信息的传播不仅破坏网络秩序，还可能对他人造成严重后果。学生在网络互动中，应做到不编造、不传播虚假内容。

（4）共享与公益原则。网络资源的共享应基于合法性和公益性。鼓励大学生在网络中传播正能量内容，关注社会公益问题，发挥网络的积极作用。

2. 网络伦理规范的实践路径

网络伦理的教育需要通过多种形式与路径，渗透到学生的日常学习与生活中。

（1）网络言论伦理。倡导文明用语，反对网络暴力。例如，鼓励学生通过参与“文明评论”活动，学习如何在网络争论中保持理性。

（2）网络信息使用伦理。加强对知识产权保护的教育，防止非法下载和盗版传播。例如，组织“保护版权日”活动，教育学生认识正版资源的重要性。

（3）网络技术伦理。强调技术使用的合法性与道德性。例如，反对使用黑客技术窃取他人数据，禁止开发或使用恶意软件。

（4）数字公民责任教育。在大学生网络安全教育中加入数字公民的责任模块。例如，通过公益项目让学生了解如何利用网络资源为社会服务，承担更多社会责任。

（三）法律责任与伦理规范的融合路径

网络安全教育中，法律责任与伦理规范具有互补性。法律提供外部约束，帮助学生明确行为边界；伦理规范提供内在驱动力，激发学生的自律意识。两者的融合可以通过以下路径实现。

1. 课程融合

在网络安全课程中，将法律责任和伦理规范相结合。例如，在讲解网络侵权时，不仅分析法律条款，还探讨其背后的道德伦理问题。

2. 实践活动融合

通过“网络行为与责任辩论赛”“网络伦理模拟法庭”等活动，将法律与伦理的教育融入学生的实践体验。

3. 行为评估机制

建立学生网络行为的评价与反馈体系，通过数据监测和行为分析，评估学生在法律责任和伦理规范方面的表现。

（四）网络安全伦理规范体系思维导图

网络安全教育中的法律责任与伦理规范体系是全面引导大学生行为的重要组成部分。通过法律的外部约束和伦理的内在引导，大学生能够在网络空间中形成“知法守法、明礼诚信”的行为习惯。这不仅有助于构建和谐的网络生态环境，也为大学生未来步入社会奠定了重要的道德基础和法律素养。高校应通过多层次的教育路径和评估机制，推动法律责任与伦理规范的深度融合，切实提升大学生的网络安全意识与行为能力（见图4-1）。

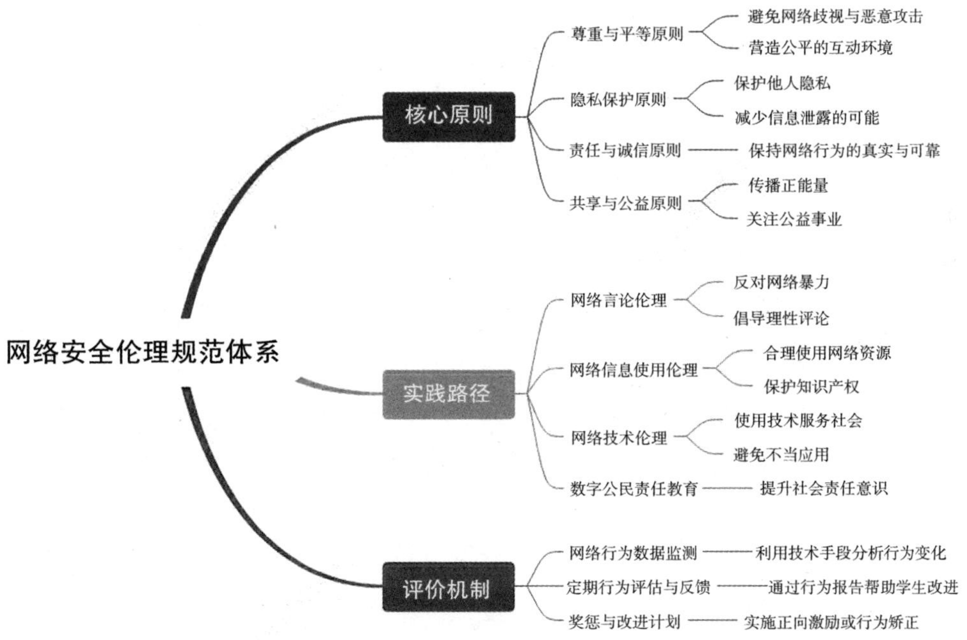

图4-1　网络安全伦理规范体系思维导图

第五章

校园安全教育：理论逻辑、机制构建与实证分析

一、校园安全教育的治理理论与政策逻辑

校园安全是大学生安全教育的重要组成部分，其直接关系到学生的人身安全、心理健康和学习生活。随着社会发展和校园环境的日益复杂，传统的校园安全管理模式在应对新型安全隐患时逐渐显露出局限性。新时代背景下，校园安全教育需要以系统化的治理理论为基础，并在政策设计上体现科学性、全局性和适应性。这不仅需要将校园安全教育纳入国家公共安全治理体系，也要求各高校在实践中构建可持续的安全管理机制。通过理论和政策的逻辑分析，可以为校园安全教育的科学化和规范化提供方向与保障。

（一）校园安全教育的治理理论

校园安全教育的治理理论并非凭空而来，而是基于多学科的理论渊源和实践发展逐步形成的。其理论来源主要包括以下几个领域：整体性安全治理理论、社会治理理论、教育学理论、法律与政策理论，以及近年来兴起的风险社会理论。这些理论为新时代校园安全教育提供了科学依据和实践指导。

1. 整体性安全治理理论

整体性安全治理理论（Holistic Security Governance Theory）起源于20世纪后期的系统论、安全科学以及治理学的交叉领域，最早由西方学者在国家安全与公共管理领域提出。这一理论强调将安全问题放在全局视野下解决，通过系统化思维和多主体协同应对复杂的安全挑战。

应用于校园安全教育：在校园安全教育领域，整体性安全治理理论的应用主要体现在以下几点。

（1）安全治理的全局化视角：校园安全问题不仅仅是孤立的管理事件，而是一个涉及学生、教职工、校外人员和社会资源的复杂系统。因此，需要从整体上设计校园安全治理框架，确保物理、心理、网络和社会安全的全面覆盖。

（2）多主体协同机制：整体性安全治理理论强调多方协作，高校需引入政府部门、社区资源、学生组织等多元力量共同参与安全教育。例如，地方政府提供治安保障，社区提供志愿者服务，学校负责实施日常管理。

（3）系统化流程设计：基于系统论的思维，校园安全治理需要构建动态、连续的管理链条，包括预防、监测、响应和评估环节。

2. 风险社会理论

风险社会理论（Risk Society Theory）由德国社会学家乌尔里希·贝克（Ulrich Beck）在20世纪80年代提出，旨在解释现代社会中风险扩散和不确定性的现象。贝克指出，在工业化、全球化的推动下，社会进入了“风险社会”阶段，风险不再局限于自然灾害或战争，而是渗透到经济、技术、文化和日常生活的方方面面。

应用于校园安全教育：风险社会理论的引入为校园安全治理提供了深刻洞察。

（1）关注潜在隐患：传统的安全管理更多关注直接威胁（如校园暴力），而风险社会理论强调潜在隐患的长期影响。例如，心理健康问题可能导致学生行为失控，这需要提前识别并干预。

（2）动态化治理：风险社会是一个充满不确定性的体系，高校需要动态监测安全风险，定期更新治理策略。例如，通过大数据技术分析校园人员流动趋势，以预测并应对安全隐患。

（3）教育目标的转变：风险社会理论促使安全教育从被动应对转向主动预防，培养学生的风险识别与应对能力成为教育目标的重要组成部分。

3. 社会治理理论

社会治理理论（Social Governance Theory）起源于治理学和公共管理学领域。该理论强调通过多主体参与和协商，实现社会资源的最优配置。其核心在于由“单一政府主导”转向“多元主体协同”，强调政府、市场、社会组织和公民的共同参与。

（1）多方参与治理：高校的安全教育不能仅靠学校单方面努力，而需要调动家长、社区、政府和企业的协同参与。例如，邀请企业参与校园安全宣传活动，增强学生对社会的认知。

（2）教育资源整合：通过社会治理理论，高校可以整合不同主体的资源，为安全教育提供更多支持。例如，社区可以聘请心理辅导专家，政府可以派遣治安管理人员，企业可以捐赠安全设备。

（3）协商式决策：在涉及学生权益的安全治理问题上（如监控安装、宿舍门禁管理等），应当引入学生的意见，形成协商机制，提升政策执行的合理性和接受度。

4. 教育学理论

教育学理论是校园安全教育的重要基础，其源自20世纪初的进步教育理论、建构主义学习理论和发展心理学。现代教育学强调“学生中心”的教育模式，关注学生在教育过程中的参与感和主体性。

（1）学生主体性：教育学理论强调学生在安全教育中的主动性，而非被动接受者。例如，高校可以通过成立学生安全志愿组织，让学生在安全隐患排查、宣传活动中发挥积极作用。

（2）个性化教育：教育学中的差异化教学理念可以指导安全教育内容设计。例如，针对不同年级、专业背景的学生设计差异化的安全教育课程，针对国际学生提供定制化的文化适应性安全指导。

（3）实践与体验结合：教育学理论指出，学生通过实践和体验能够更好地内化知识。例如，组织校园应急演练和安全主题辩论赛，让学生在实践中增强安全意识。

5. 法律与政策理论

法律与政策理论（Legal and Policy Theory）源于法学和公共政策领域，强调通过法律法规和政策工具的设计，实现社会秩序的有效管理。

（1）政策驱动教育：法律与政策理论强调安全教育的制度化与规范化。例如，《中华人民共和国国家安全法》《中华人民共和国未成年人保护法》等法律明确了高校在安全教育中的责任，为政策设计提供依据。

（2）规则意识培养：通过法律案例教学，帮助学生理解网络安全、隐私保护和行为规范背后的法律逻辑。

校园安全教育的治理理论来源于多学科的交叉发展，包括整体性安全治理理论、风险社会理论、社会治理理论、教育学理论以及法律与政策理论。这些理论为新时代校园安全教育提供了多层次的理论支持，使其具备系统性、科学性和实践性。通过理论的深化应用，高校可以更好地应对复杂的校园安全问题，构建安全稳定的校园环境。

（二）校园安全教育的政策逻辑

校园安全教育的政策逻辑源自国家宏观政策、高等教育发展的政策要求以及校园具体的安全管理实践。这些政策来源主要包括国家层面的法律法规、高校教育政策文件、地方政府的安全管理要求以及国际相关的教育安全指导文件。以下对相关政策来源及内容进行详细说明。

1. 国家层面的法律与政策

国家法律法规为校园安全教育提供了顶层设计和宏观指导，是高校构建安全教育政策的核心依据。具体政策及其来源如下。

（1）《中华人民共和国国家安全法》（2015 年）。

政策来源：全国人大常委会颁布，国家安全法律体系的基础性法律。

核心内容：明确国家安全的总体观念，要求社会各领域，包括教育领域，树立系统性安全观；强调教育机构在维护国家安全中的责任，要求学校开展国家安全宣传教育活动；指出高校应在教学中将安全教育作为重要内容，培养学生的国家安全意识。

（2）《中华人民共和国网络安全法》（2017 年）。

政策来源：全国人大常委会通过的网络安全领域的专项法律。

核心内容：强调高校在校园网络安全中的管理责任，包括数据保护、网络设备安全监测等；要求学校对学生进行网络安全教育，培养其对网络诈骗、网络暴力等风险的防范意识；指出学校需建立网络信息的保护机制，加强学生个人隐私保护教育。

（3）《中华人民共和国未成年人保护法》（2020 年修订）。

政策来源：全国人大常委会修订，通过了加强未成年学生保护的专项法律。

核心内容：强调对未成年学生的安全保护，包括校园欺凌、心理健康问题的预防和干预；要求学校制定预防校园暴力的管理机制，并对学生进行心理疏导和危机干预；规定学校必须为学生提供安全的学习和生活环境，防范意外伤害。

（4）《教育部关于加强学生安全教育工作的通知》（2019 年）。

政策来源：中华人民共和国教育部发布的专项指导文件。

核心内容：提出将安全教育纳入中小学和高校的课程体系；要求各地教育部门定期开展安全知识竞赛和宣传活动，提升学生的安全意识；明确学校需结合实际制定适合学生特点的安全教育方案。

2. 高校教育政策的框架文件

高校作为安全教育的直接执行单位，其政策制定需要在国家政策的基础上结合校园特点展开。以下是高校安全教育政策的具体来源及内容。

（1）《关于加强大中小学国家安全教育的实施意见》（2018 年）。

政策来源：教育部为落实总体国家安全观、推动国家安全教育纳入国民教育体系而制定的重要政策文件。

核心内容：推进国家安全教育制度化、系统化的关键文件，其核心在于构建全学段、多维度的教育体系，通过内容创新、资源整合和机制保障，将国家安全意识转化为学生的自觉行动。

（2）《全国高校思想政治工作会议精神》（2016 年）。

政策来源：中央相关指导文件。

核心内容：将安全教育纳入思想政治工作的大框架之内，突出其在学生价值观塑造中的作用；提出通过思想引导和价值观教育，使学生形成积极的安全责任意识和风险防范能力。

（3）地方政府的政策支持。地方政府根据国家法律法规和区域实际，为高校提供具体的政策指导和资源支持。

（4）《某省学校安全管理条例》（以地方为例）。

政策来源：省级政府发布，用于指导区域内高校的安全管理工作。

核心内容：针对区域性风险（如地震多发地带、洪涝灾害等）制定专项安全教育计划；明确地方政府需为高校提供应急演练资源支持和专业技术指导；地方教育部门定期对高校安全教育工作的落实情况进行评估和监督。

（5）地方公安与高校联动机制协议。

政策来源：地方公安局与高校签署合作协议。

核心内容：高校可与公安部门建立快速响应机制，处理突发事件，如校园暴力或外来人员侵入；公安部门为高校提供专业化的安全培训和法律知识宣讲。

3. 国际政策的借鉴

在全球化背景下，许多高校通过参考国际安全教育政策，丰富自身的教育内容。校园安全教育的政策逻辑建立在国家、地方和高校层面的多重政策支持基础之上，其政策来源具有以下特点。

（1）法律法规的权威性：国家政策通过法律法规为校园安全提供了权威

指导，例如《中华人民共和国国家安全法》《中华人民共和国网络安全法》明确了高校在安全教育中的责任。

（2）高校政策的多样化：高校结合国家政策和校园实际，形成了特色化的安全教育体系，例如安全教育课程体系、应急管理预案等。

（3）地方支持的灵活性：地方政府通过专项政策和资源配置，为高校安全教育提供了区域化支持。

（4）国际借鉴的前瞻性：国际借鉴为高校安全教育提供了先进理念与实践方法，帮助高校应对全球化带来的安全挑战。

这些政策来源共同构成了校园安全教育的制度基础，为新时代高校安全教育工作的规范化、科学化提供了重要保障。

（三）校园安全教育治理理论与政策逻辑的融合路径

校园安全教育的治理理论与政策逻辑相辅相成，理论为政策制定提供了指导框架与学术依据，政策则为理论的实施提供了实践路径与制度保障。在实践过程中，如何将两者有机融合，形成科学、系统、高效的校园安全教育模式，是高校安全治理的重要课题。以下从理论与政策的融合路径展开具体说明，并结合学术话语进行深入阐释。

1. 基于顶层设计的政策指导与理论渗透

（1）路径方法：建立政策驱动的治理框架，实现理论融入政策设计。在新时代高校安全教育中，治理理论为政策设计提供了顶层逻辑框架，强调通过系统化的制度安排实现教育目标的落地。例如，整体性安全治理理论指出，安全管理需要覆盖不同层次和领域，高校可基于此理论，构建全面的安全教育政策体系。

（2）具体实施方法。

①在政策设计中融入整体性安全治理理论的核心思想，例如通过政策条款明确“物理安全、心理安全、网络安全和社会安全”四位一体的校园安全管理结构。

②将风险社会理论中的“预防为主”原则嵌入政策文件，例如明确要求高校定期开展安全风险评估与动态监控。

③引入教育学理论的“学生主体性”理念，强调政策中学生在安全治理中的积极作用，如学生志愿者参与安全隐患排查。

（3）学术解读：顶层设计的关键在于理论与政策的双向互动。一方面，理论提供政策设计的科学依据；另一方面，政策的制定过程通过实践验证理论的可行性。根据系统论的观点，政策框架应具备自适应性，通过动态调整实现理论的深度融合。

2. 基于教育实践的理论政策协同

（1）路径方法：将政策逻辑转化为教育实践，实现理论的场景化应用。政策制定的最终目标在于落地实施，而治理理论只有在实践中才能发挥其真正的指导作用。因此，高校可以通过教育实践，将理论融入学生的学习和生活场景，使其成为“看得见、摸得着”的实践内容。

（2）具体实施方法。

①课程体系构建：基于整体性安全治理理论，构建覆盖全校的安全教育课程体系。例如，开设“校园安全与治理理论”课程，帮助学生了解政策背后的治理逻辑。

②场景化演练活动：根据风险社会理论设计安全演练场景。例如，结合“风险预防”原则，组织模拟火灾疏散、地震避险演练等活动，将理论与政策内容融入实际操作中。

③学生自主实践：结合教育学理论中的“学习者为中心”理念，设置学生主导的实践项目，例如“校园安全志愿者计划”，让学生在具体场景中理解政策逻辑与理论内涵。

④学术解读：教育实践是理论与政策协同的重要平台。以实践为载体，能够使理论的抽象逻辑转化为学生可感知的具体行为。例如，根据建构主义学习理论，学生在实践中通过“做中学”构建对政策内容和治理理论的深刻理解，这种深度学习能够有效增强安全教育的效果。

3. 基于多主体协作的共建共治模式

（1）路径方法：通过政策与理论指导多方协同，共同推动安全教育的系统化建设。治理理论强调多主体协同，而政策逻辑则提供了多主体合作的制度保障。在校园安全教育中，政策与理论的融合路径之一在于构建“政府—高校—社会—家庭”协同参与的共建共治模式。

（2）具体实施方法。

①政府支持与高校执行：在国家安全法和网络安全法的政策框架下，高校依托地方政府的支持建立联动机制。例如，与公安部门联合开发“校园安全信

息化系统”，实时监测校园安全动态。

②家庭参与与社区支持：通过政策规定，引导学生家长参与安全教育。例如，开展家校联合的“学生安全家长课堂”活动，使家庭成为校园安全教育的重要补充力量。

③社会资源整合：在社会治理理论指导下，引入社会组织和企业资源。例如，与心理健康机构合作，为学生提供专业的心理辅导服务；或与技术公司合作，引入智能监控系统，优化校园安全管理。

④学术解读：多主体协作体现了现代治理理论中的协同治（Collaborative Governance）理论。根据协同治理理论的分析，政策应通过明确不同主体的权责分工，激发各方参与的积极性，从而实现资源的最优配置与目标的高效实现。

4. 基于数据驱动的动态管理与优化

（1）路径方法：通过数据收集与反馈，推动理论与政策在执行中的持续优化。现代校园安全治理离不开大数据技术的支持。数据不仅能够帮助高校实时掌握安全现状，还可以通过对治理过程的量化评估，发现理论与政策在执行中的不足之处，从而进行调整与优化。

（2）具体实施方法。

①建立安全数据管理系统：通过安全教育信息化平台收集学生参与安全教育活动的数据（如课程学习记录、演练参与率等），实现政策实施效果的量化评估。

②数据驱动的政策改进：通过对大数据的分析，发现当前政策的漏洞。例如，分析演练参与率较低的原因后，可以通过优化政策规定，改进活动设计，增强学生的参与动力。

③实时风险预警与决策支持：结合风险社会理论的动态性要求，利用大数据监测技术，对可能发生的安全事件进行实时预警。例如，通过监测宿舍区域的用电情况，提前发现火灾隐患。

④学术解读：数据驱动的管理与优化体现了动态治理理论的核心思想。动态治理理论认为，政策执行的效果是一个不断变化的变量，只有通过实时数据反馈，才能形成理论与政策在实践中的闭环改进。

5. 基于效果评估的理论深化与政策调整

（1）路径方法：通过评估理论与政策的实施效果，推动理论的深化发展与政策的优化升级。安全教育的效果评估是理论与政策融合的关键环节，它不仅可以验证现有治理理论的科学性，也能为政策的进一步完善提供依据。

（2）具体实施方法。

①定量评估与定性反馈相结合：通过问卷调查、行为观测等定量方法，结合学生访谈、教师座谈等定性反馈，全面评估安全教育的成效。例如，分析学生风险识别和应对能力的提升情况。

②实施政策改进建议：基于评估结果，提出具体的政策优化建议。例如，若评估发现心理健康教育的覆盖面不足，则可增加心理健康辅导课程的比重。

③推动理论反思与发展：通过对政策实施效果的学术研究，提出对现有理论的新见解。例如，通过分析学生参与安全教育的内在动机，为教育学理论的进一步发展提供实践数据支持。

④学术解读：效果评估是政策科学理论的核心环节。根据政策科学的反馈理论，政策制定与实施的闭环管理是提升治理效能的关键。通过评估环节，可以深化理论与政策的实践价值，使校园安全教育更具针对性和实效性。

校园安全教育治理理论与政策逻辑的融合路径不仅是学术与实践结合的产物，也是提升安全治理效能的重要抓手。从顶层设计到教育实践，从多主体协作到数据驱动管理，再到效果评估与理论深化，每一条路径都体现了理论与政策之间的双向互动关系。通过这些融合路径，高校能够实现理论逻辑的科学化应用与政策实践的精细化执行，为构建安全、稳定、和谐的校园环境提供坚实保障。

二、校园暴力与安全隐患的系统性预防理论

校园暴力与安全隐患是高等教育领域中备受关注的复杂议题，其影响不仅关乎学生个体的身心健康与安全，也对校园的整体和谐和社会稳定产生深远影响。随着社会结构、文化环境以及大学生群体特质的多样化发展，高校面临的安全管理挑战日益严峻。为有效遏制校园暴力、化解潜在的安全风险，系统性预防理论的引入和深化应用为这一问题提供了科学的解决路径。系统性预防理论是一种综合性、动态性与协同性并重的理论框架，旨在通过多维度干预措施实现校园安全的长期保障。

（一）系统性预防理论的学术内涵与理论基础

系统性预防理论（Systematic Prevention Theory）起源于系统科学、风险管理理论以及行为科学的交叉研究，最早在公共卫生领域中被应用于疾病预防与控制（例如流行病学的风险干预）。20 世纪 70 年代，随着系统理论的不断完善，系统性预防理念逐步扩展至心理学、教育学、安全管理等领域，尤其是在青少年行为干预与学校安全管理研究中得到了进一步发展。近年来，系统性预防理论在高等教育中的应用愈发广泛，成为应对校园暴力与安全隐患的重要理论工具。

（二）系统性预防理论的主要特性及其与大学生安全教育的关系

系统性预防理论的应用之所以能够成为新时代大学生安全教育的重要指导理论，是因为其特性与大学生群体的心理特点、行为模式及安全教育目标高度契合。这些特性包括整体性、协同性、前瞻性和动态性。

1. 整体性：关注大学生安全问题的系统性关联

系统性预防理论的“整体性”特性源于系统科学的整体观念，即在分析问题时，不能仅仅局限于单一事件或个体行为，而应将其置于更大的系统框架中加以审视。在大学生安全教育中，这一特性体现在以下方面。

（1）全局视角：大学生的安全问题并非孤立存在，而是与个体的心理发展、家庭环境、学校管理和社会文化等多重因素紧密相关。例如，校园暴力可能同时受到家庭教育方式、学校规章制度缺陷以及不良社会风气的影响。

（2）综合干预：整体性的思维方式要求在安全教育中采取综合性的干预措施，不仅关注个体层面的心理健康教育，还要加强校园制度建设、校风文化塑造以及家庭与社会支持系统的整合。

大学生群体正处于身心快速发展和社会化深化的关键阶段，其安全需求往往涉及生理、心理和社会适应等多个层面。整体性理念指导下的大学生安全教育能够实现“点面结合”的管理模式，从而确保干预措施的全面性和科学性。

2. 协同性：多主体协同构建大学生安全教育体系

协同性特性是系统性预防理论的重要组成部分，其核心理念在于强调多主体、多部门之间的合作与互动。在大学生安全教育中，这一特性表现为构建以学校为中心、家庭为基础、社会为补充的多层次协作机制。

（1）学校内部协同：包括学校各职能部门（如学生处、心理咨询中心、安全保卫处等）的有效协作。例如，心理咨询中心可以通过数据分析向安全保卫部门提供高风险学生的信息，从而实现精准化的校园安全管理。

（2）家校协同：大学生的安全问题往往与其家庭环境密不可分。例如，来自家庭教育不足或暴力家庭的学生更容易卷入校园暴力事件。通过加强家校互动，及时向家长反馈学生行为异常信息，可以在第一时间形成有效的干预和支持。

（3）社会支持协同：学校可以与公安、社区服务机构以及公益组织合作，共同构建大学生安全保护网络。例如，公安部门可以为学校提供法律支持与安全指导，社区机构可以协助处理离校学生的安全事务。

协同性的特点能够弥补单一主体在资源、能力和视角上的局限性，通过多方协同为大学生提供更为全面和立体化的安全保护体系。

3. 前瞻性：安全隐患的早期识别与预防

前瞻性特性强调在问题发生之前，通过科学预测和早期干预来降低风险。这一特性源于系统理论中的“预警”机制，即通过对风险因素的分析和评估，采取针对性的措施消除隐患。在大学生安全教育中，前瞻性具体体现在以下方面。

（1）早期风险评估：通过心理测评、行为监测和师生反馈等，多渠道识别校园中潜在的高危人群和安全隐患。例如，心理健康数据分析可以帮助学校发现存在严重情绪问题的学生，为其提供及时的心理辅导。

（2）风险预警系统：利用现代技术手段，如大数据分析和人工智能算法，构建动态风险监测与预警系统。例如，社交媒体上的异常行为可能成为校园暴力的早期信号，预警系统可以帮助管理者第一时间进行干预。

（3）预防性教育活动：将安全教育融入大学课程和活动中，通过开展防欺凌、防诈骗、防暴力的专题讲座和模拟演练，提高学生的风险意识和自我保护能力。

前瞻性特性的应用能够显著降低安全事件的发生率，使大学生安全教育由被动管理向主动预防转变，从而更好地保障学生的生命财产安全。

4. 动态性：适应大学生安全需求的多样性和变化性

系统性预防理论的动态性特性源于系统科学中“开放性”与“灵活性”

的核心思想，强调预防措施需根据环境变化和系统需求不断调整和优化。在大学生安全教育中，动态性主要体现在以下方面。

（1）个体差异与需求变化的适配：大学生群体内部存在显著的个体差异，如性别、年龄、专业背景、心理特质等，这要求安全教育策略具备高度的针对性。例如，针对留学生可能面临的文化冲突问题，安全教育需增加跨文化适应培训内容。

（2）环境变化的适应：随着社会技术的发展和安全形势的变化，大学生面临的新型安全隐患（如网络诈骗、网络暴力）不断涌现。因此，安全教育需要及时更新内容和方法，确保其与时代需求相契合。

（3）反馈与优化机制：动态性要求安全教育策略具备反馈闭环，通过定期的效果评估和数据分析，不断优化教育内容和干预措施。例如，可以通过问卷调查了解学生对安全教育的满意度，并根据反馈调整活动设计。

动态性的引入能够确保安全教育的时效性和适应性，使其能够灵活应对大学生安全问题的复杂性和多变性。

综上所述，系统性预防理论的整体性、协同性、前瞻性和动态性特性，为大学生安全教育提供了全面且系统化的理论支持。通过在高校中引入这一理论，可以更加科学地识别和化解校园暴力与安全隐患，为大学生提供更加安全、和谐的成长环境。理论的应用不仅反映了安全教育的实践价值，更彰显了高校育人体系中“以人为本”的教育理念。

（三）校园暴力类型与成因的多维解析

校园暴力作为一种多发性、复杂性和隐蔽性并存的校园安全隐患，其具体表现形式和深层次诱因多样化、系统化。在探讨校园暴力问题时，必须基于科学的分类标准进行类型化分析，同时对其成因进行全面而深入的解构。这不仅能够为理论研究提供坚实的基础，也为实践中的预防和干预提供了清晰的指引。

1. 校园暴力的类型及分类依据

校园暴力的类型划分需基于具体的学术标准，以暴力行为的实施方式、作用途径、空间场域、暴力工具及行为意图为分类依据，从而实现多维度剖析。

（1）按暴力类型及其特征分类（见表5-1）。

表 5-1　按暴力类型及其特征分类

暴力类型	定义	表现形式	具体行为	主要影响
身体暴力	通过肢体接触或使用器具对他人造成身体伤害的行为	肢体接触、使用器具	殴打、推搡、踢打、使用刀具等	身体健康受损，伴随心理创伤
语言暴力	通过恶意言语对他人进行精神攻击	侮辱、辱骂、威胁、诋毁	使用贬损性词汇攻击人格、嘲笑外貌、起侮辱性绰号等	心理健康受损，可能导致抑郁症、焦虑症等
隐性暴力	以冷暴力、孤立、排挤等间接方式实施的暴力	冷暴力、孤立、排挤	故意忽视、群体排挤、社交隔离等	心理状态和社交能力受到深远影响
网络暴力	在互联网平台上实施的暴力行为	散布谣言、恶意评论、隐私泄露、网络欺凌	恶意评论、隐私泄露、网络欺凌等	行为范围广、扩散速度快，受害者感到无助

（2）按暴力行为意图分类（见表 5-2）。

表 5-2　按暴力行为意图分类

暴力类型	定义	特点	举例	主要动机
蓄意暴力	施暴者在暴力行为前已有明确意图和计划	有计划性、目的明确	因嫉妒策划报复事件，通过霸凌强化权威地位	获得控制、报复或权力感
冲动暴力	在情绪失控情况下发生，缺乏事前计划和理性思考	突发性、无计划性	因一时争执或口角爆发的打架事件	情绪失控、缺乏理性思考

（3）按暴力行为场域分类（见表 5-3）。

表 5-3　按暴力行为场域分类

暴力类型	定义	发生地点	举例	特点
校园内暴力	发生在校园内部的暴力行为	教室、宿舍、操场等校园空间	课堂争执升级为肢体冲突，宿舍内部的语言霸凌	发生在校园范围内，直接涉及校园成员

表5-3(续)

暴力类型	定义	发生地点	举例	特点
校园外暴力	施暴行为发生在校外环境，但实施主体仍为校园成员	校外聚会场所、网络空间等	课后校外聚会期间的暴力冲突，网络空间中的校园欺凌	实施主体为校园成员，但行为发生在校外或网络空间

2. 校园暴力的成因多维解析

校园暴力是多因素、多层次交互作用的结果。基于个体、家庭、学校和社会四个维度，可以更全面地揭示校园暴力的深层诱因及其机制。

（1）个体因素（见表5-4）。

表5-4　个体因素

影响因素	定义	具体表现	对暴力行为的影响
心理健康问题	学生心理健康水平是决定其行为方式的重要变量	冲动控制能力差、情绪调节能力不足、自我认同危机	增加实施暴力行为的可能性
性格特质	个体的性格特征会影响其行为倾向	攻击性较强、自我中心、缺乏同理心	更容易通过暴力行为实现自我诉求，如寻求权威感或发泄不满
行为习惯	成长过程中形成的规则意识和行为约束能力	缺乏规则意识、行为边界认知不足	更倾向于实施暴力，因缺乏对行为后果的认知

（2）家庭因素（见表5-5）

表5-5　家庭因素

影响因素	定义	具体表现	对校园暴力行为的影响
家庭暴力的延续	来自暴力家庭的学生在潜移默化中习得暴力行为模式	长期目睹家庭内部暴力冲突	更倾向于在校园中采取暴力方式处理人际问题
教育方式不当	过度严厉或忽视型教育方式导致学生缺乏情感表达能力和社交技能	父母过度严厉或长期忽视孩子的情感需求	增加暴力行为的风险，可能通过暴力行为引起他人注意
亲子关系不良	亲子沟通不畅或情感连接缺失	亲子关系疏离、缺乏家庭关爱	在校园中表现出攻击性行为或通过暴力寻求同伴认同

（3）学校因素（见表 5-6）。

表 5-6　学校因素

影响因素	定义	具体表现	对校园暴力行为的影响
管理机制的缺陷	学校安全管理体系不完善，缺乏明确惩戒措施或对隐性暴力漠视	对暴力行为惩戒不力、对隐性暴力缺乏关注	导致暴力事件频发，难以有效遏制暴力行为
校园文化氛围的负面效应	学校中存在包容暴力行为的亚文化现象	通过暴力行为建立“强者地位”的群体文化	助长暴力事件的发生，使暴力行为被合理化
同辈压力	学生因追求群体认同而迎合他人暴力行为	参与群体霸凌以避免成为下一个受害者	学生可能被迫参与暴力行为，即使并非出于个人意愿

（4）社会因素（见表 5-7）。

表 5-7　社会因素

影响因素	定义	具体表现	对校园暴力行为的影响
暴力文化的影响	媒体中对暴力行为的美化对学生行为模式产生潜移默化的影响	电影、电子游戏中暴力行为被美化	学生可能将暴力视为解决冲突或证明自身的手段
社会支持系统的缺失	社会支持系统较弱，如社区服务缺乏或社会教育体系不完善	社区服务不足、社会教育资源匮乏	学生更容易被外部暴力文化影响，缺乏正面引导
法律执行的不足	对校园暴力行为的宽容或执法不力	法律执行不严格、对暴力行为缺乏有效惩戒	施暴者缺乏行为约束和对后果的恐惧感，助长暴力行为的发生

通过对校园暴力类型和成因的多维解析，可以发现，校园暴力不是单一行为的表现，其背后隐藏着复杂的系统性诱因。这种复杂性要求在制定预防和干预策略时，采用基于系统性预防理论的整体性、多维度的方法。类型的精确划分有助于对不同形式的暴力行为进行识别和干预，而成因分析为制定针对性政策和实施干预措施提供了科学依据。在新时代大学生安全教育中，理解校园暴力的类型与成因是构建全方位安全保障体系的重要前提，同时也是培养学生健康人格与社会适应能力的核心基础。

（四）系统性预防机制的多层构建

校园暴力与安全隐患的治理需要建立在系统性预防理论的基础之上，以实现事前、事中和事后的全面干预。系统性预防机制的多层构建强调以整体性、协同性、前瞻性和动态性为原则，通过多层次、多主体的系统化设计与实践，确保预防策略的科学性、适应性和执行力。以下从制度保障、心理支持、文化塑造、技术运用以及协同机制五大维度，论述系统性预防机制的多层构建。

1. 制度保障层：顶层设计与规范化治理

制度保障是系统性预防机制的核心，旨在通过制度化的约束和指引，为校园暴力和安全隐患的防控提供顶层设计。此层次的建设需重点从以下几个方面入手。

（1）安全规章制度的完善：制定明确的校园安全管理条例，包括对暴力行为的定义、分类、处置流程及惩戒措施。例如，建立校园暴力行为的“零容忍”政策。

（2）隐患排查机制的常态化：实施动态安全隐患排查制度，定期开展校园内外的风险排查行动，对潜在的暴力风险点进行识别和清理。

（3）事件处理规范化：完善应急管理体系，制定统一的事件报告、处置与跟踪反馈流程，确保暴力事件在发生后能够得到快速处理。

2. 心理支持层：风险干预与心理健康促进

心理支持层的构建强调从心理学角度识别和干预潜在的高危群体，通过促进心理健康来从根本上预防校园暴力的发生。这一层级具体包括以下内容。

（1）心理健康教育：将心理健康课程纳入学校教育体系，通过专题讲座、心理健康周等形式提高学生的心理健康素养，增强其情绪调节能力和压力管理能力。

（2）心理风险筛查：采用心理测评工具定期开展心理健康筛查，重点关注有明显情绪失控或行为偏差的学生。

（3）个性化心理干预：针对高风险个体提供个性化的心理咨询和辅导服务，同时与家庭合作开展联合干预计划。

（4）危机干预机制：组建专业心理干预小组，在学生出现重大心理危机或暴力倾向时提供及时援助。

3. 文化塑造层：构建积极的校园生态系统

校园文化是影响学生行为和心理状态的深层次因素，良好的校园文化环境能够有效减少暴力事件的发生。因此，文化塑造层次的核心任务是通过文化引领与价值观教育优化校园生态系统。

（1）积极价值观的传播：通过课程设置、活动组织等形式，将尊重、包容、合作等价值观融入校园生活。例如，在课堂中融入反霸凌教育主题。

（2）集体活动的组织：开展多样化的校园文化活动（如体育比赛、志愿服务、艺术展览等），增强学生之间的情感联结与集体认同感。

（3）师生关系优化：通过培训提升教师的沟通技能，构建平等、和谐的师生关系氛围，减少暴力行为发生的诱因。

4. 技术运用层：智能化与数字化赋能

现代信息技术为校园安全管理提供了全新的工具支持，技术运用层的构建旨在通过数字化、智能化手段提升预防机制的效率与精度。

（1）智能安防系统：在校园内部署监控摄像头、报警装置等智能安防设备，实时监控校园安全状况。

（2）心理数据分析平台：利用大数据和人工智能技术分析学生心理健康数据，识别潜在高危群体。

（3）线上教育平台：通过校园 APP 或在线平台推广安全教育内容，增强学生的安全防范意识。

5. 协同机制层：多主体合作与社会资源整合

协同机制层次的构建强调校内外各主体之间的协同合作，通过整合多方资源构建多维度、立体化的防控网络。

（1）校内协同：实现学校内不同部门（如学生处、心理咨询中心、安全管理办公室）的高效联动，共同处理暴力事件与安全隐患。

（2）家校合作：加强家校互动，建立家长与学校之间的常态化沟通机制，共同关注学生的行为和心理健康。

（3）社会支持系统：与公安机关、社区服务机构、社会公益组织建立合作关系，充分利用社会资源对学生安全管理提供支持。

（4）司法协助：通过法律机构对严重校园暴力事件进行依法处理，同时推动学生的法律意识教育。

图 5-1 所示为系统性预防机制多层构建的思维导图，展示了五个主要层次

及其核心内容。

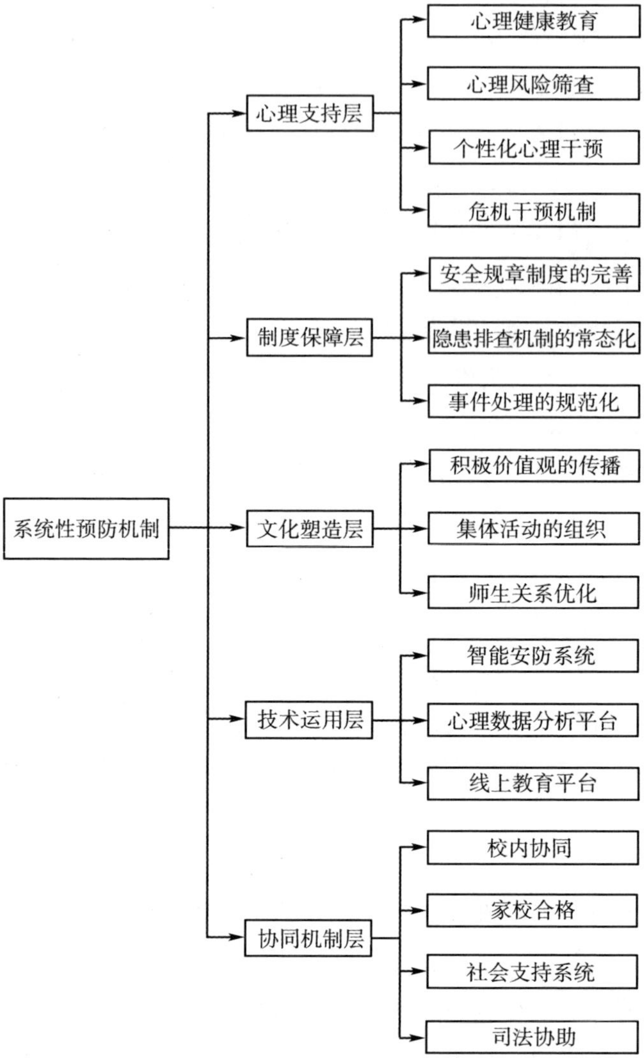

图 5-1　系统性预防机制多层构建思维导图

系统性预防机制的多层构建通过制度、心理、文化、技术与协同的全面整合，形成了一个动态、全方位的校园暴力和安全隐患预防体系。其层次性设计不仅体现了校园安全治理的系统性和复杂性，也为实际的教育与管理工作提供了清晰的指导框架。在新时代背景下，充分利用技术手段与社会资源的协同效应，将进一步提升校园安全管理的科学化与现代化水平，为大学生的健康成长提供坚实保障。

（五）系统性预防理论的实践路径

1. 安全教育的系统化推进

将安全教育纳入高校教学体系，设立与校园暴力和安全隐患相关的专题课程和实践活动，提高学生的风险意识和应对能力。

2. 风险识别与预警机制

基于数据分析和心理学研究，构建科学的风险评估模型，动态识别可能发生暴力行为的高危群体和区域，实施精准干预。

3. 应急管理能力的提升

建立专业化、流程化的校园安全应急管理体系，确保在暴力事件发生后能够迅速采取有效措施，减少人员伤害和事件升级。

4. 法律教育与道德修养的结合

将法治教育和伦理道德教育相结合，通过案例分析和实践模拟，让学生充分认识校园暴力的法律后果和道德责任，内化为自觉的行为规范。

（六）典型案例

言语之桥：修补沟通裂痕的艺术

1. 案例简介

学生郭某与张某，住在同一宿舍，张某来自外地，郭某系本地人。两人均来自城市，家庭经济情况良好，郭某性格强势，张某性格内向，不善言辞。某天下午下课后，郭某回到宿舍，觉得宿舍较热，想要打开风扇，此时张某说，风扇入夏以来还没有擦，有较多灰尘，建议还是擦一下再开。两人因为是否开风扇的问题争执不下，随即发生口角并引起肢体冲突，两人均不同程度受伤。事发当晚，张某接到郭某“哥哥”的电话索要医药费，张某拒绝，但认为自己遭到威胁，并担心自身人身安全。

事件发生后，张某态度明确，承认错误并同意赔偿郭某所有医保无法报销的医药费用。郭某称，除医药费外，要求张某赔偿其精神损失费等。郭某在后来的调解过程中要求颇多，除精神损失费外，还有营养品费、伙食费等赔偿要求。张某不同意郭某要求，双方情绪、语言都有过激的趋势，一时间处理应对工作陷入僵局。

2. 案例分析

该事件属于因沟通不畅，造成学生之间发生肢体冲突，产生严重后果的突发安全事件。由于事件发生在宿舍，在学生当中影响较大，事件的处理引起了较多学生的关注。因此，与当事同学进行沟通，尽快寻求解决办法是非常重要的。郭某在沟通过程中不退让的“索取”，是该事件渐渐陷入瓶颈的主要原因。因此在解决过程中，必须依据相关校规校纪，规范学生行为，并在处理完成后进行通报，在全体学生中开展警示教育。

3. 思路举措

（1）事发先就医，第一时间保证学生生命安全。在学生受伤的当刻，班长第一时间通知辅导员，辅导员第一时间赶往现场，同时拨打 120 急救电话，随后和学生干部一同将学生送往医院诊治，并垫付治疗费用，保证学生先进行治疗。同时，向学院的分管副书记进行汇报，并联系了家长，说明相关情况。

（2）与当事同学沟通，协商解决办法。

在双方协商划定赔偿与责任的过程中。郭某拒不配合，一直强调自己有亲属在法律机构工作，强调自己要求赔偿精神损失费、医药费、营养品费用以及伙食费，要求过分，态度恶劣。张某承认自己在受到人身伤害后反应过激，当面给郭某道歉，并主动要求承担郭某医保无法报销的部分医药费。此时，辅导员除调解外，更重要的是表明态度，说明两名同学同时违反校规校纪，并说明如何给两名同学划定处分，要依据个人的态度以及后续行为而定。

（3）依校规校纪，给予当事同学相应处分。双方当事人在了解学校相关规定以及校规校纪后，态度好转。后经大家沟通协商，以折中方式达成共识：张某负责赔偿郭某医保无法报销的部分医药费，向郭某道歉。郭某承认自己联系校外人员参与此事行为恶劣，对之前无理的要求进行了反思，并表示抱歉，与郭某握手言和。

（4）公示同学，进行警示教育。该事件发生在学生宿舍，在学生当中影响恶劣。后续处理过程中郭某的不配合在同学当中引起较大波动。因此，在最终决定下达之后，学院在集中晚点名时对此事件进行了通报，并将处分决定张贴至办公室通知栏，希望能够通过此事件警示大家。

（5）持续跟踪，化解矛盾促友谊。事件解决后，最重要的就是持续跟踪事件当事人的变化。青年学生年轻气盛，容易产生冲突，但也容易化解矛盾。

事件解决后，辅导员加强与学生的谈心谈话，行为引导，希望能够化解两人的矛盾并修复破裂的同窗情。

4. 经验启示

此案例发生在宿舍内，是因为学生之间的小矛盾引发了大冲突。冲突是人际交往中普遍存在的一种社会互动行为，在平时的思想政治教育当中比较常见，最重要的是“防微杜渐”。因此应该做到以下几点。

（1）以防为主。人际沟通的积极效果是建立良好、协调的人际关系。在平时的工作中，多注意宿舍同学间的相处关系，了解宿舍相处是否和谐，人际沟通是否良好，如果发生宿舍小矛盾，应尽快调节，尽快化解，将小矛盾化解在摇篮中，防止因为小矛盾激化引发大冲突。

平时要注重学生沟通能力的培养，从培养有助于人际沟通的积极品质，客服沟通中的心理障碍，确立良好的沟通方式，遵守沟通的行为规范等方面对学生进行沟通能力的培养，加强沟通训练，提高学生的交往能力。

（2）防治结合。由于每个人对人际关系的认识和态度不同，个人性格、社交技能和行为方式各异，人际冲突的处理策略和行为表现也会有所不同。正确认识和妥善处理冲突，有助于改善人际关系、增进身心健康。如果冲突处理不当，则会对人际关系及个体身心健康产生危害。

一旦发生此类事件，要结合教育心理学、大学生心理健康以及学生手册，对学生冲突行为进行有效处理。在加强沟通的同时严格按照校规校纪对事件当事人进行教育，合理应对冲突本身。

（3）建立正面影响。冲突并非只有负面影响，处理得当便能化阻力为动力。善用冲突处理策略是冲突管理的重要环节和手段，以使彼此对问题做出最佳的处理与安排，将冲突导向建设性的问题解决。

此类事件的发生，通常都在学生范围内影响较大，正确的处理方式对学生行为教育起着至关重要的作用。各种处理策略本身没有必然的优劣之别、好坏之分，每种处理策略都有其适宜适用的冲突情境。要善于根据具体情况灵活运用不同的冲突处理策略，审时度势，促使冲突得到建设性的解决，并在学生中形成良性影响，建立和谐的校园氛围。

5. 工作建议

（1）强化宿舍管理，预防冲突发生。

①建议：定期开展宿舍安全和文明教育：宿舍是学生生活和人际交往的主要场所，宿舍管理对学生的日常行为规范至关重要。高校应定期开展宿舍文明

生活和安全教育，向学生普及冲突管理和人际交往的相关知识，强调遵守宿舍管理规定的重要性。

②实施措施：每学期至少组织一次宿舍安全教育活动，内容包括宿舍行为规范、人际冲突的预防与处理、突发事件应对等。可以通过案例教学、座谈会、宿舍讨论等多种形式进行。

宿舍管理人员或辅导员应定期巡查宿舍，及时了解宿舍生活中是否有潜在矛盾或问题，防止冲突升级。

③预期效果：通过强化宿舍管理和教育，学生将能够更好地处理宿舍内的日常生活问题，减少因沟通不畅或小事激化而引发的冲突，营造更加和谐的宿舍氛围。

（2）加强沟通能力和情绪管理的教育。

①建议：引导学生掌握沟通技巧，避免冲突升级：许多宿舍冲突源于学生缺乏有效的沟通能力和情绪管理技巧。高校应通过开展专门的沟通技巧培训和情绪管理课程，帮助学生学会以理性、文明的方式处理日常生活中的分歧。

②实施措施：定期邀请心理健康专家、辅导员等举办沟通技巧和情绪管理的专题讲座，内容包括如何表达自己、如何倾听他人、如何在冲突中保持冷静等。

将沟通与情绪管理教育融入新生入学教育或班团建设活动中，帮助学生从一开始就树立良好的沟通意识和情绪控制能力。

③预期效果：学生通过掌握沟通技巧和情绪管理技能，能够更加有效地解决生活中的分歧，避免因冲动导致冲突升级。同时，学生将学会尊重他人、倾听不同意见，从而改善宿舍和班级的人际关系。

（3）完善校园安全事件的应急处理机制。

①建议：建立快速反应机制，确保事件第一时间得到控制：突发安全事件对校园安全和秩序有较大影响，高校应建立快速反应机制，确保在发生类似冲突时能够迅速采取措施，控制事态发展，保障学生安全。

②实施措施：成立校园突发事件应急小组，由辅导员、学生干部、保安、宿舍管理员等组成，一旦发生安全事件，能够快速反应并采取应急措施，如送医救治、报警处理等。制定应急预案，明确突发事件发生后的处理流程，包括学生报警、紧急联系相关部门、现场保护等。

③预期效果：通过完善应急处理机制，学校能够在突发安全事件发生时迅速应对，控制事态，减少学生冲突带来的伤害和影响，保障校园安全。

（4）加强心理健康支持与干预。

①建议：加强心理健康教育，建立持续的心理辅导机制：学生在日常生活中，可能因为性格差异、生活习惯、学业压力等因素出现心理问题。高校应加强心理健康教育，建立常态化的心理辅导机制，帮助学生在日常生活中预防并处理情绪困扰。

②实施措施：定期开展心理健康教育讲座或课程，普及心理健康知识，帮助学生识别和处理压力、焦虑等负面情绪。建立校园心理辅导热线或在线咨询平台，方便学生在遇到情绪问题时及时获得专业帮助，防止小问题演变为严重冲突。

③预期效果：心理健康支持机制的完善将帮助学生更好地管理情绪，减少冲突发生的可能性。通过心理辅导，学生能够在事件发生后获得有效的心理支持，促进人际关系修复。

（5）建立有效的学生反馈与沟通机制。

①建议：通过学生反馈机制及时发现问题，避免矛盾激化：高校应建立完善的学生反馈机制，及时掌握学生在生活、学习中遇到的问题，避免小问题演变为大冲突。同时，学生干部和宿舍管理人员应成为重要的沟通渠道。

②实施措施：建立宿舍矛盾排查和反馈机制，由学生干部、宿舍管理员定期收集学生意见，了解宿舍生活中的小矛盾、小问题，并及时反馈给辅导员或相关部门处理。

在校园内设立匿名意见箱或线上投诉平台，鼓励学生通过匿名方式反映问题，确保学生在不担心被报复的情况下表达意见。

③预期效果：通过有效的反馈机制，学校能够及时掌握学生之间潜在的矛盾和问题，避免问题积累到不可调和的地步，形成更加和谐的校园环境。

（6）开展警示教育，防止类似事件发生。

①建议：通过典型案例的警示教育，提升全体学生的安全意识：突发安全事件一旦发生，对校园内其他学生的行为具有很强的警示作用。高校应及时将典型事件进行通报，以增强全体学生的安全意识和行为自律。

②实施措施：在事件处理完成后，召开校园警示教育大会，或在班级会议中进行通报，说明事件的过程、处理结果以及对违规行为的处分，以此警示其他学生。在校内公告栏、官网、微信公众号等平台发布相关通报或案例分析，进一步强化对全校学生的警示作用。

③预期效果：警示教育能够让学生从他人的教训中吸取经验，提高自身的

法律意识和安全意识，从而在日常生活中更加谨慎，避免类似冲突的发生。

（7）重视事件后的长期跟踪与辅导。

①建议：持续跟踪事件当事人，促进人际关系的修复：冲突事件结束后，辅导员应继续跟踪事件当事人，帮助他们修复人际关系，防止矛盾在未来重现或恶化，确保当事人的心理状态和人际关系恢复正常。

②实施措施：在事件解决后，辅导员应定期与郭某、张某进行沟通，了解他们的心理状态，并引导他们进行关系修复。

开展团队协作活动，鼓励当事人积极参与班级或宿舍的集体活动，帮助他们逐步化解矛盾、修复关系。

③预期效果：通过长期跟踪和辅导，事件的负面影响将逐渐消除，学生的关系得以修复，进一步营造和谐的宿舍和班级氛围。

（8）建立多元文化背景下的包容性教育。

①建议：通过文化包容性教育，促进学生之间的相互理解：高校是一个多元文化交汇的地方，学生来自不同的地区、背景，生活习惯和文化观念存在差异，容易引发误解和冲突。高校应通过包容性教育，帮助学生理解和尊重彼此的差异，增进跨文化交往中的包容性。

②实施措施：开展多元文化交流活动，鼓励来自不同文化背景的学生分享他们的生活方式和习俗，让学生更加理解和尊重他人的文化差异。

在新生入学教育和宿舍管理培训中加入文化包容性教育，特别是强调来自不同地方和文化背景的学生如何相互尊重、理解和相处。

③预期效果：通过包容性教育，学生能更加尊重彼此的差异，减少因文化背景不同而引发的冲突，提升校园的整体和谐度。

（9）提供冲突管理与调解技能培训。

①建议：为学生干部提供冲突管理和调解培训：学生干部和宿舍管理人员经常处于处理学生纠纷的第一线，他们的调解和管理能力直接影响到冲突的化解效果。高校应为学生干部提供冲突管理与调解的专门培训，以便他们在类似事件中更有效地发挥作用。

②实施措施：每学期组织一次冲突管理与调解培训课程，针对学生干部、宿舍长等关键角色，培训内容包括识别冲突前兆、调解技巧、化解紧张局势的策略等。

通过模拟场景训练，增强学生干部在冲突情境中的应对能力，提高他们化解矛盾的实际操作能力。

③预期效果：学生干部通过掌握冲突管理技巧，能够在冲突发生初期进行有效干预，避免小冲突激化，确保校园和宿舍的稳定与和谐。

（10）建立校园和宿舍的安全风险评估体系。

①建议：定期开展安全风险评估，及时预防潜在冲突：高校应建立安全风险评估体系，通过定期评估学生宿舍、校园生活环境中的潜在风险，提前发现可能引发冲突的因素，从而制定预防措施。

②实施措施：定期进行宿舍安全风险评估，包括生活设施、安全设备、人际关系等，发现宿舍中可能引发矛盾的因素，如卫生问题、设施不完善、宿舍成员之间的关系紧张等。

对于评估中发现的潜在问题，学校应尽快采取相应的解决措施，例如加强宿舍卫生管理、修缮设备，或进行宿舍成员的沟通与调解。

③预期效果：通过定期的安全风险评估，学校能够提前发现潜在的矛盾或冲突因素，采取主动干预措施，减少宿舍矛盾发生的概率。

（11）引入和推广学生志愿调解员制度。

①建议：引入学生志愿调解员制度，发挥同龄人之间的影响力：高校可以建立“学生志愿调解员”制度，选拔具备沟通能力和解决问题能力的学生作为志愿调解员，帮助处理宿舍或班级中的小矛盾。这类学生志愿者往往与冲突双方年龄、经历相近，能够更好地理解和化解学生之间的矛盾。

②实施措施：招募并培训一批学生志愿调解员，专门负责处理学生之间的小型纠纷或宿舍矛盾。他们可以协助辅导员或宿舍管理员，缓解矛盾并进行初步的调解。

通过案例分析和角色扮演等方式，对志愿调解员进行调解技巧培训，确保他们能够有效处理矛盾，并及时向辅导员反馈情况。

③预期效果：学生志愿调解员的引入有助于在学生之间建立更自然的沟通桥梁，增加矛盾化解的有效性，并通过同龄人之间的调解提升调解效果，减少校园内的冲突发生率。

（12）推动学生行为规范的自我约束机制。

①建议：鼓励学生通过班级和宿舍自治，促进自我管理：高校可以通过鼓励学生在班级和宿舍中建立自我约束机制，使学生成为行为规范的监督者与执行者，培养学生的自律意识和集体责任感。

②实施措施：推动班级、宿舍自治委员会的设立，通过民主选举产生学生代表，负责监督宿舍纪律、促进班级与宿舍的团结和谐。学生可以共同制定宿

舍规则，并通过集体协商的方式解决内部矛盾。

定期组织班级会议或宿舍会议，让学生对日常生活中遇到的问题进行讨论和反馈，并在学生之间寻找解决方案，增强学生的集体荣誉感和责任意识。

③预期效果：自我约束机制的建立有助于增强学生的责任感和纪律意识，使他们更加主动地遵守宿舍规范、解决冲突，减少学校强制干预的需求，提升宿舍自治能力。

（13）加强家校沟通，构建和谐管理环境。

①建议：加强家校沟通，防止外部因素影响校园矛盾解决：冲突事件中，外部家庭因素的介入有时会加剧矛盾。高校应通过加强家校沟通，构建合作机制，防止家庭成员过度干预校园管理事务。

②实施措施：定期通过家长会、家校沟通平台等方式，向家长普及学校的管理规则和解决学生冲突的基本原则。强调家长应尊重学校的处理程序，减少外部因素的干扰。

在发生冲突时，辅导员应主动与学生家长保持沟通，向其说明学校处理事件的进展，争取家长的理解与支持，防止因家长不满而产生更复杂的矛盾。

③预期效果：加强家校沟通能够帮助学校在处理冲突事件时获得家长的支持，避免家庭成员的过度干预，确保学校对事件的控制权，促进事件的顺利解决。

高校学生管理还可以通过多元文化包容教育、学生干部冲突管理培训、安全风险评估、规范外部力量介入、引入学生志愿调解员、推动学生行为自我约束、加强家校沟通等措施，进一步提升校园冲突管理的系统性和有效性。这些措施不仅有助于预防和化解学生之间的矛盾，还能增强学生的自我管理能力，促进校园和宿舍的和谐与安全。

第六章

社会安全教育：校外活动中的风险管理与理论实证

一、社会安全教育的理论建构与实践维度

（一）社会安全教育的定义与意义

社会安全教育，作为一种教育形式，旨在通过系统化的教学内容与方法，提高大学生的社会安全意识、风险防范能力与应急反应能力。其核心目标不仅仅在于提升学生个体的安全素养，还在于通过个体的安全意识转化为群体乃至社会层面的安全保障，从而确保社会秩序的稳定与社会公共安全的提升。在新时代的背景下，随着社会风险多样化与社会关系复杂化，大学生的社会安全教育愈加重要。

（二）社会安全教育的理论依据

社会安全教育的理论依据来源于多个学科的交叉与融合，主要包括社会学理论、心理学理论、法治理论、教育学理论等。每一理论领域在具体的社会安全教育实践中均有着重要的指导作用。

1. 社会学理论

社会学视角强调个体与社会之间的相互作用，特别是在社会安全层面，个体的行为与社会结构、社会制度密切相关。埃米尔·杜尔凯姆曾提出，社会的稳定依赖于社会规范和集体意识的维护。在此理论框架下，社会安全教育不仅关注个体行为的规范化，还强调社会集体行为的协调与合规性。因此，社会安全教育的最终目标是通过对大学生的社会行为规范教育，促进社会公共安全的提高。

2. 心理学理论

心理学理论为社会安全教育提供了情感与认知方面的支持。根据贝尔赫·斯金纳（B. F. Skinner）行为主义理论，行为的改变来自于对外界环境刺激的适应。在社会安全教育中，行为主义理论能够指导如何通过奖惩机制、模拟训练等手段改变学生的安全行为，提高其对安全风险的识别能力与应急反应能力。而根据阿尔伯特·班杜拉（Albert Bandura）的社会学习理论，大学生通

过观察他人的行为、结果以及社会规范的互动，从中学习并内化安全行为。因此，心理学为社会安全教育提供了对行为和心理状态的双重调控。

3. 法治理论

法治理论特别强调通过法律手段保障社会安全。在我国法治建设逐步推进的过程中，法律教育成为社会安全教育的重要组成部分。根据法治理论，社会安全教育不仅要普及安全知识，更要强化大学生对国家法律体系的认同与遵循。例如，宪法、刑法、治安管理处罚法等相关法律在保障社会安全方面的作用，应成为大学生学习的重要内容。此外，互联网法律、网络安全法等新兴领域的法律规范也需要在社会安全教育中予以特别重视。

4. 教育学理论

教育学理论对社会安全教育的体系化、规范化与实践性提出了要求。教育学者如约翰·杜威（John Dewey）提出的“教育即生活”的理念，强调教育不仅要传授知识，更要帮助学生形成应对现实世界复杂问题的能力。在新时代背景下，社会安全教育应注重理论与实践的结合，采用情境教学法、案例分析法等多样化的教学方法，使学生在具体情境中理解与应用安全知识。

（三）社会安全教育的目标

新时代大学生的社会安全教育目标应当紧密结合社会发展的新需求与大学生成长的实际情况，体现出以下几个方面的教育目标。

1. 增强社会安全意识

在新时代背景下，社会的快速发展与信息技术的不断进步带来了诸多新兴的安全隐患，例如网络安全问题、社会治安问题、环境安全问题等。因此，社会安全教育的首要目标是增强大学生的社会安全意识，尤其是在网络安全、心理安全、交通安全等方面的认知能力。通过教育，引导学生形成对社会安全问题的敏感度，使其能够在多变的社会环境中主动识别和应对潜在的安全风险。

2. 提升应对突发事件的应急处理能力

大学生正处于价值观、世界观、人生观逐步成型的关键时期，对突发事件的反应常常受限于个人经验与社会知识的不足。社会安全教育需要通过模拟演练、危机管理等方法，增强学生面对突发事件时的应急处理能力，确保他们能够迅速、有效地作出反应，保护自身及他人的安全。此类教育不仅包括物理安全领域的应急措施（如自然灾害、火灾等），还应涵盖心理危机干预、信息安全等方面的应急预案。

3. 培养法治意识与社会责任感

新时代的大学生作为未来社会的建设者与领导者，必须具备强烈的法治意识与社会责任感。社会安全教育的目标之一便是帮助学生理解法律的重要性，增强其对法律规范的遵循意识。在此基础上，教育还应激发学生对社会公共事务的参与意识，促使其主动承担社会责任，关注社会安全问题，参与到社会治理与公共安全的维护中。

4. 提升社会适应力与社会认同感

在快速变化的社会环境中，大学生面临着来自家庭、学校、就业市场等多方面的压力。社会安全教育应帮助大学生理解和适应社会环境中的各种变化，培养他们的心理调节能力与社会认同感。在这一过程中，通过对社会安全问题的深入分析与讨论，学生能够更好地理解社会的整体运行机制，形成对国家与社会的认同，增强个人在社会中的归属感与安全感。

通过社会学、心理学、法治学及教育学等理论的支撑，新时代大学生的社会安全教育不仅要传授必要的知识技能，更要注重培养学生的综合素质，使其能够在复杂多变的社会环境中主动识别、分析和解决安全问题。新时代的社会安全教育应当深刻融入大学生的日常学习与生活实践，帮助学生树立安全意识，提升应急能力，增强社会责任感，从而为社会的和谐与稳定作出积极贡献。

（四）社会安全教育的实践维度

随着全球化和信息化进程的加速，社会安全问题日益复杂，特别是在高校这一特殊的教育环境中，安全教育显得尤为重要。高校不仅是知识传播的场所，更是学生社会化的重要阶段。如何通过有效的安全教育提升大学生的安全意识、应对能力和责任感，已成为教育工作中的一项重要任务。本部分从校园安全教育的实践路径、社会安全教育与社会实践结合以及信息化背景下的社会安全教育创新三个维度，深入探讨社会安全教育的实践路径及其创新方向。

1. 校园安全教育的实践路径

高校的安全教育不仅限于物理层面的校园安全，还应覆盖到心理安全、网络安全等多个领域。如何在大学校园内有效开展安全教育，培养学生的安全意识，是一个多维度的任务。根据教育学研究，学生的安全意识可以通过多样化的教育手段得到有效提升。

（1）教育内容的全面整合：高校的安全教育应包含交通安全、心理健康、消防安全、突发事件应对等多方面内容。例如，交通安全教育不仅限于交通规则的讲解，还应结合案例分析，让学生理解交通事故发生的深层次原因，从而引发更深的思考。心理健康教育更是当代高校不可忽视的重要领域，心理问题在大学生中逐渐呈现出年轻化、复杂化的特点。通过系统的课程安排，将心理健康教育与安全教育融合，为学生提供及时有效的心理疏导，成为校园安全教育的重要组成部分。

（2）多元化教育方式的实施：传统的安全教育往往依赖单一的讲座或课堂教学，而缺乏实践性和互动性。现代教育理论强调学习的情境化与体验式，安全教育也应遵循这一思路。高校可以通过情境模拟、角色扮演等活动，让学生在实际操作中体验安全问题。例如，模拟消防演练、心理危机干预演练等，不仅能够让学生提高实际应对能力，还能激发他们的参与兴趣。在一些高等院校，VR（虚拟现实）技术已被应用于安全教育，通过模拟突发事件来增强学生的应急反应能力。

（3）教育资源的有效整合：高校不仅要依靠内部的资源，还应积极与社会机构合作，构建外部资源支持体系。公安、消防、医院等社会资源可以为高校提供更专业的安全教育内容和形式，帮助学生全面了解社会安全问题。通过与社会力量的联动，学校能够为学生提供丰富的实践机会，如参与社会安全志愿服务、社区安全防范等活动，帮助学生在现实社会中应用所学的安全知识，增强他们的社会责任感与实际操作能力。

2. 社会安全教育与社会实践结合

社会安全教育的核心是将理论知识与社会实践结合，通过真实的社会情境，让学生深刻理解安全问题的复杂性与严峻性。在这一过程中，大学生不仅需要接受课堂上的理论教育，更需要在社会实践中体验并加以运用。只有通过社会化的教育方式，学生才能真正做到“学以致用”。

（1）校外实践活动的开展：高校可以通过与社会组织、地方政府等的合作，组织学生参与社会安全教育的实践活动。这些活动包括社区安全宣讲、志愿者服务、灾后重建等，让学生在亲身参与中理解社会安全的多维度和复杂性。根据社会学的观点，社会实践不仅能够培养学生的实践能力，还能够强化其社会责任感。例如，参与交通安全宣传活动，可以让学生直观地了解到交通事故发生的原因，并通过与社区居民的互动，提升其安全意识。

（2）社会安全问题的实践体验：高校应当将安全教育与社会实际问题结合，提供更多的实践体验机会。例如，通过与公安、消防等部门的合作，学生可以参与到应急救援、火灾逃生演练等活动中。在这些活动中，学生不仅能够学习到基础的安全常识，更能够在面对突发事件时，学会如何快速、冷静地进行应对。此外，学生还可以通过实地调研、社区走访等形式，了解社会中存在的不同类型的安全隐患，从而更加深刻地认识到安全教育的重要性。

（3）大学生安全文化的传播：安全教育不仅仅是学生个人的问题，更是全社会共同关注的话题。高校应当通过安全教育活动，积极推动安全文化的传播。学生不仅是安全知识的接受者，也是安全文化的传播者。通过组织安全主题的文艺活动、知识竞赛、社交媒体宣传等，学生可以将安全教育的成果传播到更广泛的群体中，提升社会整体的安全意识。例如，一些高校通过举办“校园安全月”活动，组织学生参与安全知识讲座、消防演练等，不仅增强了学生的安全意识，也促进了校园内外对安全问题的关注和讨论。

3. 信息化背景下的社会安全教育创新

信息化时代的到来为社会安全教育带来了新的机遇和挑战。大数据、人工智能、物联网等新兴技术在提高教育效率、创新教育方式方面发挥着重要作用。高校应积极利用这些技术手段，为学生提供更加个性化、精准化的安全教育内容。

（1）大数据驱动的安全教育：大数据技术的应用使得高校能够通过对学生行为、学习和生活数据的收集与分析，识别出学生在安全方面的潜在问题。例如，通过分析学生的网络行为，学校能够提前发现网络安全风险，并为学生提供个性化的安全教育内容。大数据还可以帮助学校评估安全教育活动的效果，从而优化教育策略，确保教育的针对性和实效性。

（2）智能化教育平台的建设：随着云计算、人工智能技术的发展，智能化的安全教育平台成为高校创新教育的重要手段。这些平台不仅能够根据学生的兴趣和需求提供定制化的安全教育内容，还能够通过互动式学习、在线模拟等形式，提升学生的学习体验。例如，某些高校已经使用虚拟现实（VR）技术创建了模拟火灾、地震等应急场景，学生可以通过这种沉浸式的体验来提升应急处理能力。

（3）网络安全教育的强化：信息化背景下，网络安全已经成为大学生面临的一个重大问题。高校应加强对学生的网络安全教育，帮助学生提高防范网络诈骗、个人信息泄露等方面的意识。通过开设网络安全课程、组织网络安全竞赛等形式，学校不仅能够提升学生的网络安全意识，还能够帮助他们掌握一定的网络安全防护技能。例如，某些高校已经通过线上平台推行网络安全学习，学生可以通过在线课程和互动题库，随时随地获取最新的网络安全知识。

(4) 社交媒体与安全教育的融合：在信息化时代，社交媒体成为学生日常生活的重要组成部分。高校可以利用社交媒体平台，向学生传递安全教育信息。通过微博、微信等社交平台，学校可以发布安全警示、推送安全知识，甚至通过线上问答、讨论等方式，与学生进行互动，增强其参与感和安全意识。

社会安全教育的实践不仅仅依赖于传统的课堂教学，更需要通过创新的教育模式与社会实践相结合，尤其是在信息化的背景下，借助大数据、人工智能等新技术的支持，安全教育的实施变得更加精准和个性化。通过多元化的教育路径，高校能够培养出更具安全意识、更具应对能力的大学生，为社会的和谐稳定做出积极贡献。

(五) 教育效果的评估与持续改进

社会安全教育的效果评估是确保教育质量和提升教育实效性的重要环节。随着教育目标和社会需求的不断变化，评估机制也需要不断调整和完善，以便更好地反映教育成果并及时改进。以下内容重点探讨了教育效果的评估机制以及持续改进的方向。

1. 教育效果评估机制

为了全面了解社会安全教育的实施效果，高校应建立多维度的评估体系，系统评估教育内容、教育方式以及教育结果的达成情况。评估不仅要注重学生的学习成果，还要关注教育过程中的互动性、实践性等因素。以下是教育效果评估机制的关键组成部分（见图 6-1）。

(1) 教育内容评估：教育内容的评估主要关注其全面性、时效性和适应性。高校应定期对安全教育课程进行评审，确保内容覆盖广泛且符合当前社会安全问题的需求。例如，网络安全、心理健康和交通安全等是大学生面临的重要安全问题，因此相应的课程内容需要及时更新，以反映新兴的社会安全风险。

(2) 全面性评估：课程是否涵盖了大学生生活中可能遇到的所有安全领

域，如心理安全、网络安全、社会安全等。

（3）时效性评估：课程内容是否及时反映了当前社会和技术环境的变化，如针对网络诈骗、虚拟现实安全等新兴问题进行更新。

（4）适应性评估：教育内容是否与大学生的实际需求和兴趣相契合，能否激发学生的学习动力与兴趣。

（5）教育方式评估：高校应对安全教育的教学方法进行评估，以确保教育方式的多样性和适应性。单一的讲授模式难以吸引学生参与，而情境模拟、互动式教学等创新方式更能提高学生的参与度和实效性。

（6）互动性评估：学生在安全教育过程中是否积极参与，课堂是否提供足够的互动机会，例如小组讨论、案例分析和角色扮演等。

（7）实践性评估：教育是否注重实践环节，学生是否能通过模拟演练和社会实践提升实际应对能力。例如，开展实地消防演练、急救训练等，以增强学生的应急处置能力。

（8）教育结果评估：评估教育成果是否达到了预期目标，学生是否能够理解和掌握安全知识，并能够在实际生活中运用。这一评估不仅仅是通过考试成绩来衡量，更要注重学生的行为改变和应急反应能力的提升。

（9）知识掌握评估：学生是否能够掌握安全教育的基本知识，并能够在日常生活中应用这些知识来避免或应对潜在的安全风险。

（10）行为改变评估：学生是否能够在面对真实的安全事件时，做出有效的应急反应。例如，通过对学生的调查问卷、访谈等形式，了解他们在实际生活中的安全行为变化。

（11）应急反应能力评估：学生是否能够在遇到突发事件时，快速、冷静地做出应急反应，是否具备应对突发事件的能力。

（12）评估工具的多样化：在评估过程中，除了传统的考试和问卷调查，还可以引入多种评估工具，如大数据分析、行为跟踪、情境模拟等，以获得更加全面和精确的评估结果。比如，通过智能教育平台追踪学生在参与在线课程、模拟训练中的表现，能够评估其学习效果并及时提供反馈。

2. 持续改进的方向

为了不断提高社会安全教育的质量和效果，高校必须建立完善的持续改进机制，确保安全教育与时俱进。持续改进可以从以下几个方面进行。

（1）教育内容的动态更新：高校应定期对教育内容进行审查和更新，确

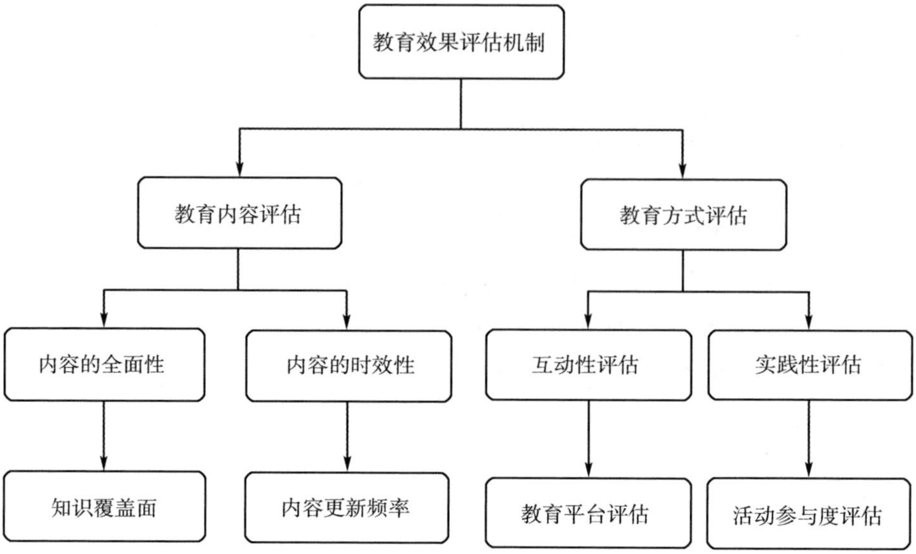

图 6-1　教育效果评估机制

保其紧跟社会安全形势的变化。随着网络犯罪、心理健康问题等社会问题的日益严重，安全教育的内容也应不断丰富与更新。例如，可以引入新兴的安全威胁，如网络暴力、信息泄露等，及时调整课程内容，增加与学生日常生活相关的安全知识。

（2）定期课程更新：根据社会安全需求，定期修订课程大纲，引入新兴安全问题的知识。

（3）专家参与：邀请安全领域的专家学者参与课程设计，确保教育内容的权威性和前瞻性。

（4）教育方式的创新与多样化：教育方式需要随着教学技术的发展而不断创新。高校可以结合 VR/AR 技术、在线教育平台等新兴手段，设计更加生动、互动和沉浸的学习体验。此外，情景模拟、案例分析和互动式讲座等教学方式也应被广泛采用，以提高学生的参与感和兴趣。

（5）技术驱动的教育创新：引入虚拟现实、人工智能等技术，进行沉浸式学习，提升学生的应急处理能力。

（6）多元化学习途径：通过线上课程、实地演练和社会实践等方式，提升学生的实践能力和应急反应能力。

（7）评估机制的完善与智能化：评估机制本身也需要进行持续改进，特别是在信息化技术的支持下，评估的精准性和个性化可以得到大幅提升。高校可以通过大数据分析、智能教育平台等技术，收集学生的学习和行为数据，进行精确评估，并根据评估结果调整教育内容与方式。

（8）数据驱动的评估：利用大数据分析学生的行为和学习进度，进行个性化评估。

（9）实时反馈机制：建立实时反馈系统，根据学生的学习表现，快速调整教育策略，提升学习效果。

（10）社会实践与合作机制的深化：高校应加强与社会各界的合作，拓宽学生的社会实践平台。通过与公安、消防、心理咨询机构等合作，开展更广泛的实践活动，帮助学生在实际情境中提升应急处置能力。

（11）校外合作拓展：建立与社会机构的长期合作关系，组织学生参与社区安全演练、志愿服务等活动。

（12）跨学科合作：整合多学科资源，如心理学、社会学、法学等，推动多角度、多领域的安全教育合作。

通过这些持续改进的措施，社会安全教育能够不断提升其效果，不仅帮助大学生提高安全意识和应对能力，更能为社会培养更多具有责任感和应急能力的公民。

二、大学生社会实践活动的安全风险评估模型

随着大学生社会实践活动的日益广泛，如何科学、系统地评估其中的安全风险，已成为一个亟待解决的重要问题。大学生社会实践活动的安全风险评估，不仅涉及活动本身的风险评估，也涵盖了参与者、组织者以及外部环境等多个因素。因此，建立一套合理的评估模型，具有十分重要的理论和现实意义。

（一）安全风险评估模型的构建框架

1. 风险因素识别维度

风险因素识别是构建安全风险评估模型的首要步骤。通过识别和分析可能存在的风险因素，可以更好地理解和应对潜在的安全威胁。大学生社会实践活

动的风险因素可以从以下几个层面进行划分。

（1）活动类型风险：社会实践活动的性质和内容直接影响其安全性。不同类型的社会实践活动涉及不同的风险。例如，劳动密集型活动（如建筑工程、农田作业等）往往伴随着较高的物理伤害风险，而理论性调研或学术交流型活动则主要面临较低的物理安全风险，但可能面临心理压力、信息泄露等非物理风险。因此，在活动类型风险的识别过程中，需要对活动的性质、复杂性和参与者的实际操作情况进行详细分析。

（2）参与者行为风险：参与者的行为和个体差异是社会实践活动中不可忽视的风险因素。大学生的安全意识、应急反应能力、身体健康状况、心理素质等因素都可能影响活动的安全性。例如，缺乏安全常识、过度自信或对危险情境的认知偏差，都会增加发生意外的可能性。此外，社会实践活动中的团队协作模式、领导和成员之间的互动也可能影响活动的整体安全性。

（3）外部环境风险：外部环境因素是指与活动本身无关，但会对活动安全产生重大影响的因素。这些因素包括但不限于活动地点的自然环境、气候变化、交通状况、社会治安等。例如，在户外实践活动中，恶劣天气、突发自然灾害等环境变化可能造成严重后果；在城市实践活动中，交通事故、治安问题等也是重要的安全隐患。

2. 风险评估模型的量化维度

风险评估的量化维度主要集中在对风险可能性和后果的定量评估，以及应急响应能力的评价。这一维度是安全风险评估的核心，其目的在于通过量化手段对风险的性质、程度进行科学衡量，为制定针对性的管理策略提供依据。

（1）风险可能性（P）：风险可能性是指某一特定安全事件发生的概率。在大学生社会实践活动中，不同的风险因子发生的概率是不同的，因此必须对每个风险因子的发生概率进行定量评估。通常，风险可能性可以用一个数值来表示，范围为 0 到 1，0 表示完全不可能发生，1 表示事件必然发生。评估风险可能性时，可借助历史数据、专家判断、类似事件的统计分析等手段。

（2）风险影响程度（C）：风险影响程度是指某一特定安全事件发生后所导致的后果严重性。在大学生社会实践活动中，不同类型的安全事件对学生的生命健康、心理状态、社会声誉等方面的影响程度差异巨大。影响程度通常可以分为多个等级，如 1 级（影响较小）、2 级（影响中等）、3 级（影响较大）、

4级（影响严重）等。影响程度的评估可以通过专家评审、模拟事故分析等方式进行。

(3) 应急反应能力（R）：应急反应能力是指在安全事件发生时，组织者和参与者对事件的应急处理能力及其有效性。有效的应急反应不仅能够降低风险事件的发生概率，还能减轻风险事件对参与者带来的负面影响。在风险评估模型中，应急反应能力是一个重要的变量，通常可以通过制定详细的应急预案、组织演练、提升应急管理人员的能力等手段来进行提升。

3. 风险预防与应对措施维度

风险预防与应对措施维度是指在识别和评估风险的基础上，采取科学合理的措施来预防和减少风险发生的概率，并在发生风险事件时进行有效的应对。此维度可以通过以下几个方面进行具体分析：

(1) 前期准备：在社会实践活动开始之前，组织方应进行全面的风险识别、评估和预防工作。这包括对活动的性质、参与者的安全意识和能力、外部环境的分析等，及时制定应急预案并进行风险防控措施的部署。例如，针对交通事故风险，可以加强交通安全教育和出行指导；针对极端天气风险，可以选择合适的时间和地点进行活动。

(2) 实时监控：活动进行过程中，组织方应通过实时监控和动态调整来降低风险。实时监控可以包括对活动现场的安全检查、对学生健康状况的监控等。监控机制应确保及时发现安全隐患，并采取有效措施进行干预。例如，在户外实践中，实时监控天气变化，及时调整活动安排；在校内实践中，监控学生的情绪和健康状况，防范心理压力过大导致的安全事故。

(3) 事后总结与反馈：在活动结束后，组织方应进行安全事件的总结和反馈，分析活动中的风险发生原因，评估应急反应的有效性，提出改进意见。这一环节的目标在于为后续的社会实践活动提供经验教训，并优化风险管理机制。例如，针对某一具体安全事件，可以通过问卷调查、访谈等方式，收集参与者的意见和建议，从而为未来的活动提供指导。

通过上述三大维度的细化描述，我们能够为大学生社会实践活动的安全风险评估提供一个全面的理论框架。这一框架不仅有助于在活动前识别潜在的安全风险，也为活动中的动态调整和事后总结提供了指导。通过系统化的风险评估和科学的应急反应机制，可以有效提高大学生社会实践活动的安全性，确保参与者的身心健康和活动的顺利进行。

(二) 量化模型与评估指标

安全风险指数（Safety Risk Index，SRI）是一种综合性指标，它通过量化每个潜在风险的可能性、影响程度以及应急反应能力的有效性，来评估整体活动的安全风险水平。该指数的来源是经典的风险评估理论和方法，如风险矩阵分析和加权评分法，并结合社会实践活动的特点，设计出适应性强、操作性高的风险评估模型。

通过构建安全风险指数，可以将不同维度的风险因素以数值化的方式进行综合评估，从而帮助活动组织者制定更加科学和有针对性的安全管理策略。根据以上框架，模型的核心内容可以量化为以下几类评估指标：

1. SRI 公式的重要评估维度

（1）风险发生的可能性（P）：即某一风险因素发生的概率，通常是通过历史数据、专家判断等方法来评估。

（2）风险影响的严重性（C）：即一旦某一风险事件发生，其后果的严重程度。这可以通过预估事件对参与者安全、活动目标、声誉等方面的影响来定性或定量地评估。

（3）应急反应的有效性（R）：即活动组织者和参与者应对安全事件的能力，反映了组织对潜在风险的应急预案和响应能力。

这些维度的评估结果将根据不同的加权标准被综合到一个最终的安全风险指数（SRI）中，从而得出活动的整体风险水平。

综合这三个因素，可以得到一个综合的安全风险评估结果：

$$SRI = \sum_{i=1}^{n} P_i \times C_i \times (5 - R_i)$$

其中：P_i——第 i 个风险因子发生的概率，取值范围为 0，1，其中 0 表示该风险不可能发生，1 表示该风险必然发生。这个值通常根据历史数据、专家判断或情景分析来确定。

C_i——第 i 个风险因子发生后带来的影响严重性，通常以 1 到 5 的等级表示（1 为低，5 为高）。具体的影响内容可能包括生命安全、身体健康、财产损失、活动效果等。

R_i——第 i 个风险因子的应急反应能力，取值范围为 1 到 5，表示从“完全无效”到“非常有效”的反应能力。该值反映了应急预案的完善程度、组织方的应急响应能力以及参与者的应急意识的能力。

2. 安全风险指数的实际应用

通过计算每一个潜在风险的风险值，并累加得到整体的安全风险指数，可以清晰地了解一个社会实践活动的安全风险水平。活动组织者可以根据该指数的高低，采取不同的预防和应对措施。例如，当 SRI 值较高时，可能需要增加风险预防和应急响应措施，加强对参与者的安全教育，甚至重新评估活动的可行性；而当 SRI 值较低时，可以采取常规的风险管理手段，确保活动顺利进行。

安全风险指数的构建为大学生社会实践活动提供了一种定量的风险评估方法，能够帮助活动组织者全面、科学地了解活动的安全风险，并采取相应的预防与应对措施。通过合理运用该模型，活动管理者可以有效降低安全风险，确保社会实践活动的顺利、安全进行。

（三）风险管理策略与实施

1. 安全文化建设与风险管理的结合

安全文化建设是风险管理的核心组成部分，是提升全员安全意识和行为的重要途径。在新时代大学生安全教育的背景下，强化大学生的安全文化教育，不仅帮助他们在社会实践活动中识别潜在的风险因素，还能提升其应对突发安全事件的心理素质和应急反应能力。

策略一：培养安全文化意识。

在大学生社会实践活动中，安全教育的目标是将安全文化内化为学生的自觉行为。通过系统的安全培训和安全意识提升，帮助学生认识到安全是社会实践活动中的基石，而不仅仅是应急处理的“后备方案”。可以通过课堂讲授、专题讲座、线上学习平台等多种形式，普及安全知识，特别是强调交通安全、心理健康、自然灾害预防等重要内容。此外，还应鼓励学生参与组织和策划安全教育活动，形成校园内外共同推动的安全文化氛围。

策略二：建立安全教育体系。

为增强学生的安全意识，大学应建立科学的安全教育体系，全面涵盖预防、识别、响应和恢复等方面。通过设置课程、举办主题活动等形式，将安全教育融入到大学生的日常生活中。比如，社会实践前可开展针对性的安全教育课程，通过案例分析、互动讨论等形式，使学生从理论到实践都能感知到安全的重要性，并为实践活动中的潜在风险做好心理准备。

2. 基于风险管理理论的安全预防与评估

基于风险管理理论，大学生社会实践活动的安全管理应采取科学的前期预防和动态评估策略。风险管理的核心是“预防为主，控制为辅，应急为补”，即通过识别潜在风险并制定相应预防措施，尽量避免风险的发生；当风险发生时，通过控制措施减少损失；最后，在应急阶段通过快速反应来最大化减轻负面影响。

策略三：全面风险评估与预警机制。

在大学生社会实践活动开展之前，学校应组织多方专家对活动的潜在风险进行全面评估。通过细化活动的每一个环节，识别出可能的安全风险，并根据风险发生的概率、影响的程度和应急处理的有效性，制定相应的应急预案。学校应建立定期评估和动态调整机制，及时对活动进行安全检查，确保活动过程中没有忽视的风险隐患。

例如，针对外出实习的学生，可以提前与当地政府、企事业单位及相关社会组织进行沟通，获取当地的安全预警信息（如天气预警、治安状况等），并在活动开始前为学生提供有关的安全知识和应急准备。

策略四：强化安全监控与实时干预。

在活动过程中，风险管理不仅依赖事前的规划，还需要建立有效的实时监控机制。通过配备专门的安全负责人和监控人员，实时跟踪学生的活动情况，提前发现并处理潜在的风险隐患。可以使用信息技术手段，如通过手机 App、卫星定位系统等，监控学生的活动轨迹，确保他们在安全区域内活动。

3. 应急管理与危机干预

应急管理是风险管理中的重要环节，它要求在突发安全事件发生时，能够及时启动应急预案，快速响应并有效处置。对于大学生社会实践活动，学生们的应急反应能力和危机管理能力通常较为欠缺，因此强化应急管理培训是十分必要的。

策略五：完善应急预案与演练体系。

在社会实践活动的组织过程中，必须提前制定完善的应急预案。这些预案应包括具体的应急措施、责任分工、联系方式、物资保障等内容，确保在突发事件发生时，能有序、高效地进行处置。学校应定期组织应急演练，模拟常见的突发事件（如自然灾害、突发疾病、交通事故等），让学生了解应急响应的流程，提升其应对突发情况的心理素质和实际能力。

例如，可以在寒暑假或学期初，组织一次大规模的应急演练，模拟学生外出社会实践时可能遇到的自然灾害（如台风、暴雨等）或健康危机（如中毒、突发传染病等），通过实际演练帮助学生掌握基本的自救与互救技能。

策略六：加强危机干预与心理支持。

社会实践活动不仅涉及物理安全，还涉及心理健康。在活动过程中，学生可能面临压力过大、孤独感、适应困难等心理问题，尤其是长时间离开校园，进入陌生的社会环境。因此，学校在实施风险管理时，必须强化心理支持与危机干预。通过心理咨询服务、团体心理辅导等方式，帮助学生调整情绪，缓解心理压力，增强其应对困难和挑战的能力。

在突发心理危机事件中，学校应迅速启动心理干预机制，组织心理专家和辅导员对学生进行疏导，帮助他们尽早恢复心理平衡。

4. 全员参与与跨部门合作机制

风险管理的成功实施离不开学校各部门、学生和社会各界的共同努力。通过建立跨部门的协同机制，确保信息流通、资源共享和责任落实。

策略七：建立跨部门协同机制。

学校应成立专项安全管理小组，联合各职能部门（如学生处、校医院、后勤保障部等）共同参与活动的安全管理工作，确保每个环节都有人负责，形成全员参与的安全管理体系。在社会实践活动的实施过程中，各部门应及时沟通，协调资源，确保学生的安全得到全方位的保障。

此外，学校还应加强与地方政府、企事业单位及其他社会组织的合作，共同构建大学生社会实践活动的安全保障体系。

在新时代大学生安全教育的框架下，通过科学的安全管理策略和实施方案，可以有效提高大学生社会实践活动的安全性。通过加强安全文化建设、风险评估与预警机制、应急管理体系的完善，并与学校各职能部门和社会各界形成跨部门协作机制，可以确保学生在参与社会实践活动过程中既能收获知识与经验，又能保障身心安全，从而实现教育目标的最大化。

（四）理论实证与数据支持

1. 理论实证的来源依据

理论实证是指通过实际案例、实地调研或实验研究等方式，将理论模型和方法应用到实践中，并验证其准确性、有效性和适应性。在本章节中，理论实证的主要来源依据可分为以下几个方面。

（1）风险管理理论：风险管理理论为本研究提供了系统的框架，帮助理解和分类不同类型的安全风险，并为评估模型的构建提供了理论支持。该理论强调通过识别、评估、控制和监测等步骤，管理和控制风险。实践中，诸如 ISO 31000（国际标准化组织发布的风险管理标准）和 COSO ERM（企业风险管理框架）等理论和方法论为风险评估模型的实施提供了重要依据。

（2）安全文化理论：安全文化理论是本研究中重要的理论基础之一，尤其在高等教育环境下，如何通过培养全员安全文化提升学生的安全意识和行为，对于减少安全事故和提高活动管理效率至关重要。该理论从个体行为、组织文化和管理制度等多个角度，解释了安全文化在社会实践活动中的重要性，并为本研究中的安全文化建设策略提供了理论依据。

（3）应急管理理论：应急管理理论为本研究提供了关于如何应对突发事件的系统方法。通过对灾难应急响应、危机管理等理论的分析，为大学生社会实践活动中的风险应对机制的构建提供了理论支撑。应急管理的基本流程包括预防、准备、响应和恢复，这一理论为建立全方位的安全应急预案和干预策略提供了理论依据。

（4）社会实践中的风险评估理论：针对大学生社会实践活动的特殊性，本研究借鉴了社会实践活动中的风险评估理论，特别是在特定环境下（如田野调查、实习、志愿服务等），如何识别、评估和管理各种社会风险。这些理论为具体的实践活动风险评估提供了方法和工具，并加强了评估模型的适用性和可操作性。

2. 数据支持中的数据来源

数据支持部分旨在通过具体的数据来验证风险评估模型的可行性和准确性。这些数据不仅来源于学术研究中的定量数据，也包括实践中的实地调研结果，帮助量化模型的各项指标。

数据支持的来源可分为以下几类。

（1）历史数据：历史数据是评估模型的重要依据之一，尤其是在分析不同类型的社会实践活动中的事故发生概率时，历史数据可以提供实际的统计支持。

（2）学校安全记录：包括学校历年来各类社会实践活动中发生的安全事故和突发事件的记录。通过对历史事件的分类、统计和分析，可以估算某一类型风险的发生概率和影响程度。

（3）社会实践活动案例：通过分析历届学生社会实践活动中的案例，评估不同情境下的安全风险。这些案例通常来源于学校的社会实践部门、合作单位、实习机构等。

（4）问卷调查与访谈数据：为了全面了解大学生在参与社会实践活动过程中的安全风险认知、应急准备情况和安全意识，本研究通过设计问卷并进行样本调查，收集了大量来自学生、教师、指导员等方面的数据。这些数据有助于量化模型中的“安全文化”与“应急响应能力”两个重要指标。

（5）样本选择：样本主要来源于在校大学生，尤其是曾经参与社会实践活动的学生，涵盖不同学科背景、不同实践类型（如社会服务、田野调查、志愿活动等）的参与者。

（6）问卷内容：问卷主要调查学生对社会实践活动中常见安全风险的认知、他们对安全教育的接受度、应急预案的了解情况等。

（7）专家评估与现场调研数据：本研究还通过专家评估和实地调研的方式，收集了专家对社会实践活动安全风险的认知和评估数据。专家评估通常包括对各类风险因素的定性分析以及对风险发生概率、影响程度和应急响应能力的打分。这些数据能够为风险评估模型的构建提供更加专业、权威的参考依据。

（8）专家来源：专家组成员通常包括学校安全管理人员、社会实践活动的组织者、心理咨询专家、应急管理专家等。

（9）实地调研：通过对不同学校、不同类型社会实践活动的实地调研，收集第一手的安全管理数据和经验反馈，进一步验证模型中提出的风险因子是否具有实际意义和可操作性。

（10）实证研究与数据分析：为验证评估模型的效果，本研究通过对收集的数据进行定量分析，使用多元回归分析、方差分析、聚类分析等方法，对不同类型社会实践活动中的安全风险进行量化评估。数据分析结果将为优化评估模型提供重要参考，并验证风险评估模型在实际中的适用性和精确度。

3. 理论实证与数据支持的结合

在本研究中，理论实证与数据支持相互结合，共同推动风险评估模型的优化与验证。理论为模型提供框架和方法论依据，而数据则为理论的应用提供了实际的支撑。通过将理论研究与实际数据结合，不仅能够验证模型的准确性，还能发现模型中可能存在的不足，从而进行优化和调整。

（1）数据验证理论：通过收集历史数据、问卷调查数据和专家评估数据，我们能够定量地检验理论模型的实际应用效果。例如，基于历史数据分析，能够确定模型中各风险因子的权重，验证模型中“风险发生的概率”与“应急反应能力”等指标的有效性。

（2）理论指导数据分析：理论提供的风险评估框架和指标体系，为数据收集和分析提供了方向。通过理论的指导，数据收集工作更加系统，确保了数据能够有效地反映出各类风险的特点和影响。

通过理论实证与数据支持的结合，本研究不仅验证了所构建的大学生社会实践活动安全风险评估模型的科学性和实践价值，也为今后的安全管理决策提供了有力的数据支撑。理论的指导和数据的验证相辅相成，进一步提升了评估模型的适用性和准确性，为大学生社会实践活动的安全管理提供了重要依据。

三、兼职、志愿服务与社会实践中的安全风险及应对

（一）兼职中的安全风险及应对

1. 兼职中的主要安全风险

兼职是大学生接触社会、积累职业经验的重要方式，但其潜在的安全隐患

不可忽视。从法律、经济到人身安全，大学生在兼职过程中面临多重风险。

（1）法律风险：大学生往往缺乏劳动法的基本知识，在求职时容易忽视签订合法劳动合同的重要性。这可能导致其在工作中权益受损时，难以通过法律途径维权。此外，部分不良雇主可能通过非法中介、虚假招聘广告等手段进行欺骗，甚至让学生卷入违法行为。

（2）经济风险：工资拖欠是兼职中较为普遍的问题，一些企业利用学生法律意识薄弱的特点恶意扣薪。此外，部分兼职岗位可能涉及经济诈骗，如收取高额培训费、押金，甚至搞传销活动，直接威胁学生的经济安全。

（3）人身安全风险：某些兼职工作涉及夜间劳动、偏远地点或危险环境，这可能使学生遭受人身伤害或威胁，如交通事故、工作场所意外，甚至性骚扰和暴力伤害。

（4）应对策略：面对复杂多变的兼职环境，大学生需要通过提升法律意识、掌握风险防范技巧以及依托多方支持体系来保障自身安全。

①提升法律意识：学校和相关机构应定期举办劳动权益普及讲座，帮助学生理解劳动合同的基本条款，如工作时间、报酬标准、违约责任等。同时，应强化法律援助渠道，为学生提供法律咨询和支持，增强其维护权益的能力。

②信息核实与选择正规渠道：学生在寻找兼职机会时，应尽量选择信誉良好的招聘平台或通过学校就业指导中心获取推荐岗位，并对雇主信息进行核实。特别是对于要求缴纳押金、培训费的岗位，应保持警惕。

③加强风险防控：学生应告知家人或朋友兼职的具体地点、时间和内容，并避免单独前往陌生环境工作。学校可以通过设立兼职风险预警机制，及时发布诈骗案例和高风险企业名单，为学生提供安全参考。

（二）志愿服务中的安全风险及应对

1. 志愿服务中的主要安全风险

志愿服务作为社会责任感和公益精神的实践载体，因其工作性质和服务环境的特殊性，学生可能面临健康、人身安全、心理等多方面的风险挑战。

（1）健康与人身安全风险：志愿服务活动通常涉及社区服务、灾害救援或特殊人群帮扶等情境，这可能要求志愿者在艰苦或危险的环境下开展工作。例如，参与疫情防控或自然灾害救援时，可能面临传染病风险、物理伤害甚至生命威胁。此外，服务对象的不稳定情绪（如暴力倾向或精神疾病）可能带来不可预测的危险。

（2）责任分配风险：志愿服务中的职责界限不明确可能导致志愿者承担超出其能力范围的任务。例如，部分志愿组织因管理不当，将专业性较强的任务（如心理咨询、医疗援助）分配给缺乏相关资质的学生，增加了工作难度和风险。

（3）心理健康风险：长期参与高压力志愿活动可能导致情绪疲劳、心理倦怠甚至创伤后应激障碍（PTSD）。面对受助者的痛苦，志愿者可能产生无力感和心理负担。

2. 应对策略

（1）健康与安全培训：在志愿服务开始之前，组织方应对志愿者进行详细的安全培训，包括急救知识、健康防护措施、突发事件应对方法等。对于可能涉及高危环境的志愿服务，应特别强化防护装备的配备与使用指导。

（2）明确责任分配：志愿组织需设立科学的任务分配制度，充分评估志愿者的能力与经验，确保其承担适合的职责。此外，明确服务范围和风险告知，避免学生因超范围操作引发安全问题。

（3）心理健康支持：为志愿者提供心理健康咨询服务，并在活动结束后设置情绪疏导环节，帮助他们释放压力、消化负面情绪。

（三）社会实践中的安全风险及应对

1. 社会实践中的主要安全风险

社会实践是大学生接触社会、了解国情的重要方式，但其开放性和复杂性也使风险因素更为多样化。

（1）环境与交通风险：社会实践地点可能包括偏远农村、自然保护区或工业园区等陌生环境，交通条件不完善、自然环境恶劣等问题增加了安全隐患。

（2）文化适应与冲突风险：在跨文化交流或多元社区服务中，学生可能因语言障碍、文化误解或价值观差异引发冲突。此外，性别、宗教或其他敏感议题可能带来额外挑战。

（3）突发事件风险：实践活动中可能遭遇突发事件，例如自然灾害（如台风、地震）、社会骚乱或公共卫生事件，这对学生的应急处理能力提出了严峻考验。

2. 应对策略

（1）完善安全预案：学校和实践组织方需在活动前进行详细的风险评估，并制定涵盖交通、安全、健康等方面的应急预案。通过模拟演练提升学生的应急反应能力。

（2）实践前的教育与指导：在实践开始前，开展相关区域的安全知识普及，介绍地理环境、文化习俗和法律法规等信息，帮助学生做好心理与知识准备。

（3）团队协作与监控：实践活动应以团队形式开展，设立专人负责安全管理，并利用现代科技手段（如实时定位系统）加强活动监督。

（四）综合应对与长效机制建设

1. 强化安全教育与宣传

学校应将兼职、志愿服务和社会实践的安全教育纳入日常教学中，通过案例分析、专题讲座、线上课程等多种形式普及风险防范知识。通过建立学生与企业、志愿组织的合作机制，促进安全理念的广泛传播。

2. 构建支持与保障体系

法律援助体系：为学生提供专属法律服务支持，开通热线或在线咨询服务，帮助其处理兼职合同纠纷或志愿服务中的责任问题。

保险保障机制：与保险机构合作，为学生提供价格优惠、保障范围广的意外保险、健康保险方案，降低经济损失风险。

信息共享平台：建立兼职与社会实践信息数据库，公开岗位评价与风险预警，提升学生对岗位和组织的了解程度。

3. 多方协作与制度创新

学校、企业、社区和政府部门应通力合作，通过建立跨部门协同管理机制，强化大学生校外活动的安全保障。同时，通过政策支持、专项经费投入等方式，推动长效安全管理机制的构建。

通过系统化、科学化的安全风险防控体系，兼职、志愿服务和社会实践可以成为大学生自我成长的重要平台，而非安全风险的高发领域。实现这一目标，离不开教育、管理、社会支持三位一体的合力保障。

四、社会安全教育中的跨部门协同机制探索

（一）跨部门协同的必要性

随着新时代大学生安全教育内涵的不断拓展，其已不仅局限于校内教育的传统范畴，而是逐步向社会层面延伸，涉及校外活动、社会实践、心理支持、法律保护等多元领域。大学生作为社会结构中的重要群体，其校外活动所面临的风险日益复杂化，单靠高校自身的资源和管理能力难以满足新时代安全教育的综合需求。因此，构建高效的跨部门协同机制，整合社会资源与教育力量，实现全方位、全过程、全覆盖的安全教育支持，已成为大学生安全教育改革的必然选择。

1. 社会环境变化对安全教育的挑战

在社会实践活动日益多元的背景下，大学生的安全风险涉及多领域、多层级。例如，兼职中的劳动权益问题、志愿服务中的责任分配风险、社会实践中的跨文化冲突等。仅依靠学校内部资源无法全面覆盖这些问题，迫切需要教育、公安、司法、医疗、社区等多部门的共同参与。

2. 校外活动开放性对安全管理的需求

校外活动的开放性使得传统封闭型校园管理模式难以适应新时代的需求。实践证明，校外风险的有效防控需要部门间的协同联动，从信息共享、资源调配到应急处置，实现一体化的动态管理。

3. 政策法规的推动与制度保障

国家层面对大学生安全教育提出了明确要求。例如，《教育部关于加强和改进新形势下高校思想政治工作的意见》中提出，要强化社会实践活动的风险防范，加强学校与地方政府、相关部门的协同管理。这些政策为跨部门协同机制的建立提供了制度依据，也对其执行提出了更高要求。

（二）跨部门协同的理论基础与构建原则

1. 理论基础

（1）系统论视角。系统论（Systems Theory）由卢德维格·冯·贝塔朗菲（Ludwig von Bertalanffy）于 20 世纪 40 年代提出，强调系统作为一个整体由多个相互依赖的部分组成。大学生社会安全教育作为一个复杂的开放系统，需要教育、司法、公安、医疗等多个子系统的相互作用与整合，以实现整体效率的最大化（Bertalanffy，1968）。

（2）社会治理理论。社会治理理论是基于多元主体合作共治的理论框架，尤里斯·哈贝马斯（Jürgen Habermas）在《公共领域的结构转型》（1989）中提出，通过对话与协商解决社会问题，实现公共利益最大化。大学生安全教育中的跨部门协同，本质是各主体基于共同目标开展合作，共同推进社会治理现代化（Habermas，1989）。近年来，我国的社会治理实践在习近平新时代中国特色社会主义思想指引下，强调多元主体的共建共治共享（中共中央文献研究室，2021）。

（3）公共服务供给理论。“公共服务供给理论”是关于公共服务的生产、分配、主体协作等机制的理论总和，其形成依赖于多学科理论的交叉融合。公共物品供给理论由保罗·萨缪尔森（Paul Samuelson）于 1954 年首次系统化提出，认为公共服务的有效供给需要多个主体协同，政府作为关键调节者需承担主要责任（Samuelson，1954）。大学生安全教育的实践要求多部门协同作为公共服务的具体形式，以优化资源配置和提高服务效率。

（4）协作网络理论：协作网络理论作为网络治理研究的重要分支，形成于 20 世纪 90 年代后的公共管理与社会学领域，其核心思想强调通过多元主体协作解决复杂问题。在大学生安全教育实践中，跨部门协同机制的构建正是这一理论的典型应用——通过整合教育部门的知识供给、公安部门的风险防控、医疗机构的应急支持等多元主体功能，突破单一主体的治理局限，形成覆盖风险预防、教育实施、应急处置的全链条协作体系，最终实现安全教育效能的最大化。

2. 构建原则

基于上述理论，跨部门协同机制的构建需遵循以下原则。

（1）系统性与整体性。协同机制应围绕大学生社会安全教育的整体目标，整合各部门资源与职能，确保从风险预警到应急响应的全覆盖管理。通过系统性设计，实现部门间功能互补、协作高效。

（2）动态性与灵活性。现代社会安全风险具有复杂性和动态性特点。协同机制需要具备灵活性，能够根据不同实践场景和风险变化快速调整，及时制定应对方案。

（3）权责对等与可操作性。各部门在协同机制中的职责需清晰明确，确保权责分配合理，避免功能重复或责任推诿。此外，协同机制设计应注重实际操作性，能够适配具体的教育情境和社会实践需求。

（4）信息共享与透明性。信息的共享是跨部门协同机制高效运作的基础。通过建立多部门共享的信息平台，实现学生活动风险的实时监控、预警信息的快速传递以及应急资源的科学配置。同时，确保协同机制的公开透明，以获得社会各界的支持与信任。

（三）跨部门协同机制的构建路径

1. 信息共享机制

（1）建立安全信息交互平台：开发跨部门协同信息系统，将高校、公安、司法、医疗、企业等机构的数据联通，形成学生校外活动的动态监控与风险预警机制。

（2）搭建案例共享数据库：各部门联合收集和分析大学生参与兼职、志愿服务及社会实践中发生的典型安全事件，形成案例库，为教育活动提供生动素材与科学依据。

2. 资源整合机制

（1）课程与教材资源共享：整合各部门优势资源，如公安机关的法律教育内容、医疗机构的健康教育知识、社区组织的社会服务经验，共同开发适合新时代大学生的安全教育课程与教材。

（2）专项资金与人力支持：地方政府应设立专项资金支持大学生安全教育，吸纳各领域专业人才组建安全教育工作团队。

3. 联合行动机制

（1）跨部门联合应急演练：定期开展联合应急演练，如模拟交通事故、火灾、突发公共卫生事件等，提高学生的应急能力及各部门的协作效率。

（2）安全管理联动机制：将学生社会实践的安全管理划分为具体环节，如风险评估、监督实施、应急响应，明确各部门在每个环节中的具体职责，实现环环相扣的安全保障。

4. 应急响应机制

（1）实时风险监测：利用物联网、大数据等技术，对学生的校外活动进行实时跟踪和风险监控，如设立地理定位系统和紧急呼叫装置，确保快速响应突发事件。

（2）跨部门联合应急处置：在突发事件发生时，由教育部门牵头，协调公安、医疗、司法等部门快速介入，形成联动高效的处置模式。

（四）跨部门协同实践运用案例分析

1. 系统论的实践运用

某高校通过整合教育部门与公安机关的资源，构建了安全教育与治安管理相结合的系统。教育部门负责制定安全教育方案并对学生进行培训，而公安机关负责实践地的治安评估与实时监控，形成了涵盖校内与校外的动态安全保障体系。

2. 社会治理理论的本土化实践

某高校与地方社区合作，以“共建共治共享”为核心理念，共同开展大学生志愿服务中的安全管理。社区居民作为重要参与者，在学生活动期间提供了生活保障与风险监督，形成了学生、社区与学校三位一体的安全管理模式。

3. 公共服务供给理论的应用

某市政府设立专项资金，联合高校与医疗机构，为大学生社会实践提供免费意外保险与健康检查服务。通过资源整合，保障了学生在高风险实践中的安全。

4. 协作网络的构建

某省通过跨部门协作网络，为高校学生志愿服务项目提供一站式管理平台。平台上整合了兼职岗位信息、志愿服务资源和风险警报系统，教育、企业、公安和社区组织等多方通过该平台实现了资源共享和快速联动。

（五）未来发展方向与建议

1. 推动政策支持与法律保障

建立国家层面的大学生社会实践安全管理法律框架，明确各部门在协同机制中的职责与权利，为安全教育提供制度保障。

2. 深化科技赋能与智能化管理

充分利用人工智能、大数据分析、区块链等技术，构建智能化的风险预警系统与跨部门数据共享平台，实现安全教育与管理的数字化升级。

3. 构建多元主体参与的社会共建机制

鼓励企业、非政府组织（NGO）、社区居民等多元主体共同参与大学生安全教育，通过公益合作、志愿活动等形式拓展社会支持网络。

4. 推进国际化协同机制建设

在全球化背景下，探索高校与国际机构的跨国协作模式，为学生跨文化交流和国际化实践提供全方位的安全保障。

跨部门协同机制的构建是新时代大学生安全教育的重要实践路径，通过信息共享、资源整合、联合行动和风险应对，实现多方联动的高效安全教育模式。未来，应在政策支持、科技赋能和社会共建的基础上，进一步优化和创新跨部门协同机制，构建符合新时代发展需求的大学生社会安全教育体系，为其全面发展提供坚实保障。

第七章

自然灾害应急教育：多学科视角下的理论深化与实证剖析

一、自然灾害管理的理论框架与教育干预路径

在全球气候变化与城市化进程加速的背景下，自然灾害的频发与加剧对人类社会的影响愈发显著，灾害应急教育已成为新时代大学生安全教育的重要组成部分。如何通过科学的教育干预提升大学生的灾害应对能力，是高校安全管理的重要课题。本节以多学科视角为基础，深入剖析自然灾害管理的理论框架，并结合实际案例探讨教育干预的有效路径。通过理论与实践的结合，本节旨在为高校自然灾害应急教育提供系统化的解决方案，助力大学生在灾害面前从容应对、科学避险。

（一）自然灾害管理理论基础

1. 风险管理理论在自然灾害中的应用

风险管理理论由乔治·瑞达（George E. Rejda）在《风险管理与保险原理》一书中系统阐述，其核心在于识别、评估与应对风险的流程和方法。在自然灾害管理领域，该理论的应用主要体现在以下几个方面。

（1）风险识别与评估：通过对灾害发生的可能性、影响范围及严重程度的科学评估，制定针对性的防范措施。例如，在地震频发区域，专业机构根据地震活动规律与地质构造特点评估地震风险等级，指导建筑设计单位制定抗震标准，协助政府部门储备应急物资并规划疏散方案。

（2）高校实践：高校可借鉴风险管理理论，对校园所在地区的自然灾害风险进行评估。例如，在台风多发区域的高校，可通过开展台风知识讲座，讲解台风的形成原理、危害及应对措施，提升学生的防灾能力。

2. 系统论视角下的灾害管理体系

系统论强调事物是相互关联的有机整体，这一理论在《系统论的基本原理与应用》等学术论文中有深入探讨。从系统论视角来看，灾害管理体系是一个由多个子系统构成的复杂系统，主要包括以下内容。

①监测预警系统：通过捕捉灾害信息并发布预警，为应急响应争取时间；

②应急响应系统：在灾害发生时迅速启动应急预案，组织疏散与救援；

③救援救助系统：高效开展救援行动，保障受灾群众的生命财产安全；

④恢复重建系统：在灾后开展重建工作，恢复社会秩序与基础设施。

⑤高校实践：高校可依据系统论构建全方位的自然灾害教育体系，形成“预防—应对—恢复”的教育闭环。例如，从新生入学时普及灾害基础知识，到灾害发生时组织应急演练，再到灾后开展心理辅导与经验总结，全面提升学生的灾害应对能力。

（二）多学科理论对自然灾害管理的影响

自然灾害管理是一项复杂的系统工程，需要多学科理论的协同支持。地理学、社会学和心理学等学科从不同视角为灾害管理提供了重要的理论支撑和实践指导。以下从三个学科的角度，分析其对自然灾害管理的影响及其在高校安全教育中的应用。

1. 地理学对灾害成因与分布的解析

地理学从自然和人文两个维度解析了灾害的成因与分布规律，相关理论在《自然地理学》和《人文地理学》等专业教材中有系统阐述。

（1）自然地理视角：板块运动、地形地貌、气象条件等自然因素是灾害发生的重要驱动力。例如，山脉地形导致气流抬升，容易引发暴雨，进而诱发泥石流灾害；沿海地区则易受台风、海啸等灾害影响。

（2）人文地理视角：人口分布、土地利用等人文因素也深刻影响灾害的发生与后果。例如，城市过度开发导致地表硬化，雨水下渗受阻，洪水调蓄能力降低，加剧了内涝风险。

（3）技术应用：借助地理信息技术（GIS），可以绘制高精度的灾害风险地图，为灾害预防和管理提供科学依据。

（4）高校实践：高校可结合地理学知识，开设自然灾害地理课程，帮助学生了解不同地区的灾害特点。例如，针对地震多发地区的学生，讲解地震带分布与抗震知识；针对沿海地区的学生，普及台风、海啸的防范措施。这不仅能提升学生的防灾意识，还能为其外出实习、旅游提供实用指导。

2. 社会学在灾害社会影响研究中的作用

社会学专注于研究灾害对社会结构、社会关系和社会秩序的影响，相关理论在《灾害社会学》等著作中有深入探讨。

（1）社会脆弱性分析：研究发现，不同社会群体在灾害中的脆弱性存在显著差异。例如，老年人、低收入群体和残障人士往往因资源匮乏、行动不便等原因，在灾害中面临更多困难。

（2）社会心理与社区凝聚力：灾害发生后，社会心理会发生显著变化，如恐慌、焦虑等情绪蔓延，同时社区凝聚力也可能因灾害而增强或削弱。

（3）社会支持与恢复策略：社会学研究为制定针对性的社会支持和恢复策略提供了理论依据。例如，通过建立社区互助网络、提供心理援助和经济支持，帮助受灾群体尽快恢复生活秩序。

（4）高校实践：高校可在安全教育中融入社会学视角，帮助学生理解灾害对社会的影响。例如，鼓励学生参与灾害志愿服务，了解受灾群体的需求，培养社会责任感；通过案例分析，探讨灾害中的社会问题及其解决方案。

3. 心理学在灾害应对心理分析中的运用

心理学通过研究灾害发生前后人们的心理状态和行为反应，为心理救援提供了重要的理论支持。相关理论在《变态心理学》《社会心理学》等专业教材中有详细阐述。

（1）灾害心理反应：灾害可能引发创伤后应激障碍（PTSD）、焦虑、抑郁等心理问题，影响受灾群众的身心健康。

（2）心理干预方法：心理学研究总结出一系列有效的心理干预方法，如认知行为疗法、团体辅导等，帮助受灾群众缓解负面情绪，增强心理韧性。

（3）高校实践：高校应重视心理学在自然灾害教育中的作用，开设灾害心理辅导课程，帮助学生掌握基本的心理援助技能。例如，通过情景模拟训练，让学生体验灾害中的心理压力，学习如何调节情绪、提供心理支持；鼓励心理学专业学生参与灾害心理救援实践，提升其专业能力与社会责任感。

（三）教育干预在自然灾害管理中的重要性

教育干预是提升公众灾害认知、增强社会防灾减灾能力的重要手段。通过系统化的教育，公众能够掌握自然灾害的基本知识、应对技能和心理韧性，从而在灾害发生时做出科学、有效的反应。以下从教育干预的作用和不同教育阶段的侧重点两个方面，探讨其在自然灾害管理中的重要性。

1. 教育干预对提升公众灾害认知的作用

联合国减灾署发布的相关报告明确指出，教育是提升公众灾害认知的关键手段。

（1）知识普及：通过教育，公众能够深入了解自然灾害的类型、成因、危害及应对方法。例如，了解地震的成因和预警机制，掌握台风来临前的防范措施等。

（2）行为改变：教育干预能够促使公众在日常生活中主动采取预防措施，如准备应急包、参与应急演练等，从而降低灾害风险。

（3）心理建设：通过教育，公众能够在灾害发生时保持冷静，做出正确应对，减少恐慌和盲目行为。

（4）高校实践：新时代大学生作为未来社会的栋梁，提升他们的灾害认知水平尤为重要。高校可通过开设专门的安全教育课程、举办讲座、组织实地参观等方式，向学生传授灾害知识，增强他们的防灾意识。例如，邀请地震专家讲解地震预警技术，组织学生参观气象局了解台风监测流程等。

2. 不同教育阶段灾害教育的侧重点

国家教育部门发布的指导文件明确了不同教育阶段安全教育的重点内容。

（1）基础教育阶段：主要通过绘本、故事、游戏等形式，培养学生对自然灾害的初步认识和安全意识。例如，通过动画片讲解地震时的避险动作，通过游戏模拟火灾逃生场景。

（2）中等教育阶段：增加灾害知识的深度和广度，讲解灾害原理、防灾减灾措施等，培养学生的理性思维和应对能力。例如，开设地理课程讲解自然灾害的成因，组织学生参与防灾减灾主题活动。

（3）高等教育阶段：更注重专业知识和技能的培养，针对相关专业开展灾害管理、应急救援等深入研究和实践教学。例如，为地理学、环境科学专业的学生开设灾害风险评估课程，为心理学专业的学生开设灾害心理干预课程。

（4）高校实践：对于大学生而言，除了专业知识学习，还应积极参与实践活动，如社区灾害风险排查、应急救援演练等，提高实际操作能力。例如，组织学生参与社区防灾宣传活动，开展模拟地震、火灾等突发事件的应急演练。

（四）自然灾害应急教育干预路径探索

自然灾害应急教育需要多层次的干预路径，学校教育、社区教育和新媒体平台是其中三个重要的方向。通过将灾害教育融入学校课程、发挥社区的基础性作用以及利用新媒体的传播优势，可以有效提升公众特别是大学生的灾害应对能力。以下从三个方面探讨自然灾害应急教育的干预路径。

1. 学校教育与灾害教育的融合策略

国内外众多高校的成功案例表明，将灾害教育融入学校课程体系是提升学生灾害应对能力的有效途径。

（1）课程融入：高校可在地理、环境科学、公共管理等学科中增加灾害相关内容，使灾害教育常态化。例如，在地理课程中讲解自然灾害的成因与分布，在环境科学课程中探讨气候变化与灾害的关系。

（2）实践演练：定期组织地震逃生演练、火灾应急演练等活动，让学生在实践中掌握应急技能。例如，模拟地震场景，指导学生如何避险；模拟火灾场景，教授学生使用灭火器和逃生技巧。

（3）专家讲座：邀请灾害管理领域的专家举办讲座，分享最新的研究成果和应对经验，拓宽学生视野。例如，邀请地震专家讲解地震预警技术，邀请消防员分享火灾救援经验。

（4）激励机制：为确保学生积极参与，高校可设置学分要求或颁发证书，激励学生认真对待防灾减灾演练和课程学习。

2. 社区教育在灾害教育中的角色与实施方式

社区灾害教育相关研究报告指出，社区在灾害教育中发挥着基础性作用。

（1）知识传播：社区可通过宣传栏、社区活动等形式传播灾害知识，提高居民的防灾意识。例如，在社区公告栏张贴防灾减灾海报，组织居民观看灾害教育影片。

（2）风险排查：组织居民参与灾害风险排查，了解社区潜在的灾害隐患。例如，排查老旧房屋的抗震能力，检查社区排水系统是否通畅。

（3）技能培训：开展社区互助培训，如心肺复苏、止血包扎等急救技能培训，提高居民的自救互救能力。例如，邀请专业医护人员为居民讲解急救知识，组织居民进行模拟演练。

（4）高校联动：高校应鼓励大学生参与社区灾害教育活动，让学生将所学知识运用到实践中，同时带动社区居民提升灾害意识，形成校社联动的良好局面。例如，组织大学生志愿者为社区居民讲解灾害防范知识，协助社区开展应急演练。

3. 新媒体平台在灾害教育传播中的应用

新闻传播类学术期刊发表的研究论文指出，新媒体平台在灾害教育传播中具有独特优势。

（1）传播优势：微信公众号、微博、短视频平台等新媒体具有传播速度快、覆盖面广、互动性强等特点。例如，通过短视频平台发布灾害应急技能的演示视频，吸引大量用户观看和学习。

（2）内容创新：高校可利用新媒体平台发布科普文章、动画视频、案例分析等生动有趣的灾害教育内容，吸引学生关注。例如，制作灾害知识科普动画，通过微信公众号推送灾害案例分析。

（3）互动参与：通过开展线上问答、讨论、知识竞赛等活动，增强学生对灾害知识的理解和记忆，提高学生的学习积极性。例如，在微博上发起“灾害知识挑战赛”，鼓励学生参与答题并分享学习心得。

二、应急安全教育中的知识传授与技能培育体系

在上文对自然灾害管理理论框架与教育干预路径探讨的基础上，应急安全教育作为其中关键一环，对于提升新时代大学生应对灾害的能力起着核心作用。构建完善的应急安全教育知识传授与技能培育体系，能够切实增强大学生在面对灾害时的自我保护能力和救助他人的能力。考虑到新时代青年人的特点和高校的基本环境，以下内容将以更具吸引力和系统化的方式展开。

（一）应急安全知识体系构建

1. 常见自然灾害的类型与特点

地震、洪水、台风、泥石流、火灾等常见自然灾害对高校校园安全有着直接威胁。

（1）地震：高校教学楼、宿舍等建筑密集，人口集中，一旦建筑结构受损，极易造成严重伤亡。

（2）洪水：可能淹没校园的低洼区域，影响教学设施和学生生活，如地下停车场、实验室等。

（3）台风：强风可能吹倒校园树木、广告牌，破坏校园基础设施，甚至造成人员受伤。

（4）泥石流：若发生在周边山区，可能直接威胁校园安全，尤其是靠近山体的校区。

（5）火灾：学生宿舍、图书馆、实验室等场所是火灾高发区域，私拉乱接电线、违规使用大功率电器等行为都可能引发火灾。

实践中，高校可通过开设自然灾害课程或专题讲座，帮助学生了解这些灾害的特点及其对校园的潜在威胁，为日常防范奠定基础。

2. 灾害预警信号的识别与含义

在高校里，学生获取灾害预警信号的渠道众多，如手机短信、校园广播、校内 APP 等。

（1）暴雨预警。

①蓝色预警：12 小时内降雨量将达 50 毫米以上，学生应避免前往地势低洼区域，如地下停车场、湖边步道等。

②黄色预警：6 小时内降雨量将达 50 毫米以上，学校可能会调整室外教学活动，学生需随时关注学校通知。

③橙色和红色预警：灾害风险更高，学生需做好停课、避险准备。

（2）地震预警：通过地震预警系统，学生可在震前数秒至数十秒收到警报，迅速采取避险措施。

实践中，高校可通过模拟演练和案例分析，帮助学生熟悉各类预警信号的含义及应对措施，提升其应急反应能力。

3. 灾害相关法律法规与政策解读

《中华人民共和国突发事件应对法》《自然灾害救助条例》等法律法规在高校灾害应对中同样适用。

（1）学校责任：灾害发生时，学校有责任组织学生有序疏散，保障学生生命安全。例如，制定并实施校园灾害应急预案，定期开展应急演练。

（2）学生义务：学生需配合学校安排，遵守相关规定，如在地震中听从指挥、有序撤离。

（3）政策支持：政府针对不同地区的灾害特点制定防灾减灾政策，高校可依据这些政策完善校园灾害应急预案。例如，在台风多发地区的高校，制定台风期间的停课和疏散方案。

（4）高校实践：通过法律课程或专题讲座，向学生普及灾害相关法律法规，增强其法律意识和责任感。例如，邀请法律专家解读《中华人民共和国突发事件应对法》，帮助学生了解自身权利与义务。

（二）知识传授方法与策略

在应急安全教育中，知识传授方法与策略的选择直接影响学生的学习效果和参与度。通过案例教学、实践教学和线上学习资源的有机结合，可以全面提升大学生的应急安全知识和技能。以下从三个方面探讨知识传授的具体方法与策略。

1. 课堂讲授中的案例教学法应用

案例教学法能够将抽象的应急安全知识转化为生动的实际场景，增强学生的理解和记忆。

（1）案例选择：选择与高校生活密切相关的案例，例如某高校宿舍因违规使用热得快引发火灾的案例。通过分析事故原因、造成的损失以及学生的应对情况，帮助学生深刻认识违规行为的危害。

（2）知识传递：在案例讲解中融入火灾应对的关键知识，如如何正确报警、使用灭火器、疏散逃生等。例如，通过视频或图片展示火灾发生时的正确逃生路线和避险动作。

（3）互动讨论：组织学生分组讨论案例中的问题，提出改进建议，增强学生的参与感和批判性思维。

（4）高校实践：在课堂上定期引入类似的真实案例，结合理论讲解，帮助学生将知识内化为行动指南。

2. 实践教学活动设计与组织

实践教学活动是巩固理论知识、提升应急技能的重要途径。

（1）实地参观：组织学生参观校园内的消防设施，如消防栓、灭火器的分布位置和使用方法。例如，邀请消防员现场演示灭火器的正确使用方法，并让学生亲自操作。

（2）应急演练：在校园空旷区域开展地震应急演练，模拟地震发生时学生在宿舍、教室的不同应对场景。例如，指导学生如何在教室中躲避到课桌下，如何在宿舍中快速撤离到安全区域。

（3）主题活动：举办应急安全主题的社团活动，如应急知识竞赛、安全主题短视频创作比赛等。例如，通过短视频比赛鼓励学生创作防灾减灾主题的作品，激发学生的创造力和学习兴趣。

（4）高校实践：将实践教学活动纳入课程考核，激励学生积极参与。例如，将应急演练的表现作为安全教育课程的一部分成绩。

3. 线上学习资源的开发与利用

利用高校学生对网络的高使用率，开发线上学习资源是提升应急安全教育效果的有效手段。

（1）专属 APP 开发：打造高校专属的应急安全教育 APP，包含灾害知识讲解、动画演示、互动小游戏等。例如，设计火灾逃生模拟小游戏，让学生在虚拟场景中选择正确的逃生路线，加深对逃生知识的理解。

（2）优质课程整合：整合慕课、学堂在线等平台上的优质课程，供学生自主学习。例如，推荐学生观看“自然灾害与应急管理”等在线课程视频，拓宽知识面。

（3）线上学习社区：通过线上学习社区，学生可以随时交流学习心得，向老师和同学请教问题。例如，在 APP 或校园论坛中设立应急安全知识讨论区，鼓励学生分享学习经验和疑问。

（4）高校实践：将线上学习资源与线下课程结合，形成混合式教学模式。例如，学生在课前通过 APP 学习基础知识，课堂上进行案例分析和实践演练。

（三）应急技能培育要点

应急技能的培育是大学生安全教育的重要组成部分，涵盖自救互救、逃生技能以及应急物资的使用与管理。通过系统化的培训和演练，学生能够在灾害发生时迅速采取正确行动，最大限度地减少损失。以下从三个方面详细阐述应急技能培育的要点。

1. 自救互救技能（如包扎、心肺复苏等）

自救互救技能是应急教育的基础内容，能够在灾害发生时挽救生命。

（1）培训场所与设备：在高校医务室或体育馆设置专门的急救技能培训区域，配备专业的急救设备和模拟道具，如人体模型、绷带、急救箱等。

（2）包扎技能：学生可以学习不同部位的伤口包扎方法，如头部、手臂、腿部等。例如，掌握环形包扎法、螺旋包扎法、“8”字形包扎法等，确保伤口得到有效保护。

（3）心肺复苏术（CPR）：通过人体模型，由专业老师指导学生练习胸外按压的位置、频率和深度，以及人工呼吸的操作方法。例如，按压位置为胸骨中下段，按压频率为每分钟 100~120 次，按压深度为 5~6 厘米。

（4）高校实践：定期组织急救技能培训课程，确保每位学生都能掌握基本的自救互救技能。例如，每学期开展一次急救技能考核，颁发培训证书。

2. 逃生技能

逃生技能，包括不同场景下的疏散路线选择，是灾害应对的关键，能够帮助学生在紧急情况下迅速撤离危险区域。

（1）疏散路线规划：在高校教学楼、宿舍等场所设置明显的疏散指示标志，定期组织学生熟悉疏散路线。例如，通过模拟演练让学生了解从教室、宿舍到安全区域的最短路径。

（2）火灾逃生：火灾发生时，学生应根据烟雾蔓延方向选择逆风的疏散路线，避免乘坐电梯，沿着楼梯有序撤离。例如，用湿毛巾捂住口鼻，低姿势前进，减少吸入有毒烟雾。

（3）地震逃生：地震发生时，如果在教室，应迅速躲在课桌下，用书包保护头部；如果在宿舍，躲在坚固的床铺旁边。待震动停止后，按照预定的疏散路线撤离到校园操场等安全区域。

实践中，高校可以每学期组织一次全校范围的应急疏散演练，确保学生熟练掌握逃生技能。例如，模拟火灾和地震场景，评估学生的反应速度和撤离效率。

3. 应急物资的使用与管理

应急物资的正确使用与管理是灾害应对的重要保障。

（1）物资配备：在高校各教学楼、宿舍配备灭火器、急救箱、应急照明设备等应急物资。例如，每层楼至少配备两个灭火器和一个急救箱。

（2）灭火器使用：组织学生学习灭火器的使用方法。例如，干粉灭火器适用于扑救可燃固体、液体、气体和电气设备的火灾；二氧化碳灭火器适用于扑救贵重设备、档案资料等火灾。

（3）急救箱使用：学生需掌握急救箱中药品和器材的使用方法，如碘伏消毒、创可贴包扎等。例如，在模拟演练中练习为“伤员”消毒和包扎伤口。

（4）物资管理：定期检查应急物资的有效期和完好性，确保其在关键时刻能够正常使用。例如，每学期初由专人检查灭火器压力是否正常、急救箱药品是否过期。

高校应将应急物资使用与管理纳入安全教育课程，确保学生具备实际操作能力。例如，通过情景模拟让学生练习灭火器的使用和急救箱的管理。

（四）技能培育的实践模式

应急技能的培育不仅需要理论知识的传授，更需要通过实践模式将知识转化为实际能力。通过模拟演练、校外实践基地合作以及技能考核与评估体系的建设，可以有效提升大学生的应急技能水平。以下从三个方面探讨技能培育的实践模式。

1. 模拟演练的组织与实施

模拟演练是检验和提升学生应急技能的重要手段。

（1）演练频率与类型：高校应定期组织大型模拟演练，如每学期开展一次地震或火灾综合演练。例如，在春季学期开展火灾逃生演练，在秋季学期开展地震避险演练。

（2）场景设置与效果：演练时模拟真实灾害场景，设置烟雾、警报等效果，让学生身临其境感受灾害氛围。例如，在火灾演练中使用烟雾机模拟火灾现场，在地震演练中使用震动设备模拟地震晃动。

（3）职责分工：明确各学院、各部门在演练中的职责。例如，学生工作部门负责组织学生疏散，后勤部门负责保障应急物资供应，保卫部门负责现场秩序维护。

（4）总结与改进：演练结束后，组织学生和工作人员进行总结评估，分析演练中存在的问题，如疏散速度过慢、学生应急反应不及时等，提出改进措施，不断完善应急预案。

（5）高校实践：将模拟演练纳入安全教育课程，确保每名学生都能参与并掌握应急技能。例如，通过演练评估学生的表现，并将其作为课程考核的一部分。

2. 校外实践基地的合作与利用

校外实践基地是拓展学生应急技能的重要资源。

（1）合作单位：高校与当地消防部门、地震应急部门、急救中心等建立紧密的合作关系。例如，与消防救援站合作开展消防技能培训，与地震科普馆合作开展地震知识普及活动。

（2）参观与学习：组织学生到校外实践基地参观学习。例如，到消防救援站参观消防车、消防器材，观看消防队员的技能演示；到地震科普馆了解地震的形成原理和应对方法；到急救中心学习专业的急救技能。

（3）专家进校园：邀请校外实践基地的专业人员到学校举办讲座、开展培训。例如，邀请消防员讲解火灾逃生技巧，邀请急救中心医生教授心肺复苏术。

（4）高校实践：将校外实践基地的学习成果纳入课程考核，确保学生学以致用。例如，要求学生提交参观学习报告或参与校外实践活动的总结。

3. 技能考核与评估体系建设

科学的技能考核与评估体系是检验学生应急技能水平的重要保障。

（1）考核内容：包括自救互救技能、逃生技能、应急物资使用方法等。例如，考核学生能否正确使用灭火器、能否在模拟演练中快速疏散。

（2）考核方式：采用多样化的考核方式。例如，理论考试考查学生对灾害知识的掌握程度，实际操作考核检验学生的急救技能和应急物资使用能力，模拟演练考核评估学生在真实场景中的应急反应和团队协作能力。

（3）评估反馈：通过对学生的技能考核与评估，及时发现学生在应急技能培育过程中存在的问题。例如，分析学生在模拟演练中的表现，找出薄弱环节并制订改进计划。

（4）高校实践：将技能考核结果纳入学生综合素质评价体系。例如，将应急技能考核成绩作为评优评奖的参考指标之一，激励学生重视应急技能的学习与实践。

三、灾害情境中的大学生应急能力构建

在当今自然灾害与突发事件频发的时代背景下，大学生作为未来社会发展的中流砥柱，其应急能力的高低不仅直接关系到自身生命财产安全，更对整个社会的应急救援体系以及灾后恢复重建有着深远影响。因此，深入剖析大学生应急能力的实际状况、探究背后的影响因素，并制定切实有效的提升策略，已成为高校开展新时代大学生安全教育工作的核心任务。

（一）大学生应急能力现状调查与分析

1. 调查方法与样本选取

为全面、准确地评估大学生应急能力，本次调查综合采用问卷调查、实地

访谈以及应急技能实操测试三种方式。

（1）问卷调查：借助线上问卷平台与线下实地发放并行的模式，设计涵盖应急知识储备、技能实操水平以及面对灾害时心理状态等多维度内容的问卷，确保不同年级、专业和性别的学生均能被纳入调查范围。

（2）实地访谈：选取具有代表性的学生进行面对面交流，深度挖掘他们对灾害的认知程度以及在灾害应对过程中的真实想法。

（3）应急技能实操测试：在学校体育馆或专门的训练场地模拟火灾、地震等常见灾害场景，全面考查学生的逃生、自救、互救等关键技能。

样本选取上涵盖多所高校，包括综合性大学、理工类院校、师范类院校等不同类型，严格遵循教育统计抽样理论，保证样本的多样性与随机性，从而获取更具代表性和准确性的调查结果。

2. 大学生应急知识掌握程度分析

调查数据显示，多数学生对常见自然灾害的类型及其基本特点有一定程度的了解，但在深层次原理及应对细节上掌握不足。

（1）地震知识：大部分学生知晓地震发生时应躲在坚固家具下方，但对于不同建筑结构在地震中的风险差异以及震后如何科学自救互救，能够准确作答的学生仅占少数。

（2）预警信号识别：学生对常见的暴雨、台风预警信号认知度较高，但对于地质灾害预警等相对小众的预警信号了解程度较低。

（3）高校实践：通过开设灾害知识专题讲座，帮助学生弥补知识盲区。例如，邀请地震专家讲解建筑结构与地震风险的关系，组织学生观看地质灾害预警宣传片。

3. 大学生应急技能水平评估

在应急技能实操测试中，学生在自救互救技能方面的表现呈现出较大差异。

（1）自救互救技能：部分学生能够较为熟练地完成简单的包扎操作，但在心肺复苏术的操作上，许多学生存在按压位置不准确、频率和深度不达标等问题。

（2）逃生技能：当处于熟悉的校园场景时，学生大致能够找到疏散路线；但在模拟烟雾弥漫、通道受阻等复杂灾害场景时，部分学生会出现慌乱情绪，无法迅速做出正确的逃生决策。

（3）高校实践：通过定期组织应急技能培训和演练，提升学生的实操能力。例如，每学期开展一次心肺复苏术培训，每学年组织一次综合应急演练。

4. 大学生面对灾害的心理状态研究

通过访谈和问卷调查发现，绝大多数学生在面对灾害时会产生不同程度的恐惧和焦虑情绪。

（1）心理承受能力：低年级学生相较于高年级学生，心理承受能力较弱，更容易陷入恐慌状态。

（2）认知与心理压力：当灾害发生超出学生个人认知范围时，其心理压力会显著增大，进而严重影响正常的应急反应能力。

（3）高校实践：通过心理辅导课程和灾害心理干预培训，帮助学生增强心理韧性。例如，开设灾害心理辅导讲座，组织学生参与心理韧性训练活动。

（二）影响大学生应急能力的因素

大学生应急能力的形成与提升受到多种因素的影响，包括个人因素、学校教育因素以及家庭与社会环境因素。以下从三个方面详细分析这些因素对大学生应急能力的影响。

1. 个人因素，如性别、专业背景等

个人因素是影响大学生应急能力的内在变量，性别和专业背景是其中两个重要维度。

（1）性别差异：研究表明，男生在应急技能的实际操作中表现得更为自信，动手能力相对较强。例如，在模拟火灾逃生演练中，男生更倾向于主动尝试使用灭火器。然而，在应急知识的细致学习方面，女生则表现出更强的耐心和专注力。例如，女生在灾害预警信号识别和应急物资使用知识测试中得分普遍高于男生。

（2）专业背景：理工科专业学生凭借专业知识优势，在理解灾害的科学原理以及技术类应急知识时更为得心应手。例如，土木工程专业学生对建筑抗震知识的了解较为深入，能够分析不同建筑结构在地震中的风险差异。而文科专业学生则在应急沟通和心理安抚等方面表现突出。例如，新闻传播专业学生在灾害信息传播和情绪疏导方面展现出较强的能力。

（3）高校实践：针对不同性别和专业背景的学生，高校可设计差异化的应急安全教育内容。例如，为理工科学生开设灾害技术应用课程，为文科学生开设应急沟通与心理辅导课程。

2. 学校教育因素，包括课程设置、实践活动开展等

学校教育是提升大学生应急能力的关键外部因素，课程设置和实践活动是其主要体现。

（1）课程设置：若高校应急安全教育课程数量不足或体系不够完善，学生便难以全面、深入地学习应急知识和技能。例如，部分高校将应急安全教育设置为选修课，导致学生参与积极性不高，课程覆盖面有限。

（2）实践活动：若学校组织的应急演练和实践活动流于形式，缺乏真实场景模拟和有效指导，学生便无法在实践中真正提升应急能力。例如，一些地震演练仅仅让学生快速下楼集合，并未模拟地震发生时的复杂状况，学生难以从中积累实用的应对经验。

（3）高校实践：高校应优化课程设置，将应急安全教育纳入必修课程体系，并增加实践课程的比重。例如，每学期开设至少一次综合应急演练，模拟真实灾害场景，确保学生能够学以致用。

3. 家庭与社会环境因素

家庭与社会环境对大学生应急能力的形成有着潜移默化的影响。

（1）家庭环境：如果家长重视安全教育，经常向孩子传授安全知识和应对技巧，孩子在成长过程中便会逐渐形成良好的安全意识和应急观念。例如，家长通过日常生活中的安全教育，帮助孩子掌握基本的急救技能和灾害应对方法。

（2）社会环境：所在地区的灾害发生频率和社会宣传氛围对大学生应急能力也有着显著影响。在灾害多发地区，社会对灾害应对的宣传和教育更为频繁，学生的应急意识和能力相对较高。例如，地震多发地区的学生对地震预警信号的识别和应对措施更为熟悉。而在灾害较少发生的地区，学生可能因缺乏对灾害的直观感受，从而对灾害的重视程度不足。

（3）高校实践：高校可通过家校合作和社会资源整合，提升学生的应急能力。例如，邀请家长参与学校组织的应急演练，与地方政府合作开展灾害宣传教育活动。

（三）提升大学生应急能力的策略

提升大学生应急能力需要从课程设计、校园文化建设和志愿者队伍建设等

多个方面入手，结合专业特点和学生需求，制定科学有效的策略。以下从三个方面探讨具体的提升策略。

1. 基于专业特点的应急教育课程设计

针对不同专业学生的特点，设计差异化的应急教育课程，能够有效提升学生的应急能力。

（1）理工科专业：课程应着重围绕工业灾害预防与应对展开。例如，机械工程专业学生学习工厂火灾的预防与应急处置，电子信息专业学生学习电气事故的防范与应急处理。通过紧密结合专业知识，帮助学生将应急技能融入专业实践中。

（2）文科专业：设置应急传播与心理干预课程，培养学生在灾害中的信息传播能力和心理安抚技巧。例如，新闻专业学生学习如何在灾害中准确、及时地传播信息，避免谣言扩散；心理学专业学生学习如何对受灾群众进行科学、有效的心理疏导。

（3）高校实践：将应急教育课程纳入专业培养方案，确保每位学生都能接受系统的应急知识培训。例如，为理工科学生开设“工业灾害应急管理”课程，为文科学生开设“灾害传播与心理干预”课程。

2. 校园应急文化建设与活动开展

通过打造浓厚的校园应急文化氛围，能够潜移默化地提升学生的应急意识和能力。

（1）宣传平台：充分利用校园广播、宣传栏、校园公众号等平台，定期发布应急安全知识和典型灾害案例。例如，通过微信公众号推送灾害防范小贴士，利用校园广播播放应急知识音频。

（2）文化活动：举办应急文化节，涵盖应急知识展览、应急技能挑战赛、应急主题文艺演出等活动。例如，组织学生参与应急知识竞赛，通过文艺演出宣传灾害应对技巧。

（3）主题活动：开展应急安全月活动，每月设定一个特定主题，如火灾预防月、地震应对月等。在当月内集中开展相关的讲座、演练和培训活动，持续强化学生的应急意识。例如，在火灾预防月组织消防演练，在地震应对月开展地震避险讲座。

（4）高校实践：将应急文化活动纳入校园文化建设规划，确保活动的系统性和持续性。例如，每学期至少举办一次大型应急文化活动，每月开展一次主题安全活动。

3. 大学生应急志愿者队伍建设与作用发挥

通过组建专业的应急志愿者队伍，能够充分发挥大学生在灾害应对中的积极作用。

（1）队伍组建：选拔有兴趣、有能力的学生加入应急志愿者队伍。例如，通过面试和技能测试选拔志愿者，确保队伍的专业性和执行力。

（2）系统培训：邀请专业的应急救援人员对志愿者进行系统培训，内容涵盖急救技能、灾害救援知识、应急指挥协调等。例如，组织志愿者参加心肺复苏术培训，学习灾害现场的指挥与协调技巧。

（3）校园实践：在校园内，应急志愿者可协助学校组织应急演练，参与校园安全隐患排查。例如，志愿者在消防演练中担任引导员，协助排查宿舍楼的安全隐患。

（4）社会服务：当发生灾害时，经过专业培训的志愿者可在专业人员的带领下，积极参与受灾群众的救助和服务工作。例如，志愿者在地震灾区协助分发物资，为受灾群众提供心理支持。

（5）高校实践：将应急志愿者队伍建设纳入学校安全管理体系，确保队伍的规范化和长效化。例如，为志愿者提供培训证书和实践机会，激励更多学生参与应急志愿服务。

四、应急教育中存在的问题及改进措施

应急教育是守护大学生生命安全的重要屏障，也是推动社会应急体系发展的关键力量。然而，当前高校应急教育的实施现状仍存在诸多问题，亟待通过深入分析和有效改进加以解决。

（一）应急教育存在的问题分析

1. 教育内容的实用性与针对性不足

当前高校应急教育内容往往偏重理论，缺乏与实际灾害场景的结合，难以满足学生的实际需求。

（1）理论与实践脱节：以火灾应对教育为例，课堂上对消防器材原理的

讲解虽然详尽，但学生在实际场景中却难以应用。例如，在宿舍或实验室发生火灾时，学生往往不知如何正确使用灭火器或选择逃生路线。

（2）专业需求差异：理工科学生对工业灾害应急知识有较高需求，而文科学生则更关注灾害心理援助知识。然而，现行教育内容未能因材施教，导致学生难以获得与其专业相关的实用知识。

（3）改进方向：优化教育内容，增加实践环节，针对不同专业学生设计差异化的课程。例如，为理工科学生开设工业灾害应急课程，为文科学生开设灾害心理援助课程。

2. 教育方法的创新性与有效性欠缺

传统的应急教育方法单一，难以激发学生的学习兴趣和参与热情。

（1）课堂讲授的局限性：教师单向灌输知识，学生被动接受，导致学习效果不佳。例如，学生在课堂上学习地震避险知识，但在实际演练中却难以应用。

（2）演练流于形式：应急演练往往缺乏真实场景模拟，学生难以感受到灾害的紧迫性和危险性。例如，地震演练中，学生只是机械地下楼集合，未能体验余震或建筑坍塌的复杂情况。

（3）改进方向：创新教育方法，增加互动性和实践性。例如，采用情景模拟、虚拟现实技术等手段，让学生在沉浸式体验中学习应急技能。

3. 教育资源的整合与共享困难

高校内部和外部教育资源分散，缺乏有效整合与共享。

（1）校内资源分散：安全管理部门、学生工作部门、教学部门之间缺乏协作，导致教育资源无法充分利用。例如，安全管理部门掌握校园安全数据，却未能与教学部门共享以优化课程设计。

（2）校外资源利用不足：高校与消防部门、地震部门等外部机构的合作有限，难以引入专业知识和实践经验。例如，消防部门的灭火技巧和地震部门的地质灾害知识未能有效融入校园应急教育。

（3）改进方向：建立校内资源整合机制，加强部门协作；深化与外部机构的合作，引入专业资源。例如，定期邀请消防员、地震专家到校开展讲座和培训。

4. 教育主体的责任意识与协同性不够

学校管理层、教师、学生和家长等教育主体的责任意识不足，协同性较差。

（1）学校管理层：对应急教育的重视程度不够，投入资源有限。例如，应急教育课程设置不足，演练活动缺乏资金支持。

①教师：缺乏专业培训，教学积极性不高。例如，部分教师对应急知识掌握不足，难以有效传授给学生。

②学生：参与应急教育的主动性不足，视其为额外负担。例如，学生在应急演练中敷衍了事，未能认真对待。

③家长：在家庭中忽视安全教育，未能与学校形成合力。例如，家长对孩子的应急知识学习缺乏关注和支持。

（2）改进方向：强化教育主体的责任意识，提升协同性。例如，学校管理层加大资源投入，教师接受专业培训，学生和家长共同参与应急教育活动。

（二）改进应急教育的措施与建议

针对当前应急教育中存在的问题，提出以下改进措施与建议，以提升高校应急教育的实效性和针对性。

1. 优化教育内容，结合实际案例与需求

应急教育内容应紧密结合校园实际和学生需求，确保知识的实用性和针对性。

（1）校园场景结合：针对校园宿舍常见的电器火灾隐患，详细讲解预防措施和应急处理方法。例如，如何正确使用灭火器、如何利用逃生绳索在火灾中自救。

（2）专业需求差异：为理工科学生定制化工灾害应急处理课程，帮助他们在面对复杂事故时沉着应对；为文科学生开设灾害信息传播与心理干预课程，培养他们在灾害中的信息传递和心理疏导能力。

（3）内容更新：定期更新教育内容，融入最新的灾害案例和应急技术。例如，引入近年来发生的典型灾害案例，分析其应对经验与教训。

（4）高校实践：通过案例教学和情景模拟，帮助学生将理论知识转化为实际操作能力。例如，组织学生分析校园火灾案例，制定改进措施。

2. 创新教育方法，运用现代教育技术

通过创新教育方法，提升学生的学习兴趣和参与度。

（1）情景模拟与虚拟现实（VR/AR）：利用 VR/AR 技术构建虚拟灾害场

景，让学生在沉浸式体验中学习应急技能。例如，模拟火灾现场，让学生练习灭火和逃生；模拟地震场景，让学生体验避险动作。

（2）小组讨论与项目式学习：组织学生分组开展灾害风险排查和应急预案制定活动。例如，让学生对校园某一区域进行风险评估，提出改进建议。

（3）线上学习资源：开发微视频、动画等生动有趣的教学资源，利用线上学习平台进行传播。例如，制作火灾逃生动画视频，通过校园公众号推送。

（4）高校实践：将现代教育技术与传统教学方法结合，形成混合式教学模式。例如，学生在课前通过 VR 学习应急技能，课堂上进行案例分析和实践演练。

3. 加强教育资源整合，建立共享平台

通过整合校内外资源，构建高效的应急教育资源共享平台。

（1）校内资源整合：成立应急教育资源整合协调小组，统筹各部门资源。例如，建立应急教育资源数据库，汇集教学课件、案例库、演练视频等资源。

（2）校外资源合作：与消防部门、地震部门等外部机构签订合作协议，引入专业资源。例如，邀请消防员到校开展灭火技能培训，组织学生参观地震监测中心。

（3）高校实践：通过资源共享平台，实现教育资源的优化配置和高效利用。例如，将外部机构的培训视频上传至校内数据库，供师生学习参考。

4. 明确教育主体责任，加强部门协同合作

通过明确教育主体的责任，提升应急教育的协同性和实效性。

（1）学校管理层：将应急教育纳入学校发展规划，加大资金和政策支持。例如，设立专项经费用于应急教育课程开发和演练活动。

①教师：积极参与应急教育培训，提升教学能力。例如，组织教师参加应急管理专业培训，提高其教学水平。

②学生：通过主题班会、安全知识竞赛等活动，提高学生参与应急教育的积极性。例如，举办应急知识竞赛，激发学生的学习兴趣。

③家长：加强家校合作，引导家长在家庭中进行安全教育。例如，通过家长微信群推送应急知识，组织家长参与学校应急演练。

（2）高校实践：建立家校协同机制，形成教育合力。例如，定期召开家长会，宣传应急教育的重要性，鼓励家长参与学校安全教育活动。

自然灾害应急教育是新时代大学生安全教育的重要组成部分，也是构建和

谐社会、提升全民应急能力的关键环节。通过多学科视角的理论深化与实证剖析，本章系统探讨了自然灾害管理的理论框架、教育干预路径以及大学生应急能力的构建与提升策略。从风险管理理论到系统论的应用，从地理学、社会学、心理学的多学科融合到教育方法的创新与实践，我们逐步揭示了自然灾害应急教育的复杂性与重要性。

在全球化与气候变化加剧的背景下，自然灾害的频发与复杂性对高校应急教育提出了更高要求。通过优化教育内容、创新教育方法、整合教育资源以及明确教育主体责任，我们能够为大学生构建一个科学、实用、高效的应急教育体系。这不仅关乎大学生个人的生命安全与全面发展，更关系到整个社会的灾害应对能力与灾后恢复效率。

未来，高校应继续深化应急教育的理论研究与实践探索，结合新时代大学生的特点与需求，推动应急教育的智慧化、个性化和终身化发展。同时，加强校内外资源的协同合作，构建政府、高校、家庭、社会四位一体的应急教育生态，为培养具备高度应急素养的新时代青年奠定坚实基础。让我们共同努力，为大学生撑起一片安全的天空，为社会的可持续发展贡献力量。

第八章

国家安全教育：理论构建与实践路径研究

一、国家安全的学术框架与理论构建

（一）国家安全的学理解析与核心内涵

在新时代背景下，国家安全的学理研究必须基于多学科交叉视角。传统安全研究主要聚焦于军事威胁与国家主权问题，这种理论框架由 Kenneth Waltz 在《国际政治理论》（*Theory of International Politics*，1979）中提出，强调国家生存与军事安全的重要性。然而，随着全球化进程加速与非传统安全议题（如气候变化、网络攻击、公共卫生危机）不断增多，国家安全的内涵被显著扩展。

国家安全的核心内涵可以与新时代大学生安全教育目标相结合，主要涵盖以下方面。

（1）生存安全：保障国家不受外部军事威胁与内部动乱侵害。通过军事理论课程或爱国主义活动增强大学生的国防意识。

（2）发展安全：保障国家经济利益和资源竞争力。例如，通过经济热点讲座，如"一带一路"发展机遇分析，启发大学生对经济安全的认识。

（3）文化安全：面对全球文化冲突的背景，保护本国文化独立性。通过文化课程（如中华优秀传统文化）增强大学生对文化认同与民族自豪感。

（4）综合安全：关注网络、能源、生态等非传统安全问题。高校应通过网络安全实践活动（如模拟网络攻击防御）帮助大学生掌握应对技能。

国家安全的核心内涵在新时代背景下呈现出动态性与综合性特征，大学生群体既是国家安全的受益者，也是国家安全的执行者。因此，高校需构建多层次、多维度的教育体系，既传授理论知识，也通过案例研究、情境体验强化其实践能力。

（二）总体国家安全观的理论渊源与逻辑体系

总体国家安全观由习近平总书记于 2014 年首次提出，其理论根基融合了传统安全理论、非传统安全理念以及中国化的系统安全观。这一理论以"内外结合”“人民为本”为核心逻辑，特别适合新时代大学生安全教育的应用。

1. 理论渊源

（1）传统安全理论的传承：总体国家安全观继承了传统安全理论关于军事、主权、外交安全的重要性，强调强国战略中的“硬实力”建设。

（2）系统安全理论的融入：总体国家安全观以系统观念为指导，将安全问题视为相互联系的整体。这一点对于大学生理解复杂的安全议题非常关键。

（3）中国特色的理论创新：强调“人民安全”是国家安全的根本出发点，体现了以人民为中心的中国特色国家治理理念。

2. 逻辑体系与应用

（1）全域覆盖：总体国家安全观强调覆盖所有安全领域，要求高校课程设置涵盖政治安全、经济安全、网络安全等专题。例如，增加跨学科选修课，帮助学生理解安全问题的多样性与复杂性。

（2）内外统一：安全教育需要结合国际局势和国内实际。例如，高校可以通过国际安全模拟活动（如模拟联合国）让学生深入理解全球安全问题。

（3）发展与安全结合：这一点特别适合引导大学生将个人职业发展与国家需求结合起来。例如，通过科研项目或创新创业大赛，帮助学生意识到技术自主研发对国家安全的重要性。

（4）人民安全为核心：高校教育应注重学生日常安全问题（如网络诈骗、心理健康），通过设立安全教育课程帮助学生提高自我防护能力。

总体国家安全观是一种全面、动态的安全治理理念，对于大学生而言，既提供了理论指导，也为他们实践国家安全教育提供了清晰路径。

（三）国家安全体系的多维结构

国家安全体系的多维结构强调传统安全与非传统安全的有机统一。大学生作为社会的重要群体，需要在认知与实践中兼顾两种安全视角。

1. 传统安全的基础地位

传统安全问题如军事威胁、主权维护依然是国家安全的核心。通过军训、国防教育等课程，让学生理解传统安全的重要性。高校还可以组织参观国防科技展览等活动，使学生增强安全感与责任意识。

2. 非传统安全的复杂性与挑战

21世纪，非传统安全领域日益多样化，如网络安全、公共卫生、气候变化等。大学生需要学习如何识别和应对这些问题。例如，高校可以通过公共卫生安全专题课或网络攻防演练等活动，培养学生的非传统安全风险应对能力。

3. 传统与非传统安全的统一

在实践中，传统安全与非传统安全紧密相连。例如，军事技术的发展依赖于信息技术，生态安全的危机可能引发国际冲突。高校安全教育需要跨学科整合。例如，在信息技术课程中加入国家网络安全战略分析，让学生认识到技术对国家安全的深远影响。

大学生国家安全教育应打破学科壁垒，将传统与非传统安全视为相互依存的整体，通过跨学科教学与实践活动，帮助学生形成全面的国家安全观。

二、国家安全领域的多维拓展与风险解析

在当代国际局势复杂化与全球化深入发展的背景下，国家安全面临前所未有的多维度挑战。从政治、经济到文化、网络、国防及社会生态各领域，风险因素相互交织，对国家的稳定与发展构成深远影响。本节旨在以学术视角探讨新时代国家安全的多维拓展及其风险解析，并结合大学生安全教育的实际需求，提出针对性的教育策略。

（一）政治安全的维稳机制与治理效能

政治安全是国家安全体系的核心，其稳定性关系到国家治理的效能与合法性。一直以来，外部干预、意识形态对抗及内部治理压力加剧了政治安全的复杂性。为应对上述挑战，中国通过《中华人民共和国国家安全法》及相关立法，强化了政治领域的制度化维稳机制。此外，国家治理体系现代化的推进，强调通过综合治理与动态监测实现风险的系统化应对。以下从三个方面详细探讨政治安全的维稳机制与治理效能。

1. 外部干预与意识形态对抗的应对策略

（1）外部干预的挑战：全球化背景下，外部势力通过政治渗透、舆论操控等手段干预中国内政，威胁政治安全。例如，某些国家通过非政府组织（NGO）和社交媒体传播西方价值观，试图影响中国青年的意识形态。

（2）意识形态对抗的应对：高校应加强意识形态安全教育，帮助学生树

立正确的价值观。例如，开设“国家安全与意识形态”课程，讲解西方意识形态渗透的典型案例及其危害。

（3）高校实践：通过主题讲座、辩论赛等活动，增强学生对意识形态安全的认识。例如，组织学生围绕“全球化背景下的意识形态安全”展开讨论，培养其批判性思维。

2. 内部治理压力与风险防控

（1）内部治理压力：随着社会转型和利益多元化，内部治理压力日益增加。例如，部分地区的社会矛盾和经济问题可能引发群体性事件。

（2）风险防控机制：通过动态监测和综合治理，及时发现并化解潜在风险。例如，建立社会舆情监测系统，实时掌握社会动态。

（3）高校实践：将政治安全教育融入校园治理体系。例如，通过学生社团开展“校园安全与风险防控”主题活动，帮助学生了解社会治理的基本原理和实践方法。

3. 法治建设与政治安全的制度化保障

（1）法治建设的重要性：法治是政治安全的重要保障。通过完善法律法规，明确各方责任，确保政治安全的制度化、规范化。例如，《中华人民共和国国家安全法》为政治安全提供了法律依据。

（2）大学生法治教育：高校应加强法治教育，帮助学生树立法治意识。例如，开设“国家安全法与政治安全”课程，讲解相关法律法规及其实际应用。

（3）高校实践：通过模拟法庭、法律知识竞赛等活动，增强学生的法治观念。例如，组织学生模拟国家安全案件的审理过程，加深其对法律条文的理解。

（二）经济安全的全球依赖性与内循环保障

经济安全是国家安全的基础，其内涵在全球化环境中进一步扩展。在全球供应链受阻及地缘经济冲突频发的背景下，国家需优化全球依赖性结构，推动国内经济循环体系建设。以国内大循环为主体、国内国际双循环相互促进的新发展格局，为新时代经济安全战略提供了明确方向。此外，国家对关键技术自主研发的投入，已成为提高经济抗风险能力的重要抓手。

1. 全球供应链风险与依赖性优化

（1）全球供应链的脆弱性：全球化背景下，供应链的跨国分布使得经济安全面临更大风险。

（2）依赖性优化策略：通过多元化供应链布局，降低对单一国家或地区的依赖。例如，加强与“一带一路”沿线国家的经济合作，分散供应链风险。

（3）高校实践：将经济安全教育融入课程体系，帮助学生理解全球供应链的运作机制及其风险。例如，开设“全球化与经济安全”课程，讲解供应链管理的实际案例。

2. 国内经济循环体系的建设与完善

（1）双循环发展格局：以国内大循环为主体、国内国际双循环相互促进的新发展格局，为经济安全提供了战略方向。例如，通过扩大内需、优化产业结构，增强国内经济的韧性和活力。

（2）内循环保障措施：推动区域经济协调发展，缩小城乡和区域发展差距。例如，通过政策扶持和技术创新，促进中西部地区经济发展。

（3）高校实践：通过案例分析和实践教学，帮助学生理解双循环战略的实际意义。例如，组织学生调研本地企业的内循环实践，撰写研究报告。

3. 关键技术自主研发与抗风险能力提升

（1）技术自主的重要性：关键技术的自主研发是经济安全的重要保障。例如，芯片、人工智能等领域的核心技术自主化，能够有效应对外部技术封锁。

（2）研发投入与成果转化：加大对基础研究和应用研究的投入，推动科技成果转化。例如，设立专项基金支持高校和科研机构的技术研发。

（3）高校实践：将技术安全教育融入创新创业教育，培养学生的技术研发能力。例如，开设“科技创新与经济安全”课程，组织学生参与技术研发项目。

（三）网络安全的脆弱性与国家技术主权建构

网络安全是国家安全新领域的重要组成部分，其脆弱性主要体现在关键基础设施的依赖性与信息泄露的高风险性。中国通过《中华人民共和国网络安全法》和《中华人民共和国数据安全法》等法律文件，确立了网络空间主权与数据主权的基本框架。同时，国家在“十四五”规划中提出建设自主可控的技术体系，重点突破“卡脖子”技术，提升网络技术自主性。以下从三个方面详细探讨网络安全的脆弱性与国家技术主权建构。

1. 关键基础设施的依赖性风险

（1）基础设施的脆弱性：关键基础设施如能源、交通、金融等高度依赖网络技术，一旦遭受攻击可能导致严重后果。例如，电力系统的网络攻击可能导致大面积停电，影响社会正常运转。

（2）风险防控措施：通过技术升级和制度完善，增强关键基础设施的抗风险能力。例如，建立网络安全监测与应急响应机制，实时防范潜在威胁。

（3）高校实践：将网络安全教育融入专业课程，帮助学生理解关键基础设施的保护机制。例如，开设“网络安全与基础设施保护”课程，讲解实际案例与应对策略。

2. 信息泄露与数据主权的保护

（1）信息泄露的高风险性：随着数据规模的扩大，信息泄露事件频发，威胁国家安全和个人隐私。例如，大规模数据泄露可能导致国家机密外泄或社会恐慌。

（2）数据主权的法律保障：通过《中华人民共和国数据安全法》等法律文件，明确数据主权的基本框架。例如，规定重要数据的存储与传输必须符合国家安全标准。

（3）高校实践：通过案例教学和实践演练，增强学生的数据安全意识。例如，组织学生模拟数据泄露事件的应急处理，培养其实际操作能力。

3. 技术自主性与“卡脖子”技术的突破

（1）技术自主的重要性：关键技术的自主可控是网络安全的重要保障。例如，芯片、操作系统等核心技术的自主研发，能够有效应对外部技术封锁。

（2）“卡脖子”技术的突破：通过政策支持和资源投入，重点突破“卡脖子”技术。例如，设立专项基金支持高校和科研机构的技术研发。

（3）高校实践：将技术安全教育融入创新创业教育，培养学生的技术研发能力。例如，开设“网络安全与技术创新”课程，组织学生参与技术研发项目。

（四）文化安全的软实力输出与话语权争夺

文化安全关系到国家意识形态的独立性与国际文化话语权的竞争力。在全球化背景下，文化输出与文化霸权的博弈愈发显著。中国通过加强文化软实力建设与推动“一带一路”倡议，实现了本土文化资源的国际化传播。此外，通过构建具有中国特色的国际话语体系，国家逐步提升了在全球文化领域的主导能力。以下从三个方面详细探讨文化安全的软实力输出与话语权争夺。

1. 文化软实力建设与国际传播

（1）文化软实力的重要性：文化软实力是国家综合实力的重要组成部分，能够增强国际影响力和吸引力。例如，通过影视、文学、艺术等文化产品的输出，展示中国的文化魅力。

（2）国际化传播策略：通过“一带一路”倡议，推动本土文化资源的国际化传播。例如，在沿线国家举办中国文化节，推广中国传统艺术和现代文化。

（3）高校实践：将文化安全教育融入课程体系，帮助学生理解文化软实力的重要性。例如，开设“文化安全与国际传播”课程，讲解文化输出的实际案例与策略。

2. 文化霸权与意识形态的博弈

（1）文化霸权的挑战：全球化背景下，西方文化霸权对本土文化构成威胁。例如，通过影视、社交媒体等渠道传播西方价值观，影响中国青年的文化认同。

（2）意识形态的独立性：通过加强意识形态教育，维护文化安全。例如，在高校开展“文化自信与意识形态安全”讲座，帮助学生树立正确的文化观。

（3）高校实践：通过主题活动和实践教学，增强学生的文化安全意识。例如，组织学生围绕“全球化背景下的文化安全”展开讨论，培养其批判性思维。

3. 中国特色国际话语体系的构建

（1）话语权的重要性：国际话语权是国家文化竞争力的重要体现。通过构建具有中国特色的国际话语体系，提升在全球文化领域的主导能力。例如，通过国际学术交流和文化论坛，传播中国声音。

（2）话语体系的构建策略：通过多边合作和学术研究，推动中国话语体系的国际化。例如，与“一带一路”沿线国家合作，共同研究文化传播策略。

（3）高校实践：将国际话语权教育融入课程体系，帮助学生理解话语权的重要性。例如，开设“国际话语权与中国文化”课程，讲解话语权构建的实际案例与策略。

（五）国防安全的战略前沿与动态威慑能力

国防安全是维护国家主权与领土完整的核心支柱。在国际军事竞争加剧及周边安全环境复杂化的背景下，中国提出了全面推进国防和军队现代化的目标。具体举措包括加强高新技术武器装备研发，提升海空军远程作战能力，以及构建动态威慑体系以应对多样化威胁。以下从三个方面详细探讨国防安全的战略前沿与动态威慑能力。

1. 高新技术武器装备的研发与应用

（1）技术创新的重要性：高新技术武器装备是国防现代化的重要标志。例如，通过自主研发航母、隐形战机等先进装备，提升国防实力。

（2）研发与应用策略：加大对国防科技的投入，推动军民融合发展。例如，设立专项基金支持高校和科研机构的国防技术研发。

（3）高校实践：将国防安全教育融入课程体系，帮助学生理解国防科技的重要性。例如，开设“国防科技与国家安全”课程，讲解高新技术装备的研发与应用。

2. 海空军远程作战能力的提升

（1）远程作战能力的重要性：海空军远程作战能力是维护国家主权和海洋权益的重要保障。例如，通过提升航母编队的作战能力，增强对远海区域的掌控力。

（2）能力提升策略：通过技术升级和实战演练，提升海空军的远程作战能力。例如，定期组织远海训练和联合军演，检验作战能力。

（3）高校实践：通过案例教学和实践演练，增强学生的国防安全意识。例如，组织学生参观军事博物馆，了解国防科技的发展历程。

3. 动态威慑体系的构建与多样化威胁应对

（1）动态威慑的重要性：动态威慑体系能够有效应对多样化威胁，维护国家安全。例如，通过灵活部署军事力量，形成对潜在威胁的有效威慑。

（2）体系构建策略：通过多维度、多层次的军事部署，构建动态威慑体系。例如，在关键区域部署先进武器装备，形成战略威慑。

（3）高校实践：将动态威慑教育融入课程体系，帮助学生理解国防战略的实际意义。例如，开设“国防战略与动态威慑”课程，讲解实际案例与应对策略。

（六）社会安全与生态安全的系统性风险应对

社会安全与生态安全在国家安全体系中具有高度的系统性和复合性。在社会安全领域，中国通过健全社会治理体系和公共卫生应急管理机制，妥善应对疫情、恐怖主义及群体性事件。生态安全方面，《中国生态文明建设战略与行动》明确了可持续发展目标，强调通过加强环境保护和资源利用效率，应对气候变化及生态系统退化等重大挑战。以下从两个方面详细探讨社会安全与生态安全的系统性风险应对。

1. 社会安全的综合治理与应急管理

（1）社会安全的重要性：社会安全是国家安全的基础，直接关系到社会稳定与人民福祉。例如，疫情、恐怖主义及群体性事件对社会安全构成重大威胁。

（2）综合治理策略：通过健全社会治理体系，提升社会安全的整体水平。例如，建立社会舆情监测系统，实时掌握社会动态。

（3）应急管理机制：通过完善公共卫生应急管理机制，提升应对突发事件的能力。例如，建立快速响应的应急指挥系统，确保资源的有效调配。

（4）高校实践：将社会安全教育融入课程体系，帮助学生理解社会治理的基本原理。例如，开设“社会安全与应急管理”课程，讲解实际案例与应对策略。

2. 生态安全的可持续发展与环境保护

（1）生态安全的重要性：生态安全是国家安全的重要组成部分，关系到国家的可持续发展。例如，气候变化及生态系统退化对生态安全构成重大挑战。

（2）可持续发展目标：通过《中国生态文明建设战略与行动》，明确可持续发展目标。例如，加强环境保护和资源利用效率，推动绿色发展。

（3）环境保护策略：通过政策支持和科技创新，提升环境保护水平。例如，设立专项基金支持环保技术的研发与应用。

(4) 高校实践：将生态安全教育融入课程体系，帮助学生理解生态安全的重要性。例如，开设“生态安全与可持续发展”课程，讲解环境保护的实际案例与策略。

三、国家安全教育的功能定位与价值导向

国家安全教育作为新时代教育体系中的重要内容，其功能定位不仅体现为保障国家安全的知识传播与意识塑造，更体现在服务学生全面发展和国家战略目标的统一。以下从育人目标与社会功能、价值取向及思想政治教育的结合三个方面进一步阐述，并结合个人观点予以扩展。

(一) 国家安全教育的育人目标与社会功能

1. 育人目标：塑造新时代担当青年

在当前全球化与信息化的背景下，大学生作为国家未来发展的中坚力量，应具备系统的安全认知、深厚的爱国情怀和解决复杂问题的实践能力。国家安全教育不仅是对学生进行知识普及，更是培养其适应国家安全新挑战的综合素质。

(1) 认知维度：学生应了解国家安全面临的多维威胁，尤其是非传统安全领域的挑战，如网络攻击、生态危机、文化侵蚀等。这种认知不仅关乎知识的广度，也关乎学生对社会复杂性的理解深度。

(2) 情感维度：爱国主义是国家安全教育的重要核心。通过历史案例、政策宣讲和实践活动，使学生深刻认识到自身与国家命运的紧密联系，从而形成对国家和民族的深厚情感。

(3) 能力维度：大学生不仅要具备辨析安全风险的能力，还应通过教育和实践提升个人在突发事件中的应对能力。例如，学校可以组织模拟应急演练、案例研讨等活动，为学生提供动手解决问题的机会。

2. 社会功能：连接个人发展与国家需求

国家安全教育不仅是一种知识传授，更是连接学生个人成长与国家整体发展需求的桥梁。

(1) 稳定社会秩序：通过对安全理念的教育普及，能够有效降低社会矛

盾和安全隐患。例如，在网络安全领域，通过教育提高大学生对网络诈骗、信息泄露的防范意识，可以减少相关社会问题。

（2）促进社会参与：教育的目标应是让大学生不仅成为“学术型人才”，还要成为“社会型人才”。通过引导学生参与社区治理、志愿服务等社会事务，能够培养其社会责任感，推动社会治理创新。

推动创新驱动发展：安全教育应注重培养学生在关键技术领域的兴趣与能力，特别是在网络安全、人工智能等关系国家竞争力的领域，为国家储备科技创新人才。

（3）个人观点：育人目标和社会功能的统一并非理论上的抽象概念，而是具体实践的过程。学校、政府和社会应共同努力，为大学生提供既理论性又实践性的教育资源。例如，通过设置跨学科的国家安全课程，将科技创新与安全教育相结合，提升教育内容的实用性。

（二）国家安全教育的价值取向

1. 意识形态价值取向的强化

意识形态领域的安全是国家安全的重要组成部分，而大学生作为思想活跃、接受信息多元的群体，尤需加强在意识形态领域的引导和教育。

（1）抵御风险与误导：在信息化时代，意识形态的渗透方式更加隐蔽且传播广泛。国家安全教育应教会大学生如何识别不良信息，避免被伪装为“自由”“人权”等旗号的意识形态误导。

（2）构建积极认同：通过深入解析中国特色社会主义制度的优越性，帮助学生形成对国家体制、文化传统和发展道路的正向认同感。例如，结合中国脱贫攻坚、抗疫成功的实践案例，帮助学生理解国家制度的实践优势。

2. 国家利益价值取向的突出

国家利益是国家安全教育的核心价值指向。在教育中，国家利益应与个人利益实现深度结合。

（1）深化国家利益认知：学生应认识到，国家安全不仅是政府的责任，也与每个公民息息相关。个人行为与国家安全之间存在隐形联系，例如网络中的不当言论、对国家利益的漠视，都会对整体安全造成潜在威胁。

（2）鼓励服务国家的实践：安全教育应为学生提供具体的平台，将个人职业选择与国家需求相结合。例如，通过支持学生在基层就业、参与军工科技研发等方式，使其在实践中贡献国家利益。

意识形态与国家利益的结合不是强加于人的教育，而应是润物无声的引导。通过历史案例讲述、国家安全技术的前沿成果展示，可以让大学生在潜移默化中认同国家利益并将其内化为行动动力。

（三）国家安全教育对大学生思想政治教育的融入与深化

1. 国家安全教育与思想政治教育的互补

思想政治教育作为大学生教育的核心内容，与国家安全教育在目标上具有高度一致性。通过两者的结合，可以提升教育效果。

（1）拓展思政课程内容：将国家安全案例引入思想政治课程，如在“毛泽东思想与中国特色社会主义理论体系概论”中讲述国防现代化建设案例，有助于增强学生的学习兴趣与现实认同感。

（2）增加实用技能培训：安全教育应注重技能层面的内容补充，例如灾害自救、突发事件中的舆论应对等，这些都可以使思想政治教育的内容更加接地气，增强其实效性。

2. 融入的实践路径

（1）课程设置创新：在思政课的基础上增设国家安全选修课，内容包括网络安全、生态安全与社会治理。

（2）校园活动结合：通过安全主题的竞赛、模拟安全事件应对等活动，增强学生的实际参与感。

（3）理论与实践结合：组织学生到国防基地参观、参与网络安全演练或生态保护志愿服务，将国家安全教育融入真实场景中。

3. 对思想政治教育的深化作用

国家安全教育的融入能够拓展思想政治教育的内涵和外延。

（1）增强现实性：通过安全教育，思政课的内容不再局限于理论探讨，而是与社会实践、国家战略密切结合。

（2）强化实践性：通过安全教育，学生在思想政治教育中学习的不再仅是理论，而是能解决现实问题的综合能力。

（3）培养全球视野：国家安全教育帮助学生从国际视角理解国家安全与国际竞争，从而形成更加全面的安全观念。

国家安全教育对思想政治教育的深化，不仅在于内容的丰富，更在于思维方式的转变。通过启发式教学方法，引导学生从自主探索中理解国家安全的重要性，可以显著增强其对国家事务的关注度和参与热情。

新时代大学生的国家安全教育不仅是安全知识的传播，更是价值观塑造、能力培养与社会功能实现的综合过程。通过科学的功能定位与价值引导，国家安全教育能够成为大学生成长的重要支柱，为国家安全与社会稳定提供强有力的人才支撑。未来的教育实践，应更加注重理论与实践的结合，切实让每位学生成为国家安全的重要守护者。

四、高校国家安全教育的理论体系与实践创新

国家安全教育在高校中的推进，是提升大学生国家安全意识、培养爱国情怀和综合能力的重要路径。本节从理论基础与实践创新的角度，系统分析高校国家安全教育的理论体系构建与实践教学方法。

（一）高校国家安全教育的理论基础与现实需求

1. 理论基础

高校国家安全教育理论体系的构建依托于多学科交叉的理论框架。

（1）马克思主义安全观：国家安全教育强调通过历史唯物主义分析安全问题，理解国家安全与社会发展之间的辩证关系。

（2）总体国家安全观：习近平总书记提出的总体国家安全观为高校安全教育提供了理论依据，强调安全涵盖政治、经济、文化、生态、网络等多个领域。

（3）教育心理学与认知理论：安全教育的开展需考虑大学生的认知特点，通过循序渐进的教学设计，提升其对复杂安全问题的理解能力。

2. 现实需求

高校国家安全教育的现实需求主要体现在以下方面。

（1）国家发展需要：当前国际局势复杂多变，国家安全面临传统与非传统领域的多重威胁，亟需培养具有国家安全意识和实际应对能力的高素质人才。

（2）大学生自身需求：大学生作为数字化时代的核心群体，其对网络安

全、个人隐私保护及社会风险的认知需求不断增加。安全教育能帮助其更好地融入社会，防范风险。

(3) 高校教育使命：高校作为知识传播与人才培养的主阵地，有责任在教育体系中加强国家安全教育，助力国家长远发展。

(二) 教学内容体系化

高校国家安全教育的教学内容需体系化设计，注重理论与实践的结合。

1. 基础理论教育

(1) 总体国家安全观：深入学习总体国家安全观的核心内涵与实践路径，包括政治安全、经济安全等领域。

(2) 国家安全法治知识：通过学习《中华人民共和国国家安全法》《中华人民共和国网络安全法》《中华人民共和国反恐怖主义法》等法律，增强学生的法治意识与法律素养。

(3) 国际关系与安全理论：结合全球化背景下的安全格局，讲解国际安全合作与竞争的基本理论。

2. 领域知识教育

(1) 网络安全：重点讲解网络攻击、数据隐私保护与国家网络主权。

(2) 生态安全：围绕气候变化、资源保护和可持续发展，讲解生态危机的应对策略。

(3) 文化安全：分析全球文化交流中的话语权竞争与意识形态冲突。

3. 综合实践能力培养

结合理论学习设计实践环节，让学生通过案例分析、情境模拟等形式，将所学知识运用到实际问题中，提升其解决复杂安全问题的能力。

(三) 实践教学的多元路径

高校国家安全教育应注重实践教学，探索多元化的教学路径。

1. 案例教学法

通过分析经典案例，引导学生认识国家安全问题的复杂性与多样性：

(1) 国内案例：如中国抗击新冠疫情的过程，探讨公共卫生安全与国家治理能力的关系。

（2）国际案例：分析俄乌冲突对全球能源安全的影响，帮助学生理解地缘政治与经济安全的互动关系。

2. 问题导向教学法（PBL）

以问题为核心，通过引导学生分析和解决具体安全问题，提升其思维能力与动手能力。

设计开放性问题，如“如何提升国家网络安全防御能力？”

引导学生团队合作，提出解决方案并进行模拟实践。

3. 情境模拟教学法

通过模拟真实场景，让学生在参与中感知和理解安全问题。

（1）模拟应急演练：设计火灾、地震等突发事件的处理情境，让学生体验危机应对。

（2）安全决策模拟：如设置虚拟的国际谈判场景，模拟国家在能源安全或气候议题上的谈判过程。

实践教学的核心在于让学生“学以致用”。通过真实案例和模拟情境的结合，能够有效提高学生的参与感与学习效果，激发其对安全问题的关注与思考。

（四）大学生国家安全能力的培养

大学生国家安全能力的培养应注重从认知到实践的全方位提升。

1. 风险识别能力培养

（1）安全意识提升：通过学习安全知识，帮助学生理解潜在风险的表现形式和危害。

（2）情报分析能力：通过案例训练，让学生学会从多种信息中提取关键内容，预测风险走向。

（3）跨学科知识整合：结合法律、科技、管理等多学科知识，提高学生在复杂背景下的风险判断能力。

2. 危机应对能力培养

（1）应急管理能力：组织模拟危机事件演练，如网络攻击、公共卫生危机等，培养学生的现场应急处理能力。

（2）心理素质培养：通过心理健康教育，增强学生在高压环境下的抗压能力和情绪控制能力。

(3) 决策能力训练：通过小组决策模拟，让学生体验在有限信息条件下的快速决策过程。

大学生国家安全能力的培养不仅在于知识的传授，更在于实践的体验和综合素质的提升。通过理论与实践相结合的方法，可以更好地激发学生的安全责任意识，推动其成为有担当、有能力的新时代青年。

高校国家安全教育的理论体系与实践创新需要在内容设计、教学方法和能力培养上实现全面优化。在新时代背景下，高校应通过构建科学的教育体系，培养大学生的国家安全意识和综合能力，为维护国家安全、推动社会进步贡献力量。

五、国家安全教育的难点问题与优化策略

新时代大学生国家安全教育是增强学生安全意识、提升风险应对能力的重要任务。然而，在实际推进过程中，存在诸多结构性瓶颈，需要通过系统的优化策略予以解决。本节从当前存在的问题及构建适应新时代要求的教育模式两个方面进行阐述。

(一) 当前国家安全教育中存在的结构性瓶颈

1. 教育内容与政策实践的脱节

问题分析：高校国家安全教育多集中于总体国家安全观和法律法规的理论教学，但缺乏与当下安全实践的动态联动。例如，课程内容较少涉及国际热点安全事件，以及国内突发公共卫生事件的应对策略。这种脱节使学生难以感受到国家安全教育的现实意义。

后果表现：学生对安全教育内容的兴趣和认同度不足，理论知识难以转化为对国家政策的深入理解和支持。

2. 学术研究与教学应用的断层

问题分析：国家安全相关领域的学术研究高度专业化，关注宏观战略分析与前沿技术突破，但这些成果往往未能及时转化为教学资源。例如，在网络安全领域，最新的人工智能算法在信息保护中的应用尚未成为高校教学的重点。

后果表现：教学内容滞后于学术前沿，学生无法接触到国家安全领域最新

的知识体系和技术实践。

3. 学生参与度与主动性的低迷

问题分析：国家安全教育的教学方式较为传统，以理论讲授为主，缺乏实践环节与互动设计，导致学生参与度不高。例如，课堂缺乏问题导向、案例分析或模拟演练，学生难以融入教学活动。

后果表现：学生对国家安全问题的兴趣不足，主动性不强，教育效果无法实现预期目标。

（二）构建适应新时代要求的国家安全教育模式

针对上述瓶颈问题，需要从内容设计、教学机制与质量保障等方面进行优化，构建适应新时代要求的国家安全教育模式。

1. 基于总体国家安全观的教育内容扩展

（1）动态更新教学内容：教育内容应与国家安全实践动态结合。例如，在讲解生态安全时，可引入“碳中和目标背景下的能源安全战略”；在讲授网络安全时，结合真实数据泄露案例及其影响。

（2）涵盖多维安全领域：高校国家安全教育需全面覆盖传统与非传统安全领域，具体包括以下内容。

传统安全：如国防与军事安全，结合最新武器装备研发进展。

非传统安全：如公共卫生安全，通过分析新冠疫情中的公共卫生政策与国际合作，加强学生对非传统安全的理解。

（3）注重本土实践与国际视野结合。教育内容需关注中国本土安全实践的同时，结合国际安全局势进行比较。例如，分析“一带一路”倡议背景下的经济安全与文化交流。

2. 促进多学科交叉融合的教学创新机制

（1）多学科交叉课程设计。国家安全教育应突破学科限制，将法学、计算机科学、环境科学、社会学等学科知识融入教学。例如，开设“网络主权与法律保护”“数据安全与人工智能”等跨学科课程。

（2）校企合作与实践教学结合。借助企业、政府及研究机构的资源，构建校企联合培养模式。例如，与网络安全企业合作，让学生参与真实的网络防御项目，增加实践机会。

（3）教学方式的多样化。借助案例教学、情境模拟与问题导向教学，增强教学互动性。例如，在课堂中模拟国际谈判或突发安全事件处理，让学生在实践中加深对国家安全问题的理解。

3. 强化评价机制与教育质量的动态监测

（1）多维度评价体系构建。在课程评价中引入过程性评价与实践性考核。例如，通过学生在案例分析、模拟演练中的表现评估其学习效果，而非仅依赖笔试成绩。

（2）动态监测与反馈机制。建立动态监测系统，定期收集学生反馈，及时调整课程内容与教学方法。例如，通过问卷调查了解学生对教学内容的接受程度，优化课程设计。

（3）教师队伍专业化建设。高校需提升教师对国家安全前沿知识的掌握能力。例如，通过教师进修、聘请国家安全专家授课等方式，确保教学内容与最新实践保持一致。

高校国家安全教育是培养新时代大学生综合素养的重要一环。针对现有瓶颈问题，通过基于总体国家安全观的内容扩展、多学科交叉的教学创新及质量监测机制的完善，可以有效提高学生对国家安全的认知能力和实践水平。未来的国家安全教育应更加注重动态调整与实践结合，为国家培养具有全球视野和责任担当的新时代青年。

六、国家安全教育的延展路径与社会化推广

在新时代背景下，大学生不仅是国家安全教育的重要受众群体，更是社会安全意识传播的关键力量。将国家安全教育从高校延展至社会，并推动全民参与，是新时代大学生安全教育的必然要求。结合个人观点，以下从高校到社会的联动机制、协同体系设计和制度化发展的策略，探讨国家安全教育的延展路径。

（一）国家安全教育的社会认同构建

1. 高校作为安全教育的核心枢纽

高校是国家安全教育的“源头”，其教育内容不仅服务于学生个人成长，更应向社会辐射影响。

(1) 输出安全知识与价值观：高校应通过公开讲座、在线课程和社区合作，将安全教育从校内拓展到校外。例如，高校教师与学生可参与地方社区的安全知识宣讲活动，将总体国家安全观和具体案例解读带入公众视野。

(2) 形成双向互动机制：社会反馈能有效推动高校课程内容更新。例如，在基层社区调研中发现的网络诈骗、生态破坏等实际问题，可作为高校课程的案例素材，不断优化教学内容。

2. 学生在社会安全传播中的角色

大学生是新时代安全教育的承载者，也是社会安全意识的传播者：

(1) 安全教育志愿者：鼓励学生以志愿者身份深入乡村、社区开展安全知识科普，如网络诈骗防范、生态保护等主题活动，既提升学生的社会责任感，也扩大了国家安全教育的受众群体。

(2) 创新传播模式：利用大学生熟悉新媒体平台的特点，推动国家安全教育“出圈”。例如，学生可以通过制作安全知识短视频、撰写科普文章，在社交媒体上传播安全意识。

高校与社会的联动应是双向互动的动态过程。安全教育不应停留在象牙塔内，而应深入社区、乡村和企业。特别是大学生的社会实践，能够将学校教育与社会需求无缝对接，让安全教育从理论走向现实。

(二) 国家安全教育与全民国防教育的协同体系设计

1. 协同目标：全维度提升安全意识与应对能力

国家安全教育和全民国防教育在目标上具有高度一致性：

(1) 国家安全教育：关注综合安全，如网络、生态、经济、文化等非传统安全领域。

(2) 全民国防教育：专注于军事安全、国防知识和国防动员能力培养。

通过协同设计，两者能够在覆盖面与专业深度上实现互补，为全社会构建立体化的安全认知。

2. 协同路径

(1) 课程内容互融。高校课程设计：在大学的思想政治课程中融入国家安全与国防教育模块，例如开设“总体国家安全观与现代国防”“多维度安全问题分析”等选修课程。

中小学课程衔接：通过基础教育阶段的“安全知识课程”，为学生未来的专业化学习奠定基础。

(2) 实践活动互通。安全实践与军事训练结合：例如，在高校军事理论课程中引入非传统安全演练内容，如网络攻击模拟、灾害应急演练等，培养学生的综合应对能力。

社会化协作平台：地方政府、高校与企业合作，共同打造国防安全教育基地，为学生提供真实情境下的学习体验。

(3) 制度与政策协同。推动制定《国家安全与国防教育协同发展实施纲要》，明确两者的目标任务与具体举措。

鼓励跨部门合作，将教育部、国防部和地方政府的资源整合，提高协同效率。

国家安全教育与国防教育的协同，能够打破单一维度的教育框架，为大学生提供更加完整的安全认知体系。特别是在实践层面，通过多样化的联合活动，让学生既能体会国防教育的严肃性，又能掌握非传统安全领域的应对方法。

(三) 促进国家安全教育制度化与常态化发展的政策建议

1. 制度化：建立完善的法律与政策体系

(1) 立法保障。在《中华人民共和国国家安全法》中增加教育推广的专章内容，明确高校与社会安全教育的具体职责与实施细则。

建立国家安全教育专项资金，用于高校课程开发、教师培训和社会实践活动。

(2) 体制机制建设。专职机构设立：建立国家安全教育协调中心，负责全国范围内教育活动的统筹与质量评估。

资源共享平台：通过建设数字化资源平台，为学校、社区和企业提供国家安全教育的标准化课程与案例库。

2. 常态化：确保教育持续推进与动态优化

(1) 动态内容更新。针对新兴安全威胁（如人工智能安全、数据主权争端等），及时补充教育内容。例如，组织专家团队每年发布《国家安全教育年度报告》，为高校课程设计提供依据。

(2) 社会化推广机制。全民安全周：每年设立“国家安全教育周”，通过知识竞赛、案例分析、实战演练等活动，提升全民参与度。

公众参与计划：鼓励地方政府与社会组织合作，开发适合不同年龄段和职业群体的安全教育产品，如儿童安全科普绘本、老年人网络安全手册等。

（3）评估与反馈机制。对教育效果进行长期跟踪与评估。例如，通过问卷调查、模拟演练成绩评估等方法，分析教育目标的达成情况，并据此优化教育设计。

3. 国际化视野的制度设计

（1）引入国际合作项目。鼓励中国高校与联合国教科文组织、国际危机组织等机构合作，开发面向全球学生的安全教育课程。借鉴他国安全教育经验，加强跨国比较研究和教学交流。

（2）文化输出与教育结合。将中国的总体国家安全观融入国际传播。例如，通过“一带一路”沿线国家的联合教育项目，推广中国安全观的核心理念。

制度化与常态化是国家安全教育可持续发展的核心保障。特别是在内容动态更新与国际合作方面，中国应加强顶层设计和政策支持，同时注重对大学生实践能力的培养，使其成为国家安全教育体系的建设者和传播者。

新时代大学生国家安全教育的延展，不仅在于高校课堂内容的深化，更在于通过社会化推广、协同国防教育、推动制度化发展，构建全民参与的安全教育格局。大学生作为连接高校与社会的纽带，在这一过程中具有不可替代的作用。通过多方协作和政策支持，国家安全教育的覆盖范围与实效性必将大幅提升，为国家的长治久安提供有力支撑。

第九章

健康与食品安全教育：从理论架构到实践方案的全景分析

一、健康与食品安全教育的理论模型与实施策略

健康安全是新时代大学生安全教育的核心内容之一。大学生群体面临着多重健康风险，包括不良饮食习惯、心理健康问题、传染病威胁等，这些不仅影响个体的学业和生活质量，也对社会公共健康构成挑战。因此，从理论到实践构建科学的健康安全教育体系尤为重要。

（一）健康与食品安全教育的核心概念与理论基础

1. 健康教育的定义与核心目标

健康教育是通过信息传播、知识培训和行为指导，帮助个体提升健康素养并改善生活方式的综合教育过程。其核心目标包括以下几点。

（1）预防疾病与促进健康：通过传播健康知识，预防因不良习惯导致的慢性病、传染病以及心理健康问题。

（2）提升健康素养：培养大学生科学理解健康信息的能力，例如如何合理膳食、如何应对健康危机。

（3）增强健康传播能力：鼓励大学生将健康知识传播至家庭和社区，形成全社会的健康文化。

2. 食品安全教育的理论框架

食品安全教育是健康安全教育的重要组成部分，其理论基础包括以下几点。

（1）风险沟通理论：通过透明的信息传播，帮助公众理解食品安全风险，减少误解与恐慌。

（2）行为改变理论：引导大学生从认知食品安全知识到付诸行动，逐步养成科学的饮食习惯。

（3）健康行为模型：分析个体如何在健康信念的驱动下，改变饮食和食品储存行为。

3. 健康与食品安全教育的融合发展路径

健康与食品安全教育在理念和实践上高度契合，应以融合的视角设计教育内容。

（1）理论融合：结合公共卫生学、食品科学、营养学，构建综合性课程框架，如“健康饮食与疾病预防”或“食品安全的科学认知”。

（2）实践融合：通过饮食健康讲座、食品检测实验和社区健康宣传活动，将健康教育与食品安全教育一体化推进。

（3）个人观点：健康安全教育的核心在于培养学生对自身健康的责任意识。高校不仅应关注学生的知识储备，更应通过实践活动激发他们在实际生活中应用健康知识的能力。

（二）健康与食品安全教育的分层实施策略

1. 高校健康与食品安全教育的课程设计与实践创新

高校是健康安全教育的关键环节，需要在理论教学与实践创新中实现深度结合。

（1）课程设计：引入跨学科课程，如“饮食文化与公共健康”“慢性病预防与饮食管理”，结合营养学、社会学和行为学知识，帮助学生理解健康与食品的系统性关联。

（2）实验与实践：建设健康管理实验室，设计食品安全检测实验，让学生直观了解食品加工、存储和检测技术。

（3）校园健康宣传：通过健康知识竞赛、主题展览和食品安全文化节等活动，营造浓厚的健康教育氛围。

2. 社会化推广中的公众健康与食品安全意识提升

大学生作为知识传播的桥梁，应在社会化推广中发挥重要作用。

（1）社区教育：组织学生到社区开展健康知识讲座，科普健康膳食与食品标签的科学解读。

（2）企业合作：与食品企业联合开展健康宣传活动，例如通过食品包装上的科普二维码传播安全知识。

（3）媒体平台传播：利用短视频、直播等新媒体形式，由大学生创作内容，传播健康安全知识，扩大教育影响力。

大学生在健康安全教育中的作用不仅是学习者，更是实践者和传播者。通过校内外的联动教育模式，健康安全教育的社会效应将得到显著提升。

（三）健康与食品安全教育的评估体系构建

1. 教育效果评估指标体系

（1）认知层面：如学生是否能准确识别食品安全风险、理解健康饮食的科学依据。

（2）行为层面：学生是否将健康知识应用于生活，例如是否会主动选择营养均衡的食品。

（3）社会层面：如学生在家庭和社区传播健康知识的效果，以及公众健康素养的提升。

2. 多元化评估方法：问卷调查、行为观测与实践效果

（1）问卷调查：设计科学的问卷，评估大学生对健康安全知识的掌握程度。例如，“您是否清楚如何根据食品标签选择食品？”

（2）行为观测：通过观察学生在食堂选择食物的情况，了解其健康行为的实际转变。

（3）实践效果：例如，通过组织学生策划的社区健康宣传活动，评估活动的社会影响力和参与度。

3. 持续改进与动态反馈机制

（1）持续改进：根据评估结果优化课程设计。例如，如果发现学生对食品添加剂存有疑问，可增加相关科普内容和实验环节。

（2）动态反馈机制：建立数字化反馈平台，通过数据分析及时调整教学方法和内容。例如，根据学生参与度和互动反馈，优化线上健康教育课程。

健康安全教育在新时代大学生安全教育中占据核心地位。通过理论与实践结合、分层实施和动态优化，健康与食品安全教育能够帮助大学生掌握科学知识、提升健康素养，并在家庭和社会中发挥示范作用。未来，高校应进一步完善健康教育的教学体系，强化社会协同机制，为全民健康与食品安全保障贡献智慧和力量。

二、健康管理与饮食安全教育的影响因素分析

新时代大学生安全教育的核心之一是健康管理与饮食安全教育。大学生正处于生理和心理快速发展的关键时期，其健康认知和饮食习惯将直接影响其个人成长和社会适应能力。因此，从成长环境和生活环境两方面深入剖析影响大学生健康管理与饮食安全教育的关键因素，对于构建科学有效的教育体系至关重要。

（一）健康管理与饮食安全教育的认知基础

1. 成长环境对健康认知的塑造

大学生的健康认知与其成长环境密不可分，家庭、学校和社会共同构成了健康认知的基础。

（1）家庭环境的早期影响。

①健康行为的习得：家庭是大学生健康认知的第一课堂，父母的饮食习惯、健康观念对学生的影响深远。例如，注重均衡饮食的家庭更可能培养出营养意识较强的大学生。

②文化传承的作用：不同家庭对饮食文化的重视程度也会影响学生的健康选择。例如，一些传统家庭强调自然食材的重要性，这可能帮助学生形成对健康食品的偏好。

（2）学校教育的补充作用。学校作为健康教育的重要场所，通过课程教学和实践活动，弥补学生成长环境中的认知不足。例如，开设“食品营养与安全”选修课，帮助学生系统学习营养搭配和食品卫生知识。

（3）区域差异的影响。

①城乡差距：城市地区的大学生更容易接触现代健康理念，而农村地区的学生可能因教育资源匮乏，健康认知相对滞后。

②地域文化：地域性的饮食文化也会影响大学生对食品安全的认知。例如，北方地区偏爱高盐、高油饮食，可能需要更多健康教育来平衡传统习惯与科学健康观念。

2. 食品安全知识的传播与公众接受度

食品安全知识的传播效果直接影响大学生健康认知的深度和广度。

（1）传播内容的针对性与科学性。

①针对大学生特点：传播内容应结合大学生的生活场景，例如外卖食品的卫生隐患、食堂菜品的营养搭配等，以提升其现实感和关联性。

②科学性的重要性：食品安全知识应基于权威数据和科学依据。例如，通过讲解食品添加剂的合理使用，消除大学生对“添加剂有害”的误解。

（2）传播方式的多样化。

①课堂教学：通过课程教学系统化传播食品安全知识，例如讲解食品标签解读和储存技巧。

②新媒体传播：利用短视频、微信公众号等新媒体平台开展食品安全知识科普，例如通过食品安全实验视频直观展示食品污染的危害。

（3）公众接受度的影响因素。

①信任来源：大学生对食品安全信息的信任程度往往依赖信息来源的权威性。例如，学校或政府机构发布的信息更容易被接受，而商业宣传可能被视为缺乏公信力。

②兴趣与参与：通过趣味化的活动形式（如健康挑战赛、模拟食品检测实验），增强学生的参与度和接受度。

（二）社会文化与政策环境的影响

1. 社会文化对健康与食品安全观念的塑造

社会文化是大学生健康观念与行为形成的重要背景因素。

（1）传统文化的双重影响。

①积极作用：传统文化中许多健康理念对现代健康教育具有参考价值。例如，中医饮食观提倡“食疗养生”，强调食物的天然性和多样性，与现代营养学的均衡饮食理念高度契合。

②消极作用：一些传统饮食习惯可能对健康不利，例如长期食用腌制食品或重口味饮食，可能增加慢性病风险。这需要通过健康教育予以引导和调整。

（2）现代消费文化的挑战。

①快餐文化：随着生活节奏的加快，许多大学生倾向选择高热量快餐，导致营养过剩和慢性病风险上升。

②外卖经济：外卖食品的普及为学生生活带来便利，但也带来了食品卫生隐患和营养摄入不均衡等问题。这要求高校在健康教育中加强外卖食品安全的

科普与行为引导。

2. 政策环境对健康与食品安全教育的推动

政府政策是推动健康与食品安全教育持续发展的基础保障。

（1）法规与政策的指导作用。

①法律支持：根据《国务院食品安全办等6部门关于进一步加强学校校园及周边食品安全工作的意见》，学校要落实校园食品安全管理的主体责任，将食品安全、营养和节约食物纳入健康教育内容。

②战略规划：《“健康中国2030”规划纲要》提出要将健康教育纳入国民教育体系，把健康教育作为所有教育阶段素质教育的重要内容。《国务院关于实施健康中国行动的意见》中也提及实施中小学健康促进行动，动员家庭、学校和社会共同维护中小学生身心健康，引导学生从小养成健康生活习惯等。

（2）政策执行中的不足与改进方向。

①覆盖面不足：农村和偏远地区的大学生往往缺乏健康与食品安全教育资源，需要政策倾斜以弥补差距。

②资源整合不足：食品安全教育涉及多个部门，但缺乏统一协调机制，教育内容和实施方式存在碎片化现象。

（3）优化建议。

①数字化教育支持：通过在线教育平台为偏远地区学生提供优质健康教育资源，例如免费健康课程和科普视频。

②跨部门协作机制：构建教育、卫生和市场监管部门的协作机制，共同推动健康与食品安全教育的制度化和常态化。

新时代大学生的成长环境与生活环境日益多样化，健康管理与食品安全教育的开展需紧密结合其实际需求。

成长环境个性化分析：教育内容应根据学生的家庭背景、区域特征进行个性化设计。例如，针对农村学生的教育应重点普及现代食品安全知识，而对城市学生则需关注快餐和外卖的健康隐患。

生活环境优化与干预：高校应提供健康的饮食环境，例如优化食堂餐单、建立食品安全监督机制，并通过健康讲座和实践活动强化学生的健康安全意识。

政策引导与资源共享：政府应加强政策执行力，鼓励高校与社区、企业合作，共享教育资源，打造健康教育生态圈，最终实现从校园到社会的全覆盖。

三、食品安全事件中的教育介入与行为引导

食品安全事件对公众健康和社会信任构成重大挑战，尤其是在现代信息传播快速且公众认知多元化的背景下，教育介入成为解决食品安全危机的关键手段。新时代大学生作为未来社会的中坚力量，不仅需要在食品安全危机中具备正确的认知与行为能力，更应在危机化解与行为引导中发挥积极作用。本节从公众认知与行为、教育介入模式以及长期行为引导机制三个方面，结合中国教育实际，探讨大学生食品安全教育的策略与路径。

（一）食品安全事件的公众认知与应对行为

1. 食品安全危机中的公众心理与行为分析

在食品安全事件中，公众的心理和行为受到信息传递速度、信息可信度和社会环境的多重影响。

（1）公众心理的典型特征。

①恐慌与不信任：食品安全事件往往导致公众对食品行业、政府监管部门甚至整体市场的不信任感。例如，“三聚氰胺事件”引发公众对国产乳制品的长期怀疑，即便后续监管措施显著提升，市场信心恢复仍需较长时间。

②过度反应：部分公众可能采取非理性行为，如拒绝购买同类食品，甚至盲目追捧“无添加”“纯天然”等高价食品，忽视了科学依据。

（2）应对行为的多样化。

①积极行为：部分公众主动学习食品安全知识，提高自身食品选择的科学性。

②消极行为：部分消费者因信息不对称而产生“回避行为”，即完全拒绝接触某类食品，例如一旦发生禽流感疫情，部分人群可能完全避免食用家禽产品。

2. 媒体传播对食品安全事件的影响

媒体在食品安全事件中的作用具有双重性。

（1）正面影响。

①信息透明化：媒体在第一时间公开食品安全事件的真实信息，有助于遏

制谣言传播。例如，中国主流媒体在新冠疫情期间及时报道食品供应链的安全保障，稳定了公众情绪。

②科普教育：权威媒体通过专题节目、科普文章等形式普及食品安全知识，提高公众对食品安全问题的科学认知。

（2）负面影响。

①谣言扩散：自媒体平台上的不实信息可能夸大事件影响，例如“激素催熟水果有害健康”等谣言在网络上广泛传播，加剧了公众恐慌。

②偏向性报道：部分媒体为了吸引流量，过度渲染食品安全危机，忽视了事件解决过程及正面信息，导致公众对食品行业的长期不信任感。

（二）教育介入的模式与策略

1. 危机阶段的应急科普与教育引导

在食品安全事件爆发时，教育的首要任务是迅速传递权威信息并引导公众作出科学判断。

（1）应急科普的多层次传播。

①权威信息发布：政府和高校应联合发布权威的科普材料，例如通过健康中国平台、人民日报公众号等官方媒体及时发布事件真相及应对措施。

②多渠道传播：利用短视频平台、校园广播等传播形式，确保学生和公众能够快速获取科学信息。例如，食品学院的师生可制作视频讲解“如何科学识别食品安全谣言”。

（2）教育引导的实践方式。

①案例教学：结合真实食品安全事件（如“长生疫苗事件”），在课堂中探讨食品安全法规、责任归属及消费者应对策略，帮助学生形成法律与安全意识。

②现场模拟：高校可组织危机应对演练，例如模拟“突发食品召回”的处理流程，提升学生在危机情境中的行动能力。

2. 食品安全事件中的谣言治理与公众认知修正

谣言治理和公众认知修正是应对食品安全危机的核心。

（1）谣言治理的关键措施。

①实时监控与快速辟谣：利用网络舆情监测技术及时发现谣言，并由权威部门通过社交媒体和主流媒体发布辟谣信息。

②公众参与机制：组织大学生志愿者参与“食品安全真相”公益行动，在社区中通过讲座、问答等方式与公众互动，帮助纠正误解。

（2）认知修正的教育策略。

①科学对比教学：通过展示科学实验和对比案例，解释谣言与事实的差异。例如，通过演示实验说明食品添加剂的安全性，纠正公众的“添加剂等于有害”的认知误区。

②食品标签教育：高校可开设“食品标签与营养信息解读”讲座，帮助学生和社区居民正确解读食品成分信息，提高风险辨别能力。

（三）食品安全行为引导的长期机制

1. 消费者食品安全行为习惯的培养路径

长期的行为引导需要教育介入与环境干预的双重结合。

（1）健康消费行为的树立。

①科学选购食品：通过教育引导学生优先选择正规渠道购买食品，并掌握如何识别假冒伪劣产品。

②食物多样化：结合中国饮食文化推广均衡膳食理念，减少对高热量、低营养快餐食品的依赖。

（2）实践活动的行为干预。

①食品检测与体验活动：通过校内食品实验室开放日，让学生参与食品检测实践，直观了解食品安全标准与风险控制方法。

②健康食谱设计竞赛：鼓励学生根据营养原则设计健康食谱，增强其对健康饮食的兴趣与认知。

2. 学校与社区在行为引导中的角色定位

学校和社区在食品安全行为引导中应发挥互补作用。

（1）学校的作用。

①课程与实践相结合：高校应将食品安全知识融入课程，例如开设“食品风险评估”或“健康中国与食品安全”主题课程，同时组织实践活动强化学生的行为转化能力。

②食品安全文化建设：通过建设绿色食堂、推广“光盘行动”，在校园内营造健康饮食文化氛围。

（2）社区的作用。

①科普教育平台：社区可举办食品安全日活动，邀请大学生志愿者作为科普讲师，为居民普及健康饮食和食品安全知识。

②长期反馈机制：社区通过问卷调查收集居民对食品安全的关注点和困惑，为教育内容的改进提供依据。

新时代大学生食品安全教育不仅是科学知识的传播，更是一种行为习惯的引导。通过整合高校与社区的资源，结合危机阶段的应急教育与长期机制的构建，可以全面提升大学生及社会公众的食品安全意识和应对能力。同时，应充分利用中国丰富的饮食文化资源，将传统文化与现代科学相结合，打造中国特色的食品安全教育体系，从根本上保障公众健康和社会稳定。

四、新时代健康安全教育的系统优化方案

健康安全教育是新时代大学生安全教育的重要组成部分，其范围涵盖生理健康、心理健康以及突发疾病的预防与应对。随着全球化进程的加快和公共卫生危机的频发，构建科学、系统的健康安全教育体系已成为教育改革的重要目标。本节从体系化设计、国际比较与经验借鉴、未来发展方向及全民参与四个方面，围绕健康安全与突发疾病预防与应对，提出系统优化方案。

（一）健康安全教育的体系化设计

1. 多维整合的健康安全教育框架

新时代健康安全教育应建立多维整合的教育框架，将突发疾病的预防与应对纳入重点内容。

（1）知识传播层。

①全面覆盖健康主题：教育内容需涵盖生理健康（如传染病防控、慢性病管理）、心理健康（如压力管理、情绪调节）以及环境健康（如饮用水卫生、空气质量影响）。

②突发疾病专题教育：重点普及传染病防控知识，如流感等，帮助学生掌握个人防护措施（如佩戴口罩、正确洗手），以及学校疫情应急预案的知晓与

执行。

（2）行为干预层。

①健康习惯培养：通过健康教育活动如“每日运动一小时”或“健康饮食月”，引导学生形成长期的健康行为习惯。

②突发事件应急演练：定期开展突发疾病情境模拟，例如传染病暴发的疏散演练、公共场所的隔离措施，让学生掌握危机中的科学应对技能。

（3）价值观塑造层。

①健康责任感培养：通过讲座或案例分析，让学生认识到个人健康对社会公共安全的重要性，形成主动参与健康安全行动的意识。

②公共卫生观念引导：普及“群体免疫”与“社会责任”的健康理念，帮助学生理解突发疾病防控需要全社会协作。

2. 学校、家庭与社会协同推进的教育机制

（1）学校作为主导力量。

①课程设计与实施：高校应将健康安全课程列为必修课，例如开设“公共健康与应急管理”“传染病防控与心理调适”等课程，通过理论与实践结合提高学生的健康素养。

②健康文化氛围营造：在校园推广“健康安全日”活动，包括急救技能培训、免疫接种宣传等，提高学生健康安全意识。

（2）家庭的支持与配合。

①健康教育家庭化：通过家庭健康计划（如家庭每日锻炼打卡）促进学生在家庭中实践健康知识。

②家校联动机制：学校可与家长合作，开展在线健康知识分享会，共同制定应对突发疾病的家庭应急计划。

（3）社会的推动与保障。

①社区健康教育平台：社区可建立健康安全知识宣传阵地，定期举办科普讲座或急救演练，帮助大学生在实践中巩固知识。

②企业健康支持：企业可通过赞助健康教育项目或开发健康管理应用，为学生提供更丰富的教育资源。

（二）健康安全教育的国际比较与经验借鉴

1. 发达国家健康安全教育的经验分析

（1）美国。

①健康应急课程：美国高校普遍设置健康应急课程，如“校园传染病管理”，并通过案例教学培养学生的突发疾病应对能力。

②健康监测系统：高校健康中心通过数字化健康管理系统对学生健康状况进行动态监测，并提供及时的预警和医疗支持。

（2）日本。

①全民健康管理：通过法律法规，如《健康增进法》，推动国民健康教育，特别是在灾害高发地区广泛普及急救技能和疾病预防知识。

②校园健康演练：每年组织突发疾病或灾害的应急演练，让学生熟悉疏散、隔离、急救等流程。

（3）欧洲国家。

①社会支持网络：通过建立健康教育与公共卫生服务网络，如欧洲高校普遍推广的“健康大学”项目，推动全校参与健康行动。

②防疫文化教育：例如德国在高校中普及手部卫生文化，强调个人卫生对公共健康的重要性。

2. 国际视角下的中国健康安全教育优化路径

（1）健全法律与政策体系。从国际经验看，许多国家通过立法明确健康教育的责任主体和实施路径，我国将健康安全教育纳入《中华人民共和国教育法》《中华人民共和国传染病防治法》，明确高校在健康教育中的责任和任务。

（2）加强国际合作与资源共享。中国高校可参与国际公共卫生教育合作项目，例如与世界卫生组织（WHO）联合开发健康课程或应急管理培训。

（3）结合文化与国情推广健康教育。利用中医理念如“治未病”，倡导学生通过合理饮食、适度运动增强免疫力，打造具有中国特色的健康教育模式。

（三）健康安全教育的未来发展方向

1. 新技术在教育实践中的创新应用

（1）数字化教学。

①在线教育平台：通过开发健康安全主题在线课程，为学生提供随时随地

的学习资源。

②数据可视化工具：利用健康数据平台追踪学生健康状况，生成个性化健康报告，提升教育效果。

（2）智能化健康管理工具。

①健康监测设备：推广智能手环、健康管理APP，帮助学生记录运动、睡眠等数据，形成健康习惯。

②应急信息推送：建立校园应急信息发布系统，利用人工智能技术对传染病风险进行早期预警。

2. 健康安全教育的制度化与政策保障

（1）明确教育内容要求：在高校课程大纲中明确健康安全教育的核心内容和教学目标，确保教育效果的标准化与规范化。

（2）设立专项支持基金：通过政府专项资金支持高校开发健康教育资源、培训专业师资并建设校园健康基础设施。

（3）动态评估机制：建立健康教育的长期监测与反馈系统，例如定期收集学生的健康数据以评估教育效果并优化教学方案。

（四）建立全民参与的健康安全教育生态

1. 个体与群体参与教育的激励机制设计

（1）个体激励。

①健康积分制：通过完成健康任务（如定期锻炼、在线课程学习）获得积分，用于兑换奖品或服务。

②行为奖励：为参与健康活动的学生颁发“健康大使”称号或奖学金。

（2）群体激励。

①健康团队竞赛：组织健康知识竞赛、急救技能比赛等集体活动，提升学生的协作意识与参与度。

②荣誉激励：通过评选“健康校园示范单位”激发学校、社区的参与热情。

2. 健康安全教育与可持续发展的结合实践

（1）倡导健康与环保结合。推广“健康低碳生活”理念，例如鼓励学生骑行、步行上下课，减少对交通工具的依赖，同时达到锻炼身体的目的。

（2）强化生态健康观念。在健康教育中融入生态平衡与可持续发展理念，强调健康生活方式对环境保护的重要性，例如减少塑料瓶使用、提倡健康饮水文化。

（3）多方协作推动教育。建立政府、高校、社会组织和企业的合作机制，共同推进健康教育的普及与发展。

健康安全教育在新时代背景下，应以突发疾病的预防与应对为核心，结合科技进步和文化创新构建系统化教育体系。同时，通过多方协作和全民参与，推动健康安全教育从校园走向社会，为实现健康中国的战略目标提供强有力的支持。

第十章

法律与伦理安全教育：规范理论与行为引导的多重视角

一、法律安全教育的核心理论与实施路径

法律安全教育在新时代大学生安全教育中占据核心位置，旨在通过系统化的法律知识传播、意识培养和实践引导，帮助大学生树立法治观念、增强法治能力。本节结合新时代背景，从定位与意义、重点内容和实施路径三方面深入探讨。

（一）法律安全教育在大学生安全教育中的定位与意义

1. 法律安全教育的内涵与目标

（1）内涵：法律安全教育是指通过知识传播与实践活动，使大学生了解法律基本原理、熟悉与自身权益相关的法律规范，形成法治意识，提升依法维护自身权益和规范自身行为的能力。

（2）目标：提升法律素养：普及大学生在学习、生活、网络行为中常用的法律知识，如《中华人民共和国民法典》《中华人民共和国网络安全法》等内容。

（3）增强自我保护能力：教育学生学会运用法律武器防范和化解安全风险，如面对兼职骗局或合同纠纷时的应对策略。

（4）培育法治精神：通过案例分析和行为引导，帮助学生树立尊法、守法、用法的价值观念。

2. 法律安全教育对大学生综合素质提升的作用

（1）增强法治观念：帮助学生理解法律在社会稳定和个人权益保护中的重要性。例如，通过案例教学分析校园贷、合同诈骗等常见法律问题，强化学生的法律意识。

（2）提高风险防控能力：通过法律知识普及，让学生掌握基本的法律自助和求助途径。例如，面对劳动合同纠纷时，如何有效通过仲裁维权。

（3）培养社会责任感：法律安全教育强调权利与义务并重，使大学生在维护自身权益的同时，尊重他人权益，践行社会责任。

（二）法律安全教育的重点内容

1. 校园安全相关法律法规

（1）《中华人民共和国教育法》：明确规定学校和学生的权利与义务，强调学校对学生健康成长的保障责任。例如，高校应设立法律援助中心，为学生提供法律咨询服务。

（2）《中华人民共和国治安管理处罚法》：针对校园暴力、财产损害等行为，普及学生可能面临的法律责任及后果。

（3）《中华人民共和国未成年人保护法》：针对未成年大学生提供特别保护，例如在校园中防止欺凌和侵害行为，保护学生心理健康和受教育权。

2. 网络安全法律

（1）《中华人民共和国网络安全法》：普及网络言论的法律边界，如大学生在社交媒体上的言论自由与法律责任关系，帮助学生避免因网络诽谤、侵权而触法。

（2）《中华人民共和国个人信息保护法》：指导学生正确保护个人信息，避免陷入隐私泄露、诈骗等风险。例如，通过课堂案例解析“钓鱼网站”如何通过信息泄露实施诈骗。

（3）网络犯罪法律责任：结合实际案例普及网络犯罪的法律后果，例如网络盗窃、网络赌博和网络暴力的法律界定与处罚。

3. 学术诚信与法律底线

（1）学术规范与法律约束：教育学生了解学术不端行为（如抄袭、剽窃、伪造数据）的法律后果，例如《中华人民共和国著作权法》中的知识产权保护条款。

（2）考试作弊的法律责任：明确说明考试作弊、泄露考题等行为的严重性和法律后果。

（3）知识产权保护：普及专利法、著作权法，教育学生在学术研究中尊重他人劳动成果。

（三）法律安全教育的实施路径

1. 高校课程体系中的法律安全教育模块

（1）通识课程：如“法治教育与大学生成长”，普及与学生学习、生活密切相关的法律知识。

（2）专业课程：结合学生学科特点，设置具有针对性的法律课程。例如，计算机专业可开设“网络安全与法律”，帮助学生理解信息安全法律责任。

（3）案例教学法：通过模拟案例分析和讨论，让学生了解真实情境中的法律问题。例如，以“大学生参与校外兼职陷阱”为案例分析劳动法的应用。

（4）实践教学结合：在课堂中融入模拟法庭、法律角色扮演等实践环节，提升学生的法律应用能力。

2. 校园法律文化建设与活动实践

（1）法治宣传活动：组织“法律知识竞赛”“模拟法庭体验”等活动，通过互动方式激发学生的学习兴趣和主动性。

（2）法律文化传播平台：利用校园微信公众号、短视频平台推送法律科普内容，如“大学生必知的十大法律知识”。

（3）法律风险防控讲座：定期举办讲座，主题涵盖合同法、侵权责任法、网络安全法等。例如，“如何识别兼职合同中的法律漏洞”。

3. 校内外法律实践平台的搭建与拓展

（1）校内法律援助中心：为学生提供法律咨询服务，同时为法律专业学生提供实践平台。

（2）校外法律实践基地：与律所、司法机关合作，为学生提供实习机会。例如，学生可以参与案件处理、社区法律普及等活动，提升实践能力。

（3）志愿服务与社会互动：组织大学生法律志愿者团队，在社区开展法律知识宣传与咨询服务。例如，针对老年群体普及防诈骗知识，为家庭提供法律援助。

新时代背景下，大学生法律安全教育应结合数字化社会特征和全球化趋势，突出网络法律意识和社会责任感的培养。特别是随着互联网犯罪和信息泄露事件增多，高校需通过法律教育帮助学生应对新型法律挑战。同时，法律安全教育应注重与心理健康教育和道德教育的结合，共同构建一个更加全面的大学生安全教育体系。

二、大学生法律意识培育的理论模型与实践效果

法律意识是大学生法治素养的重要体现，既是其应对现代社会复杂法律环境的核心能力，也是新时代大学生安全教育的关键环节。通过科学的理论设计与实践路径优化，大学生法律意识的培养能够进一步助力校园和社会法治文化建设。本节在分析大学生法律意识现状的基础上，提出理论模型，并结合实践路径探讨如何实现法律意识教育的效果最大化。

（一）大学生法律意识的现状与问题分析

1. 大学生法律意识的总体水平与薄弱环节

随着法治社会建设的不断推进，中国大学生的法律意识总体水平有所提升，但仍存在较多薄弱环节。

（1）总体水平。大多数大学生在接受了法律基础课程后，能够掌握基本的法律常识，并具备一定的权利保护意识。在合同签订、劳动权益保障、网络行为规范等方面，部分学生表现出较强的认知能力和主动性。

（2）薄弱环节。法律知识的碎片化，由于法律课程教学以理论为主，部分学生对法律的认知缺乏系统性和实践性。例如，学生可能了解法律条文，但不清楚如何在现实情境中运用这些法律知识。

（3）权利意识与义务意识失衡。不少学生重视保护自身权利，但缺乏对法律义务和社会责任的认识，导致行为规范性不足。

（4）实践能力欠缺。面对复杂法律问题（如网络隐私泄露、劳动合同纠纷），学生普遍缺乏运用法律手段解决问题的能力。这种现象在非法律专业学生中尤为显著。

2. 网络空间对大学生法律意识的双向影响

网络空间作为信息传播和社会互动的重要平台，对大学生法律意识既有积极促进作用，也存在一定的负面影响。

（1）积极影响。

①法律信息的广泛传播：通过新媒体平台，如短视频、微信公众号等，大学生可以随时随地获取法律知识。例如，针对劳动权益保护的普法视频在抖音

等平台上广泛传播，增强了学生的维权意识。

②线上法律教育的创新：许多高校和机构通过网络开展在线法律课程和知识竞赛，为学生提供多样化的学习机会。

（2）负面影响。

①信息误导：网络信息的真实性难以保证，一些未经验证的法律知识可能误导学生。例如，部分学生可能因错误的信息理解“个人信息保护法”，导致维权失败。

②匿名环境的道德风险：网络匿名性降低了部分学生对法律的敬畏感，导致网络暴力、恶意评论等违法现象在校园网络空间中屡见不鲜。这反映出部分学生对网络法律责任缺乏足够认识。

新时代背景下，大学生法律意识的现状凸显了法律教育的必要性和复杂性。高校应在法律课程中强化系统性和实践性，同时通过网络平台扩大法律知识传播的覆盖面，推动学生将网络行为纳入法律框架中。

（二）大学生法律意识培育的理论模型

1. 知识传播—行为引导—价值观塑造模型

这一模型以教育心理学和行为理论为基础，通过知识传播、行为引导和价值观塑造三个阶段，帮助学生逐步提升法律意识。

（1）知识传播。

①目标：帮助学生掌握全面的法律知识，包括民事、刑事、行政等基础法律知识，以及网络安全、劳动权益等专项内容。

②实施：通过法律课程教学、专题讲座、案例解析等形式进行系统传播。例如，开设“大学生必备法律知识”通识课，涵盖合同法、知识产权法等内容。

（2）行为引导。

①目标：通过实践活动将法律知识转化为规范行为，引导学生养成遵法守法的习惯。

②实施：采用模拟法庭、法律角色扮演等形式，让学生体验法律实践的真实场景。例如，通过劳动合同纠纷的模拟审判，让学生学习法律条文的实际应用。

（3）价值观塑造。

①目标：以法律教育为载体，培育学生的社会责任感和公平正义意识。

②实施：结合社会热点问题进行案例分析，如讨论“个人信息泄露事件”中的法律与道德责任，培养学生的法律判断力和社会道德感。

2. 认知驱动与社会责任导向相结合的模型

（1）认知驱动。

①核心理念：通过问题驱动和案例教学引导学生主动学习法律知识。例如，在课堂中设计开放性问题，如“网络诽谤的法律边界在哪里?”引发学生的讨论和探索。

②教育手段：通过线上线下结合的方式，打造灵活的学习环境。例如，在课程教学中利用数字化平台提供动态学习资源，提高学生的法律学习兴趣。

（2）社会责任导向。

①核心理念：将法律教育与社会实践相结合，让学生在真实情境中认识法律的重要性。

②实践方式：组织学生参与法律援助志愿服务、社区法律普及等社会活动。例如，通过“大学生法律服务队”为社区居民提供免费咨询服务，增强学生的社会责任感和法律应用能力。

以上两种模型在法律教育中的应用各有侧重，但都应以学生为中心，注重互动性和实践性。高校可以结合不同专业和学科特点，灵活运用这些模型，为学生提供更符合实际需求的法律教育。

（三）大学生法律意识培育的实践路径

1. 模拟法庭与法律情景教学的应用

（1）模拟法庭。

①形式：组织学生以角色扮演的方式模拟法律审判程序，包括法官、律师、原告和被告等角色。

②效果：通过对真实案例的还原，学生能够直观了解法律程序，同时培养逻辑思维能力和法律分析能力。

（2）法律情景教学。

①内容：以真实案例为蓝本，设计情景化教学环节。例如，学生参与“网络侵权案例分析”，体验如何应对个人信息泄露的问题。

②目标：提升学生在特定情境中应用法律知识的能力，增强其法律意识和实际应对能力。

2. 高校法治宣传活动案例分析

（1）法治宣传周。通过知识竞赛、主题讲座、普法展览等多种形式向学生传播法律知识。例如，某高校开展的“校园贷法律风险防范”主题讲座，有效提升了学生对金融法律风险的认知。

（2）法律文化节。

①活动内容：邀请法律专家开展专题讲座、设置模拟法庭体验环节，并展示学生原创法律科普作品。

②实际效果：通过多样化活动增强学生对法律的兴趣，使法治文化在校园内深入人心。

3. 大学生法律援助与社区实践的教育效果

大学生法律援助与社区实践是高校法治教育的重要组成部分，通过实际参与法律援助项目，学生不仅能够提升自身的法律素养，还能为社区法治建设贡献力量。以下从法律援助项目的实施与教育效果两个方面进行详细阐述。

（1）法律援助项目。

①实施。

a. 设立高校法律援助中心：高校设立法律援助中心，为学生和社区居民提供法律咨询服务。例如，中心由法学专业教师和学生志愿者组成，定期开展法律咨询活动。

b. 服务内容：包括合同纠纷、劳动权益、婚姻家庭等常见法律问题的咨询与指导。例如，为社区居民提供劳动合同纠纷的法律建议，帮助学生解决校园生活中的法律问题。

c. 合作机制：与地方司法局、律师事务所等机构合作，提升服务的专业性和覆盖面。例如，邀请律师到校开展法律讲座，组织学生到律所实习。

②教育效果：

a. 学生层面。

• 法律实践能力提升：通过参与法律援助，学生能够将课堂所学的法律理论知识应用于实际案例，提升法律实践能力。例如，学生在咨询过程中学习如何分析案件、撰写法律文书。

• 职业素养培养：法律援助项目帮助学生树立职业责任感和职业道德。例如，学生在服务过程中学会如何与当事人沟通、保护当事人隐私。

• 综合素质增强：通过团队合作和问题解决，学生的沟通能力、组织能力和应变能力得到全面提升。例如，学生在法律援助中心分工协作，共同完成复杂的法律咨询任务。

b. 社会层面。

• 社区法律意识提升：法律援助项目为社区居民提供免费法律咨询，帮助他们了解自身权利和义务，提升法律意识。例如，通过法律讲座和咨询活动，社区居民学会如何通过法律途径维护自身权益。

• 法治社会建设推动：高校法律援助中心成为社区法治建设的重要力量，推动法治文化的传播。例如，通过典型案例的宣传，增强社区居民对法律的信任和依赖。

• 社会资源优化：法律援助项目整合高校与社会的法律资源，实现资源的优化配置。例如，高校与地方司法局合作，共同开展法律宣传活动，扩大服务覆盖面。

（2）社区法律普及活动。

①形式：组织大学生到社区开展防诈骗宣传、劳动权益普法等活动。

②成果：通过服务社区增强学生的社会责任感，同时为法律意识教育注入现实意义。

法律意识的培养必须紧扣学生实际，通过实践活动和社会互动使学生真正理解法律的意义和作用。高校应进一步推动法律实践基地建设，为学生提供更多真实场景下的法律体验机会。

三、法律与伦理交叉问题中的教育对策

在现代社会，法律与伦理交叉问题成为大学生日常行为中不可忽视的领域。法律以规范为边界，伦理则强调道德的约束，两者在某些情境中可能产生冲突，尤其是在网络隐私、人工智能等新兴领域。大学生作为未来社会的中坚力量，需要在法律与伦理交叉领域建立清晰的认知和行为规范。下面从法律与伦理冲突的影响、教育重点领域及融合实践三个方面进行分析，探索如何有效引导大学生在法律与伦理冲突中的行为选择。

(一) 法律与伦理冲突对大学生安全行为的影响

1. 网络隐私保护中的法律边界与伦理争议

(1) 法律与隐私保护的边界。

①法律层面：随着《中华人民共和国个人信息保护法》的实施，大学生的网络隐私权利得到了法律保障。然而，法律对于隐私权的保护存在一定的边界，例如公共利益或国家安全时可能优先于个人隐私。

②冲突情境：部分大学生对隐私保护的法律条款认知不足，如在社交媒体平台上过度共享个人信息，容易造成隐私泄露；而在学校管理中，学生信息的收集和使用可能与个人隐私保护需求发生冲突。

(2) 伦理争议的典型表现。在某些情况下，合法行为可能违背伦理。例如，高校为提升管理效率，可能通过监控设备采集学生行为数据，但这可能引发学生对隐私和尊重的伦理担忧。大学生在使用网络时，可能在“窥探”他人隐私与尊重个人空间之间缺乏明确的道德界限。

2. 科技应用中的伦理困境与法律规制

(1) 人工智能应用的法律保障。法律对人工智能的规制主要集中于数据使用、决策透明和公平性，例如《中华人民共和国数据安全法》对数据安全和伦理的底线要求明确规范。

(2) 伦理困境的具体体现。

①算法歧视：在智能推荐和人脸识别等技术中，算法可能因数据训练偏差导致歧视性结果。大学生作为使用者，可能未能意识到算法偏见对弱势群体权益的隐性剥夺。

②道德两难：如自动驾驶技术中“优先保护驾驶员还是行人”的决策，虽然具有明确法律规制，但在伦理上仍难以统一。

网络隐私保护和人工智能的伦理问题反映出大学生在现代技术应用中的法律意识和伦理素养存在不足。高校教育需帮助学生在法律与伦理冲突中形成清晰的认知框架，并通过实践教学强化行为自觉性。

（二）法律与伦理教育的重点领域

在法律与伦理教育中，应聚焦信息安全、学术道德和社会责任等关键领域，通过多维度的知识传播与行为引导，帮助大学生掌握应对交叉问题的技能。

1. 信息安全与数字伦理

（1）信息安全的法律规范。高校需普及《中华人民共和国网络安全法》《中华人民共和国数据安全法》等法律知识，让学生了解个人信息保护的法律底线和合法使用信息的基本要求。通过案例教学，让学生掌握面对网络侵权和隐私泄露时的维权路径。

（2）数字伦理的教育目标。强调在数据获取和使用中的尊重与透明原则。例如，引导学生在学术研究中合法合规使用数据，并充分尊重被调查对象的隐私权。

2. 学术道德与知识产权保护

（1）学术诚信的法律基础。普及《中华人民共和国著作权法》《中华人民共和国专利法》等法律内容，帮助学生了解抄袭、剽窃等行为的法律后果。结合案例分析，如“某高校学生论文抄袭被撤销学位事件”，探讨学术不端的法律与伦理后果。

（2）学术伦理教育的核心。在学术研究和创作中培养学生尊重他人劳动成果的意识。例如，通过引入“学术共同体伦理守则”让学生理解知识共享与保护的平衡点。

3. 社会责任与法律意识结合的行为规范

（1）社会责任感的法律视角。教育学生在网络和社会生活中承担法律责任，例如杜绝网络暴力、积极参与公益行为。强调公共领域中的法治意识，如自觉维护公共秩序、尊重社会规则等行为规范。

（2）行为规范的伦理引导。鼓励学生将法律约束与道德感结合，在日常行为中体现对弱势群体的尊重和帮助意识。例如，通过社区服务实践培养学生的社会责任感和人道主义精神。

法律与伦理教育的重点领域应与大学生的生活场景和社会环境紧密结合，通过教学内容的实践性和互动性，引导学生从单纯遵法转向知法守法并兼顾伦理约束。

（三）法律与伦理教育的融合实践

法律与伦理教育的有效开展需在理论和实践中深度融合。高校应通过课程设计、案例剖析和情境模拟等方式，让学生在真实情境中感受法律与伦理的交叉复杂性。

1. 多学科视角下的法律与伦理课程设计

（1）跨学科课程整合。将法律课程与哲学、社会学、计算机科学等学科结合。例如，在网络工程专业中开设“网络安全与数字伦理”，在法学专业中加入“人工智能法律规制与伦理问题”课程模块。

（2）课程内容的情境化。通过引入社会热点问题设计教学内容，如“短视频平台的隐私保护与算法推荐的伦理挑战”，增强课程的现实性和学生的参与感。

2. 校园案例剖析与道德审议实践

（1）案例剖析的教学应用。选取典型案例进行课堂分析，例如“某知名高校师生涉及学术剽窃事件”“网络言论自由与诽谤责任案件”，让学生在法律与伦理冲突中思考解决路径。

（2）道德审议活动。组织学生以小组形式参与“伦理审议沙龙”，围绕热点问题展开讨论，如“人工智能在面试招聘中的公平性问题”，引导学生权衡法律要求与伦理规范的关系。

3. 法律与伦理冲突中的教育引导与行为干预

（1）教育引导。高校可通过专题讲座、普法宣传活动等，帮助学生建立正确的法律认知和伦理判断。例如，邀请法律专家讲解个人信息保护的最新立法进展，结合伦理学者探讨隐私尊重的道德意义。

（2）行为干预。通过模拟场景干预学生行为习惯，如设计“网络隐私保护实景演练”，让学生在互动中学习如何有效保护个人信息并尊重他人隐私。

利用行为科学手段，设置激励机制鼓励学生在社交平台上实践良好的法律行为和道德行为，例如参与“网络礼仪挑战”活动。

法律与伦理教育的实践需要理论引导和情境体验的双向结合。通过多样化的课程和互动设计，高校可以帮助学生在复杂的法律与伦理冲突中找到平衡点，形成自主判断能力和行为自觉性。

四、安全教育中的法律保障与伦理审视

法律与伦理是新时代大学生安全教育中不可分割的两大主题，法律为行为提供规范和底线，而伦理则引导行为超越法律要求，体现更高层次的道德追求。在安全教育中，法律保障和伦理审视的结合可以帮助大学生形成合法合规的行为习惯，并提升其社会责任感和道德水平。下面从法律保障体系、教育过程中的伦理审视以及法律与伦理结合的行为引导机制三个方面展开论述。

（一）健全的法律安全教育保障体系

1. 健康校园建设中的法律保障框架

（1）法律基础的系统构建。健康校园的建设需要依托一套完整的法律框架，包括《中华人民共和国教育法》《中华人民共和国未成年人保护法》《中华人民共和国网络安全法》《中华人民共和国传染病防治法》等，涵盖校园管理、网络行为规范和公共卫生保障等多个领域。

以法律为依据，高校应建立完善的校园安全法律体系，为大学生提供明确的权益保障和责任规范。例如，高校可制定《学生行为规范管理条例》《校园突发事件应急处理预案》，从规则层面强化学生的法律意识。

（2）法律保障的实施机制。

①责任划分：高校应明确法律责任的分配，例如校方需在校园环境安全、心理健康支持等方面承担主要责任，同时保障学生参与管理和反馈的权利。

②定期审查与优化：法律保障框架需根据社会变化和校园实际情况进行动态调整。例如，疫情期间，高校应在《中华人民共和国传染病防治法》的指导下制定防控措施，并确保相关规定合规且尊重学生权益。

2. 高校安全教育的法律责任与合规性管理

（1）高校的法律责任。

①教育责任：高校需在法律框架下提供全面的安全教育课程，包括网络安全、心理健康、校园安全等。

②管理责任：校方需确保学生在校期间的基本权益，如宿舍安全、食品卫生、活动场所的规范管理。

法律援助责任：高校应设立法律援助机构，为学生提供法律咨询和纠纷解决服务。

（2）合规性管理。

①合规机制建设：高校需在法律要求下制定清晰的管理流程，如数据保护政策，确保对学生信息的收集和使用符合《中华人民共和国个人信息保护法》的规定。

②监督与问责：建立校内外监督机制，对校园管理和教育活动进行合规性审查。例如，在考试监控中，需平衡技术手段与学生隐私保护。

（二）教育过程中的伦理审视

1. 大学生隐私保护与教育管理的伦理平衡

（1）隐私保护中的法律与伦理困境。

①法律保障：法律强调高校在管理中对学生隐私的保护义务，如不得非法收集、滥用或泄露学生信息。

②伦理要求：超越法律底线，伦理强调对学生人格尊重和自主权的保护。例如，在学术诚信监督中，需避免过度监控对学生隐私造成不必要的侵害。

（2）隐私保护的实践对策。

①透明与告知：高校应明确说明信息采集的目的、范围和使用方式，并通过学生同意后方可实施。

②限制与控制：对于敏感数据的存储和使用，应严格限制访问权限，并定期进行数据安全审查。

2. 教育过程中的平等、公正与权利保障

（1）法律保障中的平等与公正。

①法律依据：《中华人民共和国宪法》和《中华人民共和国教育法》明确规定学生在受教育过程中享有平等权利，高校需确保政策和行为符合平等原则。

②公平教育资源分配：高校应杜绝在招生、奖助学金分配、学生评价中出现歧视性行为，保障教育资源的公平分配。

（2）伦理审视的行为规范。在教育实践中，伦理要求教师尊重学生的个体差异，并避免偏见。例如，在课堂上，教师应关注不同学生的参与度，避免因性别、民族、地域差异而产生不平等对待。

3. 法律与伦理结合的行为引导机制

（1）法律与伦理的双轨模式。

①法律底线的教育：帮助学生理解法律的权威性和不可违背性，例如通过课堂教学和案例分析让学生熟悉《中华人民共和国治安管理处罚法》的具体内容。

②伦理引领的提升：在法律规范之上，结合情境式教学引导学生关注社会责任和他人利益。例如，在讨论隐私权时，让学生探讨道德关怀如何超越法律保护范围。

（2）教学方法的实践应用。通过模拟法庭和伦理审议沙龙等实践活动，将法律和伦理教学融合。例如，在“网络诽谤案”的模拟法庭中，结合法律分析和道德判断，引导学生形成综合性行为决策能力。

4. 法律与伦理教育的评估与改进机制

（1）动态评估机制。

①教育效果监测：高校可通过定期问卷调查、行为数据分析等方式评估学生对法律与伦理知识的掌握程度。例如，设置“法律与伦理意识”考核模块，动态追踪学生的认知进展。要基于大学生模板建立数据库，有数据的支撑理论研究的开始。

②教育活动优化：根据评估结果调整教学内容和方式。例如，如果学生对隐私保护法律了解较少，则增加相关案例教学比重。要针对不同高校的特征有针对性的设置教育活动，更有效和优质的对教育动态进行有效评估。

（2）改进策略的长效机制。

①跨部门协作：高校应建立法律与伦理教育协作机制，例如联合法学院和哲学学院共同设计综合课程，联合社会资源开展跨部门，跨机构的合作，比如消防、公安、心理咨询等支持机构开展多元、多机制的合作。

②社会资源整合：通过校企合作、与社会法律机构联动，引入实践案例和专家资源，提升教育质量。

新时代大学生安全教育中的法律保障与伦理审视，是构建健康校园和培养法治型公民的重要环节。法律提供明确的规范基础，而伦理则拓展了教育的深度和广度。高校应在法律框架下，通过伦理引导提升学生的社会责任感，使其成为具备高尚品德与法律素养的社会建设者。

第十一章

安全教育的实践创新与机制优化：理论转化的应用路径

一、基于理论指导的安全教育课程体系设计

新时代大学生安全教育是高校教育的重要组成部分，关系到学生的身心健康、学术发展以及未来社会责任的履行。构建科学、系统的安全教育课程体系，是提高学生安全意识和能力的关键举措。本节围绕课程体系设计的基本原则、多层次课程结构的构建以及课程内容的理论指导，系统探讨如何将理论指导转化为教育实践。

（一）安全教育课程体系设计的基本原则

1. 科学性与系统性原则

（1）科学性。

①知识来源的权威性：安全教育课程的内容应基于权威的研究成果和法律法规，例如结合相关法律，确保课程内容的准确性和规范性。

②内容选择的合理性：课程设计应涵盖心理健康、网络安全、法律素养、公共卫生等领域，反映当代大学生面临的主要安全问题。例如，在传染病防控模块中，强调新冠疫情对社会生活的影响以及个人防护措施的重要性。

（2）系统性。

①课程内容的全面性：安全教育课程应以“知识—技能—意识”为主线，覆盖理论知识、行为指导和价值观塑造。例如，将法律知识、行为规范和社会责任感纳入一个系统框架。

②教育层级的递进性：课程设计应分阶段逐步推进，如基础阶段传授普遍适用的安全常识，高级阶段结合专业领域开展深入探讨和实践。

2. 实践性与理论性结合

（1）理论性。理论是实践的基础，课程内容应以国家总体安全观为理论核心，向学生系统传授安全教育的基本概念、原则和方法。例如，通过专题课程讲授“安全文化建设中的法律与伦理协调”。

引入多学科理论支持，如心理学帮助分析大学生在突发事件中的情绪反应，法学提供法律责任的认知框架，社会学探讨安全问题的社会结构性原因。

（2）实践性。实践是理论的应用，课程中应增加案例分析、情境模拟、

社会实践等环节。例如，通过灾害应急演练，让学生掌握实际危机应对技能。

高校可引入“项目导向式学习”（PBL）模式，将安全教育与学生的学术研究、创新实践相结合。例如，学生在团队中研究网络诈骗的案例并提出防范策略。

3. 适应性与创新性并重

（1）适应性。针对不同类型的学生设计适配的课程内容。例如，为理工科学生设计网络安全技术课程，为人文学科学生开设信息伦理与隐私保护课程。

结合时代需求动态调整内容，如疫情后增加公共卫生安全与心理健康支持模块，满足当下和未来的安全教育需求。

（2）创新性。引入新技术丰富课程形式。例如，利用虚拟现实（VR）技术模拟地震、火灾等突发事件场景，提高学生的危机处理能力和参与兴趣。

打破传统单向教学模式，通过交互式平台和在线学习资源，如“网络安全意识”线上测试，激发学生主动学习的动力。

（二）多层次安全教育课程结构的构建

1. 通识教育中的安全课程设置

（1）课程内容。针对全体学生开设普及性强的安全教育课程，例如“大学生心理健康与安全”“网络空间行为规范与保护”“公共卫生与应急管理”等。

通过案例剖析和专题讨论，帮助学生了解日常生活中的安全风险及其应对策略。例如，结合校园贷案例讲授金融法律知识，通过网络隐私泄露事件分析数据保护的重要性。

（2）教学目标。

①基础认知：帮助学生了解安全教育的基本概念和常识，增强法律与安全意识。

②行为指导：通过教学，让学生掌握处理常见安全问题的方法，例如面对突发火灾时的正确逃生路线规划。

2. 专业教育中的安全课程模块

（1）课程设计。针对专业需求，增加安全相关课程模块。例如，医学专业开设“传染病控制与防治”，新闻传播专业设置“数字媒体时代的隐私保护”，计算机专业开设“网络攻防与数据安全技术”。

设计跨学科课程，如“人工智能技术的法律与伦理挑战”，涵盖技术原理、法律规制和社会影响分析。

（2）培养目标。

①技术应用能力：帮助学生掌握解决专业领域安全问题的技术技能，如网络安全防护、实验室风险识别等。

②风险管理意识：培养学生在专业领域中主动识别风险的能力，提高预防和应对复杂安全问题的水平。

3. 综合教育中的安全实践课程

（1）实践形式。

①校内实践：开展安全知识竞赛、应急管理演练、心理辅导工作坊等活动。例如，通过“火灾逃生模拟体验”，让学生掌握安全疏散技能。

②校外实践：组织学生到社区、企业参与安全教育宣传或安全生产管理，拓展学生对社会安全问题的认知。

（2）目标定位。

①技能提升：通过实践活动培养学生的应急处理能力和团队协作意识。

②综合素养：通过与真实社会情境的结合，强化学生的社会责任感和综合问题解决能力。

（三）安全教育课程内容的理论指导

1. 国家总体安全观的理论引领

（1）核心理念。国家总体安全观强调政治、经济、文化、社会、生态、网络等多个领域的安全整体性，要求安全教育从全面性和协同性的角度进行设计。

（2）课程体现。在通识课程中，普及总体安全观的基本内涵，例如国家安全与个人安全的互动关系。

在专业课程中，结合学科特色深入探讨具体领域的安全问题，例如在经济管理课程中讲授金融安全与网络支付的风险管理。

2. 多学科融合视角下的安全教育内容

（1）融合内容。

①心理学：通过心理学理论讲授压力管理和危机干预，例如帮助学生学会

在突发事件中的情绪调节方法。

②法学：通过法律课程让学生理解行为规范的法律依据，例如网络言论的法律边界和责任。

③社会学：结合社会学分析安全问题的结构性因素，例如社区安全管理与社会治理的关联。

（2）融合价值。多学科融合可以帮助学生从多角度理解安全问题，提升分析复杂问题的能力。例如，通过讨论网络隐私保护中的法律与伦理冲突，锻炼学生的批判性思维。

3. 安全教育中的法律与伦理协同

（1）法律教育。讲解《中华人民共和国个人信息保护法》《中华人民共和国传染病防治法》等与学生生活密切相关的法律内容，帮助学生掌握基本维权技能。

结合真实案例讲解法律的适用范围与操作方法，例如通过模拟法庭教学，强化学生对法律程序的认知。

（2）伦理教育。通过案例讨论，引导学生思考法律与伦理的交叉问题。例如，在公共卫生事件中探讨隔离政策的法律依据与伦理限制，培养学生在合法合规的基础上践行道德责任。

在新时代背景下，大学生安全教育需要以理论为指导，结合实际需求和社会发展趋势，通过科学设计课程体系，实现对学生安全意识、技能和价值观的全面培养。高校在课程构建中应注重创新性与实践性，特别是在法律与伦理交叉问题上加强教育，帮助学生在复杂社会环境中做出正确选择。

二、安全教育实践的典型案例与应用成效分析

新时代大学生安全教育的目标是提升学生的安全意识、行为能力和社会责任感。这不仅需要科学理论的指导，更需要通过典型实践活动将理论转化为实际应用。高校作为安全教育的实施主体，应以多维度、多层次的实践活动为载体，通过校园、社区和社会的合作教育，全面提升学生的安全素养。本节围绕校园安全教育实践、社区与社会安全教育实践以及应用成效分析展开。

（一）校园安全教育实践案例

高校校园是安全教育的核心场域，通过多样化的安全实践活动可以让学生直观感受到安全教育的意义，并内化为日常行为准则。

1. 网络安全知识普及活动

（1）活动形式。

①主题讲座：邀请法律专家和网络安全从业人员，针对大学生常见的网络安全问题，如网络诈骗、个人信息泄露等，开展专题讲座。例如，某高校举办“网络欺诈的法律与技术防范”讲座，吸引了700余名学生参与。

②实景模拟：设计网络安全攻防演练，学生扮演攻击者和防御者角色，通过体验式学习强化对网络安全机制的理解。

③线上活动：利用微信公众号、小程序等平台开展网络安全知识竞赛和问答互动，鼓励学生自主学习网络安全知识。

（2）活动成效。

①安全意识提升：活动后，学生能够更好地识别和应对常见的网络风险。例如，通过竞赛答题发现，80%的学生能够正确辨别“钓鱼网站”的特征。

②行为习惯改善：学生逐渐养成良好的网络使用习惯，例如定期更换密码、避免随意点击陌生链接等。

2. 校园心理健康辅导项目

（1）项目背景。大学生群体面临学业、就业、人际关系等多重压力，心理健康问题日益突出。高校通过构建心理健康辅导项目，为学生提供全方位支持。

（2）实施内容。

①个体辅导：设立心理咨询中心，为有心理困扰的学生提供一对一的专业咨询服务。

②团体活动：定期举办心理健康主题的工作坊，如“情绪管理技巧”“自信心提升训练”等，帮助学生掌握自我调适方法。

③心理健康周：通过心理剧表演、公益海报展、心灵对话等活动，普及心理健康知识，营造全校关注心理健康的氛围。

（3）项目成效。

①心理问题识别率提升：学生对心理问题的辨识能力增强，主动寻求帮助

的比例上升。例如，咨询中心数据显示，每学期咨询人数增长15%。

②心理健康水平改善：通过心理辅导，参与学生的情绪稳定性和心理弹性得到显著提升，心理危机事件发生率明显下降。

3. 防灾减灾应急演练

（1）演练内容。

①火灾疏散演练：模拟校园火灾场景，指导学生快速识别逃生路线并正确使用灭火器材。

②地震逃生演练：在宿舍和教室内进行地震场景重现，学生学习保护头部、寻找掩护等应急技能。

③急救技能培训：与红十字会合作，开展心肺复苏（CPR）和外伤包扎的实操培训。

（2）活动成效。

①应急能力提升：学生对灾害逃生技巧和急救知识的掌握程度显著提高。例如，演练后90%的学生能够正确描述逃生步骤和急救操作。

②团队合作增强：演练过程中学生通过分工协作，形成了较强的团队意识和合作能力。

（二）社区与社会安全教育实践

高校安全教育的影响力不仅限于校园内部，还应通过与社区和社会的互动，延伸至更广阔的公共领域。

1. 法律援助与社区安全普及

（1）实践内容。

①法律咨询服务：高校法学专业学生与律师事务所合作，为社区居民提供免费的法律咨询，解决婚姻纠纷、劳动合同等实际问题。

②普法宣传：通过发放宣传手册、举办法律知识讲座等形式，普及《消费者权益保护法》《民法典》等基础法律知识。例如，某高校的法律援助站为200余名社区居民提供了法律咨询服务。

（2）实践成效。社区居民的法律意识显著提升，对基本权益的认知和维权能力增强。

学生通过真实案例的处理，掌握了法律知识的实际应用，法律素养得到进一步提升。

2. 志愿者参与的安全宣传活动

（1）活动形式。

①防诈骗宣传：志愿者以社区为单位，开展针对老年人群体的防电信诈骗宣传，帮助他们识别常见诈骗手段。

②交通安全教育：在学校附近设置交通安全体验区，通过模拟驾驶、路口规则演示等活动，让社区居民学习安全出行的基本技能。

（2）活动成效。社区成员参与活动的积极性提升，对日常安全问题的认知更为全面。例如，参与者普遍表示，通过宣传活动学会了如何规避诈骗风险。

志愿者的社会服务能力得到提升，对社会安全教育的意义有了更深的理解。

3. 安全教育融入社区文化建设

（1）内容与形式。

①安全主题文化活动：在社区节庆活动中增加安全教育内容，例如安全知识有奖问答、急救技能表演等环节。

②文艺作品传播安全理念：制作与安全相关的小品、短剧、海报等文化作品，通过艺术形式让社区成员潜移默化地接受安全教育。

（2）实践成效。安全教育成为社区文化活动的重要组成部分，居民在轻松愉快的氛围中学习安全知识。

社区的安全文化氛围明显增强，邻里之间的协作与互助意识得到提高。

（三）安全教育应用成效的评价分析

1. 学生安全意识和行为的改善

（1）意识提升。通过参与安全教育实践，学生对常见安全风险的认知显著提升。例如，参与网络安全活动的学生中，有85%能够准确识别虚假链接和诈骗信息。

（2）行为改善。学生逐渐养成了良好的安全行为习惯，例如定期更新网络账户密码、在公开场合注意保护个人隐私等。

2. 校园安全管理效率的提升

（1）安全事件的减少。定期开展的安全教育实践有效降低了校园内安全事故的发生率。例如，某高校在进行两轮心理健康辅导后，因学业压力导致的心理危机事件减少了20%。

（2）安全文化建设的优化。安全教育活动推动了校园安全文化的形成，师生普遍增强了安全责任意识和协作精神。

3. 社会对高校安全教育成果的认可

（1）社会评价。高校安全教育实践活动受到社会的高度评价。例如，某高校的社区法律援助项目被地方政府评为“年度社会服务优秀项目”。

（2）社会影响力的扩大。高校通过参与社区安全教育，提升了社会认可度和影响力，为其他高校提供了安全教育实践的典范。

安全教育的实践活动是将理论转化为现实的重要桥梁。通过丰富的实践形式、高校与社区的紧密合作以及科学的成效评价，可以全面提升大学生的安全意识、技能和责任感，同时为社会安全文化建设注入新动能。

三、创新教育模式：从理论到实践的整合路径

新时代大学生安全教育需要突破传统教育模式的局限，探索更具前瞻性、实践性和参与性的教育方法。通过数字化与智能化技术赋能，结合情境教学与实践导向，以及多元主体协作创新，能够有效实现安全教育从理论向实践的全面转化。本节将围绕数字化与智能化模式、情境教学与实践导向、多元主体协作等三方面进行深入阐述。

（一）数字化与智能化安全教育模式

现代信息技术的发展为安全教育提供了更多元的工具和手段，通过构建数字化与智能化的教育平台，能够提升安全教育的精准性和覆盖面。

1. 在线安全教育平台的构建

（1）平台功能设计。

①知识共享与动态更新：在线安全教育平台应整合丰富的教学资源，涵盖法律法规、心理健康、网络安全等多个领域，并根据社会动态及时更新课程内容。例如，结合《个人信息保护法》的最新修订，发布相关的学习视频和测试题目。

②个性化学习路径：平台应具备人工智能驱动的学习分析功能，根据学生

的学习进度与测试结果推荐个性化的学习路径。例如，针对网络安全薄弱的学生，推荐网络风险识别与防范的专题课程。

（2）实际案例。某高校推出的“大学生安全学习云平台”涵盖在线课程、案例库、实践指导等模块，学生在完成学习后需通过平台上的虚拟考试以评估知识掌握程度，同时生成个性化学习报告。

（3）教育成效。

①覆盖面广：线上平台突破了时空限制，让更多学生可以便捷地参与学习。

②学习效率高：通过在线测试与反馈机制，学生能够及时查缺补漏，知识掌握程度显著提升。

2. 智能模拟技术在安全教育中的应用

（1）技术特点与优势。智能模拟技术能够通过构建虚拟环境，还原复杂场景或潜在风险，帮助学生在接近真实的情境中学习。例如，网络攻击模拟可以帮助学生掌握应对信息泄露的技能，火灾场景模拟可以训练学生的逃生反应。

（2）实际应用。某高校信息安全课程中引入网络攻击模拟平台，学生通过扮演“攻击者”和“防御者”的角色，学习如何识别网络威胁并实施防御。

化学实验室安全管理培训中，通过模拟化学品泄漏场景，学生需在规定时间内完成应急处理操作，从而提升实验室操作安全性。

（3）教育价值。

①强化实操能力：模拟技术使学生在无风险环境中体验高风险场景，从而掌握应急操作技能。

②提升问题解决能力：学生通过动态任务练习提高了决策与应对能力，例如从网络攻击的多轮演练中总结最佳防护方案。

3. 虚拟现实（VR）与增强现实（AR）技术的教学应用

（1）VR/AR 的创新应用。

①VR 技术的沉浸式体验：通过构建逼真的虚拟场景，VR 技术能够让学生在高度还原的环境中学习安全技能。例如，在虚拟火灾场景中，学生需要识别逃生路线、使用灭火器，并完成模拟撤离任务。

②AR 技术的实时交互：AR 技术在实际环境中叠加虚拟信息，为学生提供可视化的安全提示。例如，学生在实验室中使用 AR 设备，可以实时看到危

险化学品的标识和操作建议。

（2）应用案例。某高校在心理健康教育课程中利用 VR 技术还原心理危机情境，让学生体验高压环境下的情绪变化，并学习应对策略。

在工程管理专业课程中，AR 技术被用于建筑施工安全培训，学生通过移动设备实时查看施工现场的安全隐患分析。

（3）教育成效。

①增强体验感：VR/AR 技术使学生能够身临其境地学习安全知识，提高了学习的趣味性与主动性。

②知识迁移性强：通过虚拟情境中的练习，学生能够更容易将所学技能应用于实际场景。

（二）情境教学与实践导向的教育模式

情境教学与实践导向模式以真实问题和情境为核心，通过参与式学习提升学生的综合素质。

1. 法律与伦理情境模拟教学

（1）教学内容设计。设置典型案例，例如“人工智能面试中的隐私保护争议”，让学生分组讨论如何平衡企业效益与个人隐私的法律与伦理要求。

针对学术不端问题，设计学术剽窃与知识产权保护的模拟审议环节，学生需从不同利益方的角度辩论并提出解决方案。

（2）教学效果。学生通过案例学习理解了法律条文的实际应用，同时掌握了道德判断和法律选择的平衡策略。

法律与伦理课程的融合增强了学生的批判性思维能力和团队协作能力。

2. 突发事件应急管理实训课程

（1）课程内容。将火灾、地震、网络攻击等突发事件的全流程应对融入课程。例如，通过实训课程“校园火灾中的角色分配与应急行动”，学生需完成从灾情预警、疏散指挥到紧急救援的多环节任务。

（2）课程成果。学生不仅掌握了基础的应急技能，还学会了如何在危机情境下进行团队协作和决策。

3. 项目驱动与问题导向的安全教育模式

（1）PBL 教学方法。以学生为中心，围绕实际安全问题设计项目。例如，组织学生完成“校内公共区域安全隐患排查与改进建议”的项目，要求学生从数据采集、问题分析到方案设计全程参与。

（2）教学案例。某高校环境工程专业的学生设计了“校园水资源管理优化”方案，涵盖水污染防治与安全用水保障。

（3）教育价值。项目驱动模式显著提高了学生的实践能力和创新思维，为其未来职业发展奠定了基础。

（三）多元主体协作的教育创新

1. 校园、家庭与社会协同推进的教育机制

（1）三方协同机制。

①高校：提供专业教育与技术支持。

②家庭：配合学校教育，加强学生日常行为管理和心理支持。

③社会：通过社区资源和社会机构提供教育实践场景。

（2）案例实践。某高校与当地社区联合举办“安全教育开放日”，通过家庭、学生和社区的互动增强安全意识。

2. 企业与高校联合开发安全教育资源

（1）合作内容。企业为高校提供专业设备支持，例如网络攻防模拟平台；高校为企业提供安全教育研究成果。

（2）合作成效。企业的实践经验与高校的学术资源相结合，提高了教育的实用性和学术性。

3. 国际合作与经验交流

（1）国际视野的拓展。借鉴国际安全教育的先进理念，例如美国高校的灾害应急管理教育、日本学校的安全文化建设等。

（2）合作案例。某高校参与了国际安全教育论坛，并引入联合国开发的“安全教育框架”作为课程设计依据。

创新教育模式是新时代大学生安全教育发展的核心动力。通过技术创新、实践导向和多元主体协作，能够实现安全教育从理论到实践的深度整合，培养学生成为具备安全意识、技能和社会责任感的全面型人才。

四、安全教育长效机制的构建与中国资源挖掘路径

新时代背景下，中国高校安全教育的发展应立足本土实际，充分挖掘和利用国内资源，以构建中国特色的长效教育机制。安全教育不仅关乎学生个人成长，更是国家总体安全观的重要组成部分。本节从长效机制构建、国内资源整合及本土化实践路径展开论述。

（一）安全教育长效机制的构建路径

1. 教学资源动态更新与优化机制

（1）基于社会发展需求的动态调整。随着国家安全需求的变化，高校应及时更新教学资源，确保课程内容紧跟时代。例如，结合近年来疫情防控经验，高校可以开发传染病防控与心理健康教育模块。

在大数据、人工智能等新技术应用领域，安全风险不断变化，安全教育资源应涵盖数据隐私保护、人工智能风险预警等新兴领域。

（2）区域性教学资源共享机制。在高校集中区域建立教学资源共享平台。例如，京津冀、长三角等地区高校可联合开发安全教育课程、共享案例库与研究成果，提升区域教育资源的利用效率。

2. 安全教育评价与反馈体系的完善

（1）建立多维度评价体系。高校应从学生的知识掌握、行为习惯和价值观念三个层面进行安全教育效果评价。例如，通过模拟演练考察学生的应急能力，通过问卷调查了解学生对法律与伦理问题的理解。

设置阶段性反馈机制，结合学生、教师和管理部门的意见，动态调整课程内容与教育方式。

（2）智能化评价手段。借助人工智能和大数据分析技术，追踪学生参与安全教育活动的情况。例如，利用学习平台的后台数据记录学生学习时长、答题正确率，形成个性化学习报告，为教学改进提供数据支持。

3. 安全教育政策与资金支持的保障

（1）政策保障。教育部可将安全教育纳入高校通识课程体系，明确其在教学中的重要地位。例如，制定相关政策要求高校开设安全教育必修课程，并将其纳入学分考核范围。

（2）资金投入。高校需设立专项资金，用于安全教育教学资源开发、教学设备升级以及师资培训。例如，在安全教育实验室建设中，可通过专项预算引入模拟演练设备和虚拟现实技术。

鼓励高校与本地政府、企事业单位联合筹措资金，共建安全教育中心，为学生提供更多实践场景和资源支持。

（二）挖掘中国本土安全教育资源的实践

1. 国家战略与政策的结合

（1）总体安全观的教育转化。国家总体安全观为高校安全教育提供了重要的理论依据。高校应将“政治安全、经济安全、文化安全、生态安全”等内容具体化为教育模块。

通过案例教学，将国家重大安全实践转化为教学资源。例如，以抗击新冠疫情的全国联动为案例，讲授公共卫生安全和社会协作的重要性。

（2）与国家专项行动对接。高校可结合国家专项行动，如“国家网络安全宣传周”，举办安全教育主题活动，普及网络安全知识，提高学生的法律和道德意识。

2. 本地文化与社会资源的挖掘

（1）本地文化的融合。根据不同地区的特色文化和社会环境设计安全教育课程。例如，南方地区高校可结合台风多发特点设计灾害应急课程，西部高校可强调生态环境安全教育。

结合地方传统文化中的安全理念和智慧，例如通过传统节庆中的安全故事（如“火灾防范”）增强学生的文化认同感。

（2）社会资源的整合。联合地方政府、社区和企事业单位，共同打造安全教育实践基地。例如，与公安部门合作开展防诈骗宣传活动，与消防部门合作组织火灾应急演练。

邀请本地优秀企业或专家进校开设安全主题讲座，例如互联网企业介绍数据安全实践，医疗机构讲解公共卫生知识。

3. 高校间的协作与联盟建设

（1）区域性高校联盟的建设。通过组建区域性安全教育联盟，高校间共享资源与经验。例如，西北地区高校可联合开发沙漠化治理与生态安全教育课程，提升课程内容的适用性与共享性。

（2）跨领域的联合研究与实践。高校可以通过跨院系协作，联合法律、信息技术、环境工程等学科，共同研究和解决安全教育中的复杂问题。例如，开展网络安全与伦理的联合课题研究，并将成果转化为教学内容。

（三）中国安全教育的本土化国际化结合路径

1. 基于总体安全观的国际合作方向

（1）倡导区域安全教育合作。在“一带一路”框架下，与沿线国家高校合作开发区域性安全教育课程，例如国际贸易中的法律风险课程。

推动建设区域性安全教育中心，通过国际交流扩大中国高校的安全教育影响力。

（2）以中国经验为基础的输出。中国高校应总结在抗击疫情、自然灾害应对、社会治理等领域的成功经验，将其转化为国际安全教育的课程内容。例如，设计针对亚非发展中国家的“传染病防控与社会管理”专题课程。

2. 融合本土特色与国际标准的安全教育模式

（1）中国视角的本土化实践。在安全教育中体现中国特色，例如通过讲述中国传统哲学中的“和而不同”理念，探索文化安全与多样性保护的教育主题。

结合中国的法律体系，设置专题课程介绍《民法典》《网络安全法》等法规的应用实例。

（2）引入国际最佳实践。借鉴国际先进的安全教育技术，如引入虚拟现实技术进行灾害场景模拟，但结合中国的社会实际优化场景设计，使其更具本土适应性。

3. 国际安全教育论坛与合作项目的实施

（1）定期举办安全教育论坛。中国高校可牵头举办“亚洲高校安全教育合作论坛”，与邻国高校共同探讨区域性安全问题的教育解决方案。

（2）联合开发跨国教育项目。推动高校间联合开发跨国安全教育课程，例如“全球化背景下的网络伦理与安全”，加强国际安全教育资源的共享。

中国高校安全教育的长效机制建设，应以国家战略为指导，充分利用本土资源，结合本地文化与社会实践，通过创新机制和区域协作打造具有中国特色的安全教育模式。在推动国际化发展时，不仅要吸收国际先进经验，更要将中国的成功实践转化为国际教育资源，助力全球安全教育的共同进步。

第十二章

新时代大学生安全教育的挑战、趋势与未来展望

一、技术变革背景下的安全教育挑战与策略

在技术变革日益加速的新时代背景下，大学生安全教育不仅面临传统内容的深化，还需应对技术发展带来的新型挑战。技术的迅猛发展改变了大学生的行为模式、认知方式和社会责任感，但也暴露出安全教育内容与手段不足的问题。因此，新时代大学生安全教育应在理论与实践中回应技术变革的要求，探索面向未来的教育策略。

（一）信息技术进步对大学生行为的重塑

1. 技术进步对大学生安全认知与行为的影响

（1）网络环境复杂化的挑战。信息技术进步增加了网络环境的复杂性，网络诈骗、虚假信息传播等问题对大学生的安全认知提出了新挑战。大学生作为数字时代的“原住民”，虽然对技术的使用熟练，但对技术潜在的安全风险缺乏足够警惕。

研究表明，许多大学生对个人信息保护的理解停留在表面，例如在社交媒体中过度分享隐私信息，增加了被不法分子利用的风险。

（2）数字化行为模式的演变。信息技术改变了大学生的学习、社交与消费行为模式。例如，基于算法推荐的内容消费容易导致学生深陷“信息茧房”，对外部多元信息缺乏辨识力，从而在信息判断中失去独立性。

在人机交互日益普及的背景下，大学生的社会化行为逐渐受到技术逻辑的影响，可能忽略了人际沟通中的伦理和社会规范。

2. 人工智能与算法推荐的深远影响

（1）信息茧房与认知偏差。人工智能驱动的算法推荐技术对大学生获取信息的方式产生了深刻影响。一方面，算法推荐可以提高信息匹配效率；另一方面，却可能导致信息单一化，使学生难以接触到多样化的思想和价值观。

长期沉浸于特定信息流中的学生，其对社会问题的认知容易产生偏差，甚至被极端内容引导，影响其价值观的形成与稳定性。

（2）技术依赖与行为自动化。技术依赖问题使大学生在日常学习与生活中更多依靠智能设备处理问题，而减少了主动思考和实践的机会。例如，智能

导航让学生在突发事件中的独立判断能力逐步下降。

研究表明，高度依赖算法与技术的学习环境可能削弱学生的批判性思维能力，从而在复杂情境中难以做出科学决策。

（二）技术驱动的安全教育不足

1. 技术风险认知的局限性

（1）对新兴技术风险的低敏感性。大学生对无人机、虚拟现实（VR）、区块链等新兴技术的兴趣集中于应用层面，而对这些技术可能带来的社会、法律及伦理风险认知不足。例如，VR 技术的沉浸式体验虽然增强了学习趣味性，但在过度沉迷时可能导致现实感削弱甚至行为偏差。

由于技术知识的缺乏，学生难以正确评估新技术可能引发的隐私侵害、社会控制等潜在威胁。

（2）技术伦理教育的薄弱环节。当前高校安全教育主要集中在传统的法律与行为规范教育领域，而忽视了技术伦理的讨论。例如，人工智能偏见与大数据隐私侵害问题虽逐渐进入公众视野，但在大学生教育体系中缺乏系统性的理论与实践指导。

2. 教育资源与实践能力的不均衡

（1）教育内容的滞后性。技术快速迭代对高校安全教育的更新速度提出了更高要求。然而，许多高校的安全教育课程内容仍停留在传统领域，缺乏针对大数据、物联网等技术应用的专项教育模块。

研究显示，仅少数高校在通识课程中开设了网络安全、信息伦理等相关内容，课程覆盖率和深度尚不足以满足新时代学生的学习需求。

（2）技术实践资源的局限。高校在技术教育资源配置上的差异导致学生实践能力发展不均衡。重点高校往往拥有先进的实验室与技术实践平台，而普通高校的学生则因设备与师资不足，难以获得充分的技术实践机会。

（三）应对策略：优化技术驱动的安全教育体系

1. 推进安全教育课程的结构性优化

（1）增加网络安全与技术伦理课程。高校应开发面向大学生的技术安全核心课程，例如“人工智能应用与安全”“网络行为与数据保护”等，帮助学生了解技术应用的风险和边界。

在课程中融入伦理讨论，例如以“数据隐私与社会控制”为主题，引导学生讨论技术进步的双刃剑效应，培养其批判性思维能力。

（2）扩展教育内容的多样性。针对新兴技术的发展动态，定期更新课程内容。例如，围绕物联网应用可能引发的安全漏洞，开展专题教学或案例分析。

加强技术与人文的融合教育，在法律与道德框架下分析技术发展对社会的影响。

2. 提升技术实践能力的教育资源建设

（1）建立虚拟实验室与模拟场景。利用虚拟现实（VR）技术构建模拟安全场景，例如“网络攻击与防御实验室”，让学生在虚拟环境中体验真实的网络威胁并学习应对策略。

设计技术使用中的伦理情境模拟，例如模拟人工智能决策中的偏见场景，学生需根据伦理原则提出改进建议。

（2）推动教育资源共享机制。在区域性高校联盟中建立技术教育资源共享平台，覆盖偏远或资源不足的高校，提升整体教育水平。

通过校企合作，引入企业先进设备与案例，将技术实践与产业应用相结合，增强学生的实战能力。

3. 强化教育评价与反馈机制

（1）智能化学习评价系统。利用人工智能技术对学生的学习路径、课程反馈和能力成长进行全面评估，例如通过学习数据分析帮助学生发现知识薄弱点，提供个性化学习方案。

开发安全教育效果的动态评估工具，将学生的行为习惯改变、技术能力提升纳入教育成果考核中。

（2）学生主体性反馈机制。通过问卷调查和讨论会，收集学生对技术安全教育内容和方法的建议，确保课程设计符合学生需求并持续优化。

技术变革对大学生安全教育提出了新要求，既重塑了学生的行为模式，也暴露出教育体系中的不足。高校应立足技术进步的复杂现实，优化课程设计、资源配置与评价机制，通过理论与实践的结合，培养学生应对技术风险的能力和责任意识。这不仅是适应时代的必然选择，也是高校教育服务社会与国家的关键环节。

二、新时代大学生安全教育的新趋势

随着社会结构和技术环境的深刻变化，大学生安全教育正从传统的知识传授走向议题多元、模式创新与内容融合的现代教育体系。新时代大学生安全教育需要注重体系化设计与实践创新，聚焦学生全面发展的需求，构建具有学术价值和实际意义的教育框架。

（一）多元化安全议题的拓展与深化

1. 校园安全议题的系统覆盖

（1）心理健康与社会适应问题的联动研究。心理健康不仅关乎个体安全，更影响群体间的互动与社会氛围的构建。研究表明，大学生的心理危机可能引发学业中断、社交障碍甚至极端事件，安全教育应系统设计涵盖预防、干预和康复的心理健康教育机制。

探索心理健康与其他领域的交叉议题，例如心理健康与数字化生活的关系，为学生提供更全面的行为指导。

（2）日常行为与环境安全的结合教育。将宿舍用电、实验室操作、体育活动等日常行为纳入教育体系，强化风险识别与管理能力。例如，通过数据分析校园内常见安全隐患，开发基于实际问题的教育内容，从而提高学生的参与感和学习效果。

2. 从传统安全到非传统安全的延展

（1）拓展交通、信息与行为安全的综合教育。信息泄露与网络空间威胁的常态化要求高校开发覆盖交通安全、信息安全与行为安全的新型教育模块。例如，将个人信息保护与技术伦理纳入信息安全教育，帮助学生建立综合安全意识。

针对大学生对新型交通工具（如共享单车、电动车）的使用习惯，制定专项教育课程，强调安全规范和社会责任感。

（2）结合生态与社会安全的全球议题。高校安全教育应关注气候变化、生态破坏等非传统安全议题，将学生培养为关注社会与生态安全的全面型人才。例如，通过模拟环境污染事件的危机管理，引导学生思考全球化背景下的安全责任。

(二) 主动学习与协作参与的教育模式

1. 从被动接受到主动探索的教育转型

(1) 构建学生为主体的学习生态。新时代大学生更倾向于个性化和体验式的学习方式。高校应采用基于学生兴趣与需求的安全教育设计，例如通过项目制学习（PBL）让学生主动探索安全议题。

推进安全教育的自主化与社交化，例如让学生参与虚拟安全情境设计，在协作中学习安全知识。

(2) 利用社团与组织推动学生参与教育。社团活动可以成为安全教育的重要载体。例如，鼓励学生社团开展“校园安全观察计划”，通过数据采集与分析推动校园安全改进。

学生可在志愿服务中承担安全知识传播的角色，如参与社区安全培训和公益活动，在实践中增强社会责任感。

2. 教育与生活场景的深度融合

(1) 案例教学与情境模拟的强化。案例教学应超越简单的知识讲授，构建贴近学生生活的情境模型。例如，结合网络诈骗真实案例，让学生模拟分析并设计应对策略，提升风险识别能力。

强化模拟教学，通过虚拟现实（VR）技术构建校园灾害场景，让学生在沉浸式体验中学习安全技能。

(2) 实践导向的教育与管理结合。将教育内容嵌入校园管理实践。例如，学生在宿舍消防隐患排查中既是管理的参与者，也是教育的受益者。通过这种教育与管理的融合，提升学生的行为能力和校园安全管理效率。

(三) 多学科融合教育的发展与应用

1. 推动安全教育理论与实践的跨学科融合

(1) 整合法律、心理学、技术等多领域资源。新时代大学生安全教育的复杂性要求多学科协同。例如，在信息安全课程中加入心理学内容，探讨网络攻击对个人心理健康的影响。

通过跨学科案例教学，培养学生综合解决问题的能力。例如，利用法律和社会学的分析框架，研究网络空间中的隐私保护与伦理争议。

（2）多学科教师团队的联合授课。安全教育课程开发需要来自不同领域的专业力量协作。例如，邀请法学、信息技术、心理学等领域的专家共同设计课程，确保教育内容的科学性和系统性。

2. 培养学生跨领域解决问题的能力

（1）结合技术与伦理的教学实践。安全教育不应仅关注技术层面的问题，而要引导学生从伦理、法律等多维视角理解安全议题。例如，在人工智能应用课程中讨论算法偏见的法律责任与道德困境，鼓励学生提出平衡技术发展与社会公平的解决方案。

（2）安全教育中的系统思维训练。高校可以通过模拟跨部门合作的项目培养学生的系统思维能力。例如，学生团队在模拟校园危机管理中需要结合心理干预、法律应对和舆情管理设计全方位解决方案。

新时代大学生安全教育的新趋势体现了教育议题、模式和内容的全面升级。安全教育不仅需要聚焦学生个人的行为规范，还应引导学生关注更宏观的社会和生态安全问题，同时通过主动学习和多学科融合实现教育的理论深度与实际价值。高校作为安全教育的主导力量，应在课程设计与实践创新中承担更大的责任，培养适应复杂社会需求的安全型人才。

三、大学生安全教育中的资源整合与机制创新

大学生安全教育的推进与深化，离不开国内资源的高效整合与创新机制的有效实施。以校内资源为基础，联合校外社会机构和地方资源，构建一体化、系统化的安全教育生态，是提升教育质量和效果的重要路径。本节将聚焦国内资源，从校内优化、校外合作及教育生态构建三方面展开。

（一）校内资源整合

1. 建立跨部门的安全教育协作机制

（1）部门协作的重要性。高校内部的教务处、后勤管理部门、学生事务中心和心理咨询中心等部门各自承担不同的职能，但在安全教育方面需要加强协同，共同推动教育计划的落实。通过建立跨部门的安全教育协作机制，能够

有效整合各类资源，避免重复建设和资源浪费。

（2）实践路径与案例。

①联合安全演练：例如，教务处与后勤部门联合组织消防演练，覆盖宿舍、实验室等高风险区域；心理咨询中心开展危机事件应对培训，帮助学生学习心理调适方法。

②学生行为规范管理：安全教育内容可融入学工部门的日常管理，通过与辅导员和班主任协作，将安全教育贯穿学生成长全程。例如，某高校建立了“学生安全教育月”制度，各部门联合开展活动，涵盖用电安全、心理健康、网络行为规范等多个方面。

2. 设立安全教育研究中心

（1）研究中心的功能定位。安全教育研究中心应成为高校安全教育资源整合的中枢，负责课程开发、案例库建设、风险预警与教育创新。例如，通过研究学生行为数据，设计贴近实际需求的教育模块；同时，中心应动态跟踪国内政策和社会热点，及时更新教育内容。

（2）案例与经验。某高校设立的安全教育研究中心通过校园数据分析发现宿舍用电违规行为占安全事故的50%以上，随即开发了“安全用电与行为规范”专题课程，并通过线上线下相结合的方式推广，大大减少了事故发生率。

（二）校外合作的深化

1. 加强与地方公安、社区和企业的合作

（1）专业资源的引入。高校应主动与地方公安、消防、社区及相关企业建立合作关系，利用其专业资源和实践经验，弥补校内资源的不足。例如，邀请公安部门为学生开设反诈骗专题讲座，介绍最新诈骗形式及防范措施；与消防部门合作开展火灾逃生演练。

（2）实践案例与启示。某高校与地方公安局合作设立了“校园警务室”，通过常态化的安全宣讲、模拟法庭等活动，提高了学生的法律意识和安全技能。

另一高校与一家本地网络安全企业合作，为学生开设“网络攻防基础实训班”，学生通过模拟对抗练习掌握了网络安全防护技能。

2. 推动区域高校联合开发资源

（1）区域性资源整合。在资源分布不均的情况下，区域内高校可以通过联合开发共享教育资源。例如，共同搭建区域性安全教育平台，覆盖通识课程、案例库和线上学习资源，帮助资源有限的高校提升教育质量。

（2）联合活动与项目。区域高校可以每年联合举办“大学生安全教育实践月”，涵盖灾害应急演练、社会服务、法律知识竞赛等，增强学生的实践能力和安全意识。例如，西部某省的高校联盟通过联合开发防震减灾课程并组织实地演练，提高了学生在自然灾害中的应急反应能力。

（三）教育生态的优化

1. 构建“家庭–校园–社会”一体化教育生态圈

（1）多主体联动的必要性。单一主体的安全教育无法覆盖学生学习与生活的各个方面，只有通过家庭、校园和社会的联动，才能形成完整的教育生态圈。例如，家庭在学生成长中的行为习惯培养，校园提供系统化知识教育，社会为学生创造实践环境，三者共同促进学生安全素质的全面提升。

（2）具体实施路径。

①家庭层面：通过家长参与的方式加强家庭安全教育。高校可以通过家长会或安全教育宣传手册，让家长了解学生面临的主要安全风险，并参与安全行为的监督。

②校园层面：推动安全教育课程常态化、实践活动日常化。例如，设置“每月一主题”安全教育活动，涵盖消防、心理健康、网络安全等，形成制度化安排。

③社会层面：通过与社区合作，组织大学生参与社会安全宣传活动，例如在节假日参与交通疏导志愿服务，既增强社会责任感，又深化教育效果。

2. 利用公益组织和地方资源扩展覆盖面

（1）公益组织的支持与合作。高校可以利用公益组织的专业资源与实践经验，扩展安全教育的深度与广度。例如，与环保公益组织合作，开展生态安全教育活动；与急救公益组织合作，推广急救技能培训课程。

（2）地方资源的优化利用。地方文化和社会资源可以成为安全教育的重要补充。例如，在地震多发区的高校，可以与地方应急管理局合作，开发防震教育专题课程并组织实地演练；在工业集中的地区，与地方企业合作，为学生提供安全生产培训。

大学生安全教育要实现从理论到实践的全面优化，关键在于整合和高效利用校内外资源，同时创新机制构建多主体协作的教育生态。通过跨部门协作提升校内资源利用率，与地方机构深化合作并构建覆盖学生生活与社会实践的生态圈，高校能够进一步提升安全教育的适应性与实效性。这不仅是对学生个体安全素质的培养，更是对社会安全文化的有力推动。

四、安全教育的理论深化与实践展望

安全教育在新时代背景下承载了提升大学生综合素质和培养社会责任感的重要功能。在理论层面，大学生安全教育需要从传统的单一知识传授转向"知识—技能—价值观"三位一体的综合模式；在实践层面，则需要通过创新教学方式和优化评价机制，促进安全教育的可持续发展。本节从理论深化、实践优化和未来展望三个方面探讨大学生安全教育的学术内涵与实际意义。

（一）理论层面的深化

1．"三位一体"理论：知识传授、技能培养与价值观塑造

（1）知识传授：构建安全教育的基础框架。安全教育的第一要务是为学生提供全面、系统的安全知识。这不仅包括传统领域（如消防、用电、交通等）的基础知识，还应涵盖新兴领域（如网络安全、心理健康、人工智能伦理等）。

例如，在网络安全课程中，学生需学习基础的技术知识，如如何识别网络攻击的形式，并掌握相关法律法规，增强其法律意识。

（2）技能培养：提升安全实践能力。知识的掌握只是第一步，关键在于将其转化为实践能力。技能培养应以情境化、实操性的教学为核心，例如开展消防演练、急救技能培训、网络攻防实训等，让学生通过参与获得直接经验。

技能培养还应强调综合能力的提升。例如，通过模拟危机事件，让学生在时间压力下快速决策并实施应对方案。

（3）价值观塑造：内化安全意识与责任感。安全教育的终极目标是塑造学生的社会责任意识和价值观念。教育应引导学生认识个人安全与集体安全、

国家安全的内在关联。例如，通过讨论案例（如网络暴力的影响），让学生理解个体行为对社会稳定的重要性。

在教学中，可以通过伦理辩论、价值观澄清等方法，引导学生在复杂情境中做出符合社会责任的选择。

2. 安全教育与国家总体安全观的内在联系

（1）从个体安全到国家安全的认知延展。国家总体安全观强调综合性和整体性，这要求大学生不仅关注个体安全问题，还需理解集体和国家层面的安全议题。例如，课程可以涵盖生态安全、公共卫生安全等非传统领域，让学生理解个人行为与宏观安全之间的联系。

通过案例教学（如国家应对自然灾害的实际操作），帮助学生认识国家层面安全决策对个体生活的影响，增强其对公共安全的责任感。

（2）安全教育的政治与社会功能。高校安全教育在一定程度上承担着培养“安全型公民”的社会使命。这不仅是教育任务的延展，也是实现国家安全战略目标的重要途径。通过安全教育，大学生可以形成风险意识、危机处理能力，并在未来成为社会中安全文化的传播者。

（二）实践路径的优化

1. 情境化与多样化的课程设计

（1）情境教学的实践价值。情境教学能够帮助学生将理论知识与实际场景结合，通过虚拟或真实的情境提升其应变能力。例如，模拟法庭课程让学生扮演不同角色，通过处理虚拟案件学习法律知识和程序规范。

虚拟现实（VR）和增强现实（AR）技术可以构建复杂的教学场景。例如，通过 VR 模拟地震避险情境，让学生在体验中学习危机应对技能。

（2）跨学科课程的开发。高校应推动安全教育课程的跨学科整合。例如，在网络安全课程中融入心理学，探讨网络欺凌对个体心理的影响；在生态安全课程中加入社会学视角，分析环境问题的社会行为成因。

2. 推行安全教育实习计划

（1）实践导向的教育路径。高校可通过与地方政府、企事业单位合作，建立安全教育实习基地。例如，安排学生参与社区防灾减灾宣传、地方安全管理项目等，让学生在真实环境中获得实践经验。

在校企合作中，学生可以进入企业的安全生产部门，通过实地观察和任务参与了解安全管理的实际流程。

（2）数据化记录与反馈。学生的实践参与应纳入个人学习档案，通过记录实践成果（如参与时长、实际效果等），形成对教育成效的长期追踪。例如，某高校为参与安全教育志愿服务的学生建立电子档案，跟踪其学习表现并反馈改进意见。

（三）未来发展的重点方向

1. 构建个性化的安全教育体系

（1）人工智能技术的应用。利用人工智能技术构建学习平台，为学生提供个性化的学习内容。例如，根据学生的兴趣和认知水平推荐不同的学习模块，如心理危机干预、数据安全保护等。

AI 技术还可以通过分析学生行为数据，动态调整教学设计。例如，通过学习分析系统识别学生在应急演练中的薄弱环节，定制个性化训练方案。

（2）弹性学习模式的推广。推行在线学习与线下实践相结合的弹性教育模式。例如，高校可将安全教育课程开发为微课，学生根据自身时间自由安排学习进度，同时通过线下演练巩固技能。

2. 推进安全教育评价体系改革

（1）长期行为追踪与效果评价。建立动态评价体系，关注学生在完成课程后的长期行为变化。例如，记录学生在毕业后参与安全文化传播的情况，分析安全教育对社会的实际影响。

通过毕业生跟踪调查，了解安全教育的职业适应性，为课程改进提供数据支持。

（2）多维度评估方法的创新。将传统的考试与实践活动结合，例如通过情境模拟评分、志愿服务表现记录等方法，全面评估学生的知识掌握、技能提升和价值观内化情况。

结合学生问卷反馈和教师评价，动态调整课程内容与教学方法，确保教育质量的持续优化。

新时代大学生安全教育的发展不仅需要理论上的系统性突破，还需要在实践路径上进行创新和优化。通过构建“三位一体”的教育理论，将知识、技能与价值观有机结合；通过深化课程设计与实践方式，提升教育的适用性与影响力。未来，高校应以学生发展为核心，借助技术和社会资源推动教育改革，培养更多兼具理论素养和实践能力的安全型人才，为社会和国家安全建设贡献力量。

五、新时代大学生安全教育的使命与未来

大学生安全教育承载着国家与社会的未来。作为一个既具实践性又具理论性的教育领域，它不仅是一门知识的传授，更是对责任的启蒙、对素质的提升和对使命的托付。高校安全教育不仅要成为学生个人成长的基石，更要成为社会和国家长治久安的重要支撑。

（一）安全教育的核心价值

1. 大学生安全教育是综合素质提升的重要基石

安全教育不仅关乎学生的个人安全，还对其学习能力、沟通能力和决策能力产生深远影响。通过知识的灌输和技能的培养，安全教育帮助学生在面对突发事件时能沉着应对，在复杂情境中能理性判断，最终成长为具有独立思维和社会责任感的全面型人才。

作为实践者，我们在教育中会深刻感受到，当学生在模拟情境中第一次学会如何处理紧急情况，或者在案例分析中第一次清晰认识到安全与法律的联系，那种能力被点燃的瞬间，体现了安全教育对个体成长的深刻意义。

2. 安全教育关乎社会稳定与国家安全的长远目标

大学生作为社会未来的中坚力量，其安全素养和行为模式直接影响社会的稳定与国家的长治久安。安全教育通过培养学生的规则意识、合作能力和公共精神，为社会注入稳定因素。

作为教育的推动者，我们认识到，安全教育的价值并不仅限于课堂的教学效果，而在于每一个学生走出校园后能在社会中履行责任，影响他人。这种潜移默化的过程，是安全教育最持久的力量所在。

（二）面向未来的教育愿景

1. 构建长效机制，形成可持续教育生态

未来，高校安全教育必须向制度化、长效化方向发展，将安全教育作为通

识课程的必修内容，贯穿学生整个大学阶段。通过科学的课程设计和动态更新机制，保证教育内容的前沿性与适用性。同时，利用技术手段实现教育资源的共享和评价的科学化，使教育生态实现可持续发展。

实践中，我们可以展望一个场景：无论是在课堂上还是在线平台上，学生都能够实时获取适合自己的安全教育内容；在校外，学生通过社会实践巩固所学，将安全理念传播到更广阔的社会空间。

2. 培养安全文化的践行者与传播者

高校的目标不仅是让学生掌握安全知识，还要让他们成为安全文化的主动践行者和传播者。例如，学生通过参与志愿服务或社区教育活动，将安全理念传递到更广泛的人群中，形成以学生为核心的安全教育辐射网络。

作为教育的参与者和见证者，我们可以感受到，当学生在活动中主动向社区居民讲解防灾减灾知识、在公共场所组织安全宣传活动时，他们已经从被动的学习者转变为主动的传播者。这种转变，让安全教育的价值在更大的社会体系中得以彰显。

（三）安全教育的目标升华

1. 从个体成长到社会进步：教育目标的延展

安全教育的最终目标并不仅仅是让学生获得保护自我的能力，而是通过个人能力的提升带动社会整体安全意识的提高。例如，校园内学生通过学习消防知识保护了宿舍安全；走出校园后，他们在社区中传播消防知识，带动更多人形成安全习惯。个体到群体，从小我到大我，安全教育正在完成从“教会自救”到“共建安全”的转变。

作为实践者，这种延展的力量让我们深刻感受到，教育的真正意义在于帮助每个人认识到自身在社会中的位置和责任。当学生从自我保护的视角，逐步走向更广阔的公共空间，他们的每一次实践都在为社会的安全文化贡献力量。

2. 培养家国情怀与全球视野的安全型人才

安全教育不仅关乎技术层面的风险应对，更关乎思想和意识层面的责任感与使命感。新时代大学生安全教育应引导学生从关注个人安全到关心国家和全球议题，例如从生态安全、数据安全到公共卫生安全，每一领域都需要学生具备全球视野和家国情怀。

作为推动者，我们期望每一位学生能够在接受安全教育后，不仅学会如何保护自己，更能承担起保护家庭、服务社区、建设国家的使命感。只有当学生在行动中体现出对社会、对国家的深刻认同时，安全教育才真正达到了目标的升华。

（四）教育的感悟与憧憬

作为大学生安全教育的实践者和推动者，我们在教学中不仅见证了学生能力的成长，也感受到教育本身的无限潜力。安全教育的意义在于让学生认识到安全是生活的基础、发展的前提，也是实现梦想的保障。每一堂课、每一次演练，都是学生安全观念塑造的重要节点。

憧憬未来，我们希望：

每一所高校都能形成独具特色的安全教育体系，让每一名学生都能获得系统全面的安全教育。

安全教育能从校园辐射到更广阔的社会空间，使大学生成为传播安全文化的重要力量。

在实现中华民族伟大复兴的进程中，每一位大学生都能以高度的安全意识和责任感，为国家和社会的稳定与繁荣贡献自己的智慧和力量。

安全教育不仅是一种责任，更是一种希望。让我们携手努力，让安全教育成为新时代大学生成长道路上的明灯，为构建更和谐美好的社会贡献力量。

参考文献

[1] 陈诚.当代大学生法治教育问题研究[M].北京:中国政法大学出版社,2022.

[2] 黄快林,吴飚,马福爱.大学生安全教育[M].北京:新华出版社,2022.

[3] 郑大远,韩江卫.大学生安全教育[M].北京:人民邮电出版社,2022.

[4] 邵从清.安全教育教程[M].北京:人民邮电出版社,2022.

[5] 教育部高校思想政治工作队伍培训研修中心(云南师范大学),云南省高校大学生思想政治教育工作研究中心(云南师范大学),云南师范大学学生工作部."三全育人"视域下高校学生教育管理发展研究[M].昆明:云南人民出版社,2022.

[6] 陈立峰.高校法治教育与法治意识培养研究[M].北京:文化发展出版社,2023.

[7] 蔡卫忠.大学生法律教育问题研究[M].北京:中国政法大学出版社,2019.

[8] 陆海燕.新媒体时代大学生总体国家安全观培育路径研究[M].西安:陕西人民出版社,2020.

[9] 查国清,王晔,胡森林.大学生安全法制教育[M].北京:新华出版社,2017.

[10] 习近平.论坚持总体国家安全观[M].北京:中央文献出版社,2018.

[11] 国家发展和改革委员会."十四五"规划纲要.[M]北京:国家发展和改革委员会,2021.

[12] 詹伟峰.系统理论视角下高校安全教育体系研究[D].厦门大学,2018.

[13] 刘震,盛佳伟.总体国家安全观视域下高校学生安全稳定工作的潜在风险及其应对[J].学校党建与思想教育,2023.

[14] 钟厚基.总体国家安全观视域下加强高校学生国家安全意识路径探析[J].高校后勤研究,2019.

[15] 韦宁照.高校不安全因素及其学生安全教育策略:评《新形势下的大学生安全教育》[J].中国安全生产科学技术,2019.

[16] 余文冲.现阶段高校学生宿舍存在的安全问题及其对策[J].农家参谋,

2020.
[17] 周旭.总体国家安全观视域下高校思政课国家安全教育研究[N].山西科技报,2024.
[18] 黄荣峰.教育心理学视角下学生心理健康安全教育有效性分析:评《高校心理健康教育实效性研究》[J].中国安全科学学报,2024.
[19] 柳絮,柏豪,陈宇晗.高校学生安全教育实效提升探究[J].药学教育,2024.
[20] 陈杨,江普,兰芹,等.高校安全教育立方体模型构建与数字化建设思路[J].现代教育技术,2024.
[21] 刘一江,李振荣.高校安全教育课程思政建设路径研究[J].中国教育技术装备,2024.
[22] 徐涛.高校安全教育的现状分析及对策建议[J].西部学刊,2023.
[23] 蒋燕玲.强化高校网络意识形态安全教育论析[J].中国高等教育,2021.

附　录

附录一　相关法律法规与政策文件目录

高校安全教育政策与指导文件主要由教育部及相关政府部门发布，旨在保障校园安全和师生健康，涵盖了思想政治教育、安全知识普及、应急预案、心理健康教育等多方面内容。以下是一些关键的政策与指导文件的汇总和出处说明：

1.《普通高等学校学生安全教育及管理暂行规定》

出处：教育部办公厅

内容概述：文件明确了高校学生安全教育的重要性，提出学生在校期间的基本安全知识教育，并规定了高校对突发安全事件的应对方案。

2.《关于加强新时代高校学生心理健康教育工作的意见》

出处：教育部、国家卫生健康委员会

内容概述：该文件强调了心理健康作为高校安全教育的重要组成部分，提出心理健康教育纳入课程体系、加大心理健康教育的师资投入等措施。

3.《高校实验室安全管理办法》

出处：教育部

内容概述：文件重点针对高校实验室的安全管理要求，包括危险品的管理、实验过程中的安全规范、应急处置等，保障实验室安全、健康的教学和科研环境。

4.《关于进一步加强和改进高校学生宿舍安全管理的通知》

出处：教育部

内容概述：文件对高校宿舍安全的管理提出具体要求，涵盖宿舍电气安全、防火防灾、宿舍人员管理等方面，强调宿舍是学生安全教育的重要阵地。

5.《高校网络安全管理规定》

出处：教育部

内容概述：文件针对高校网络安全提出了管理要求，包括网络使用规范、数据安全、信息系统的安全防护措施等，保障学生在网络使用中的安全。

6.《关于加强和改进新时代高校思想政治工作的意见》

出处：中共中央办公厅、国务院办公厅

内容概述：该文件强调将安全教育融入思想政治教育课程之中，加强学生的法律意识、网络安全意识和心理健康意识。

7.《国家教育考试考务安全保密工作规定》

出处：教育部

内容概述：此文件主要针对高校及中小学的考试安全保密工作，涉及考试场所的安全检查、试卷的保密管理、考试期间的安保措施等。

8.《关于加强高校学生心理健康危机干预的指导意见》

出处：教育部、国家卫生健康委员会

内容概述：文件重点提出高校要建立健全心理危机干预机制，加强心理健康教育，明确高校在心理危机事件中的应急处置要求。

9.《高等学校防范和处置校园安全事件的规定》

出处：教育部、公安部

内容概述：该文件对高校如何预防和应对校园内突发安全事件（如火灾、爆炸、暴力事件等）提出了具体要求，强调校警合作、快速反应和应急演练。

10.《高校消防安全管理规定》

出处：应急管理部、教育部

内容概述：文件要求各高校加强消防安全教育，配备消防设施，组织师生进行消防演练，确保全体师生掌握基本的消防知识。

11.《学生伤害事故处理办法》

出处：教育部、司法部

内容概述：文件对学生在校期间发生的伤害事故的处理程序进行了详细规定，明确了学校和相关责任方的责任划分。

12.《关于加强高校毒品预防教育工作的通知》

出处：教育部、公安部、国家禁毒委员会

内容概述：文件明确了高校要开展毒品预防教育，开展毒品危害宣传，建立毒品预防教育长效机制。

13.《高校突发公共卫生事件应急预案》

出处：教育部、国家卫生健康委员会

内容概述：此文件规定了高校在面对突发公共卫生事件（如传染病疫情）的应急处理机制，要求配备公共卫生应急设备，定期进行演练。

14.《普通高等学校学生行为规范》

出处：教育部

内容概述：该文件为大学生在校期间的行为设定了基本规范，包括安全行为、遵守校园规章制度、保护公共财产等要求。

15.《全国普通高校安全工作会议纪要》

出处：教育部

内容概述：会议纪要汇总了全国高校安全工作中的重点问题和解决方案，包括校园安全、学生心理健康、实验室安全等。

16.《关于加强高校实验室生物安全管理的通知》

出处：教育部、国家卫生健康委员会

内容概述：文件对高校实验室生物安全管理提出具体要求，明确实验室生物安全制度的建立和执行、人员培训及应急预案，特别强调高风险实验室的生物安全防护措施。

17.《高校实验室安全检查工作规程》

出处：教育部、国家安全生产监督管理总局

内容概述：文件规定了高校实验室安全检查的内容和要求，包括化学品、设备、电力等管理的细则，并要求定期进行安全检查和隐患整改。

18. 教育部办公厅关于印发《高等学校实验室安全规范》的通知

教科信厅函〔2023〕5 号

各省、自治区、直辖市教育厅（教委），新疆生产建设兵团教育局，有关部门（单位）教育司（局），部属各高等学校、部省合建各高等学校：

为加强高校实验室安全工作，确保广大师生人身安全和校园稳定，现将《高等学校实验室安全规范》印发给你们，请遵照执行。

教育部办公厅

2023 年 2 月 8 日

19.《关于加强高校学生思想政治教育的意见》

出处：中共中央、国务院

内容概述：该文件从思想政治安全的角度出发，强调高校要加强学生的思想政治教育，构建意识形态安全阵地，防范各类不良思想影响学生。

20.《关于加强高校网络安全和信息化工作的指导意见》

出处：教育部、中央网信办

内容概述：该文件要求高校强化网络安全意识，加强对网络安全技术的应用，建立健全网络安全管理制度，确保高校信息化系统安全。

21.《关于进一步加强和改进高校安全工作的通知》

出处：教育部、公安部

内容概述：该文件全面强调高校在安全工作中的职责，提出建立校内安全风险评估制度，确保校园各类安全措施落地。

22.《普通高校新生安全教育指导大纲》

出处：教育部

内容概述：该大纲规定高校需在新生入学教育中开展安全教育，包括防灾减灾、网络安全、财产安全等内容，帮助新生提升安全意识。

23. 教育部关于印发《大中小学国家安全教育指导纲要》的通知

教材〔2020〕5号

各省、自治区、直辖市教育厅（教委），新疆生产建设兵团教育局，有关部门（单位）教育司（局），部属各高等学校、部省合建各高等学校：

为深入学习贯彻习近平总书记总体国家安全观，落实党中央关于加强大中小学国家安全教育文件精神和《中华人民共和国国家安全法》提出“将国家安全教育纳入国民教育体系”的要求，结合教育系统实际，指导大中小学系统、规范、科学地开展国家安全教育，我部制定了《大中小学国家安全教育指导纲要》，现印发给你们，请认真贯彻落实。

附件：《大中小学国家安全教育指导纲要》教育部2020年9月28日

24.《关于建立高校应急管理体系的指导意见》

出处：教育部

内容概述：文件提出高校要建立健全校园应急管理体系，包括突发事件应急预案的制定、定期演练及应急响应机制，确保校园安全保障到位。

25.《普通高等学校军事课程教学大纲》

出处：教育部、中央军委国防动员部

内容概述：该大纲详细介绍了高校军事课程的教学内容，包括国防教育、安全应急处置培训，帮助学生掌握基本的军事知识和安全技能。

26.《大学生心理健康标准指导意见》

出处：教育部、国家卫生健康委员会

内容概述：文件提出了大学生心理健康的基本标准和教育建议，强调心理健康教育的普及和心理危机干预机制的建立。

27.《关于开展高校应急救护培训工作的通知》

出处：教育部、红十字会总会

内容概述：文件提出在高校开展应急救护培训的要求，帮助学生掌握基本的应急救护技能，如心肺复苏、外伤处理等，增强学生的自救互救能力。

28.《关于进一步规范高校学生管理的意见》

出处：教育部

内容概述：文件针对高校学生管理提出全面要求，包括学籍管理、安全管理、日常行为规范等，确保学生在校期间身心安全和良好的学习环境。

29.《高校反电信诈骗宣传教育指导意见》

出处：教育部、公安部

内容概述：文件要求高校加强防范电信诈骗的宣传教育，定期开展讲座、发放宣传材料，帮助学生识别和防范电信诈骗。

30.《高校重大安全风险排查制度》

出处：教育部、应急管理部

内容概述：该文件要求高校建立重大安全风险排查制度，定期对校内安全隐患进行排查，制定应急预案，确保校园安全。

31.《高校禁烟管理规定》

出处：教育部、国家卫生健康委员会

内容概述：文件规定了高校禁烟的管理要求，包括在校园内设立禁烟标识、开展禁烟宣传等，确保校园环境的健康与清洁。

32.《关于加强高校留学生管理的通知》

出处：教育部

内容概述：该文件针对高校留学生的管理提出安全教育要求，包括健康管理、行为规范、突发事件应对等，确保留学生的校园生活安全。

33.《关于加强高校网络直播课程安全管理的通知》

出处：教育部、中央网信办

内容概述：文件对高校网络直播课程提出安全管理要求，防止不良信息传播，确保课堂安全和内容规范。

34.《高校学生社团活动安全管理规定》

出处：教育部

内容概述：该文件对高校学生社团活动的安全管理提出具体要求，包括活动审批、安全监督、突发事件应对等，保障学生课外活动的安全。

附录二　安全教育课程设计与资源索引

（一）安全教育课程设计原则

1. 目标导向：以提升大学生安全素养为核心目标，注重知识、技能与态度的综合培养。

2. 实践导向：强调案例教学、情景模拟和实操训练，增强学生的实际应对能力。

3. 分层设计：根据学生年级、专业和需求，设计差异化课程内容。

4. 跨学科融合：结合心理学、法学、信息技术等多学科知识，构建综合性课程体系。

5. 动态更新：紧跟时代发展，及时融入新兴安全议题（如网络安全、生物安全等）。

（二）安全教育课程模块划分

以下是一个模块化课程设计框架，可根据实际需求调整：

1. 模块一：人身安全与应急技能

校园暴力与性侵害防范

意外伤害急救技能（如心肺复苏、止血包扎）

自然灾害与突发事件应对

2. 模块二：财产安全与金融素养

电信诈骗与校园贷防范

个人信息保护与隐私安全

理性消费与金融风险意识

3. 模块三：网络安全与信息伦理

网络谣言与舆论暴力防范

数据主权与反监控技术

人工智能伦理与算法偏见

4. 模块四：心理安全与危机干预

学业压力与情感危机疏导

心理健康自评与求助渠道

自杀预防与心理韧性培养

5. 模块五：法律与政治安全

校园涉法案例分析

意识形态安全与反间谍教育

国家安全观与法治意识

6. 模块六：公共卫生与生物安全

传染病防控与健康管理

实验室安全与科研伦理

食品安全与慢性病预防

7. 模块七：非传统安全与全球责任

气候变化与生态安全

科技伦理与可持续发展

全球安全治理与大学生责任

（三）安全教育课程教学方法

1. 案例教学法：通过真实案例剖析，增强学生的风险意识和应对能力。

2. 情景模拟法：设计虚拟场景（如网络诈骗、火灾逃生），让学生在实践中学。

3. 小组讨论法：围绕安全议题展开讨论，培养学生的批判性思维和合作能力。

4. 专家讲座法：邀请安全领域专家分享经验，拓宽学生视野。

5. 在线学习法：利用慕课（MOOC）和微课资源，提供灵活的学习方式。

（四）安全教育资源索引

1. 在线课程与平台

（1）中国大学 MOOC（https://www.icourse163.org/）：搜索“安全教育”相关课程；

（2）Coursera（https://www.coursera.org/）：提供网络安全、心理健康等国际课程；

（3）学堂在线（https://www.xuetangx.com/）：涵盖公共安全、法律基础等课程。

2. 工具与软件

（1）SPSS、Python、Tableau：用于安全教育调研数据分析；

（2）NVivo、MAXQDA：用于质性数据分析；

（3）Google Forms、Qualtrics：用于设计安全教育问卷。

3. 网站与数据库

（1）学校安全教育平台（https://xueanquan.com）：提供安全教育相关案例及专题教育；

（2）国家心理健康服务平台（https://www.cnnmh.cn）：提供心理健康教育资源；

（3）国家反诈中心APP：筛查诈骗信息，提供防诈骗知识和工具。

4. 实践基地与合作伙伴

（1）当地消防局、公安局：提供实地参观和培训机会；

（2）心理健康中心：提供心理咨询和危机干预支持；

（3）网络安全公司：提供技术支持和实习机会。

（五）课程评估与改进

1. 评估指标

（1）学生安全知识掌握程度（通过测试评估）；

（2）学生安全技能提升情况（通过实操考核）；

（3）学生满意度与课程反馈（通过问卷调查）。

2. 改进机制

（1）定期收集学生和教师反馈，优化课程内容；

（2）跟踪安全教育领域最新动态，及时更新课程；

（3）建立课程资源共享平台，促进校际合作。

（六）附录使用说明

1. 本部分内容可为高校安全教育课程设计提供参考框架；
2. 资源索引部分可根据实际情况补充或调整；
3. 建议结合具体案例和数据，增强内容的实用性和说服力。